本丛书得到韬奋基金会资金资助
“十一五”国家重点图书出版规划项目

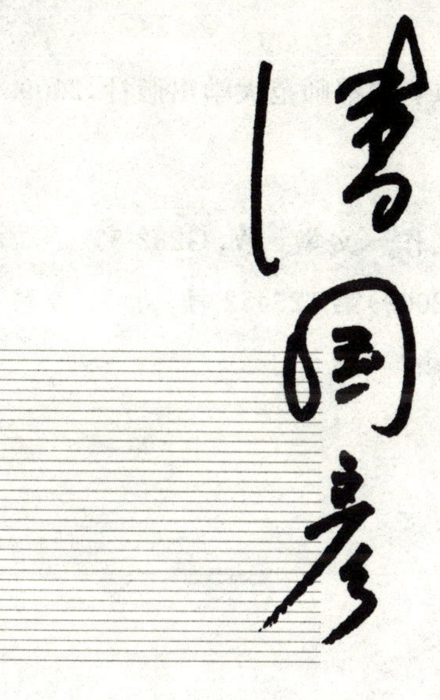

书林守望丛书

为书籍的一生

潘国彦 著

首都师范大学出版社

图书在版编目(CIP)数据

为书籍的一生/潘国彦著．—北京：首都师范大学出版社，2009.9
(书林守望丛书/吴道弘主编)
ISBN 978-7-81119-540-8

Ⅰ．为…　Ⅱ．潘…　Ⅲ．编辑工作—文集　Ⅳ．G232-53

中国版本图书馆 CIP 数据核字(2009)第 125452 号

书林守望丛书
WEI SHUJI DE YISHENG
为书籍的一生
潘国彦　著

项目统筹：张　巍
责任编辑：何亦翌　　　责任设计：张　朋
责任校对：王亚利　　　责任印制：沈　露

首都师范大学出版社出版发行
地　址　北京西三环北路 105 号
邮　编　100048
电　话　68418523(总编室)　68982468(发行部)
网　址　www.cnupn.com.cn
北京嘉实印刷有限公司印刷
全国新华书店发行
版　次　2009 年 9 月第 1 版
印　次　2009 年 9 月第 1 次印刷
开　本　787mm×1 092mm　1/16
印　张　19.25
字　数　283 千
定　价　42.00 元

做文化的守望者

——《书林守望丛书》总序

柳斌杰

文化是每一个民族赖以生存的根基和灵魂，而出版事业和出版物，是民族文化的结晶，是民族精神的物质承载者，是衡量一个国家和民族文明程度的重要标志。从事这项伟大事业的出版人，不仅是出版活动的实践者，而且是人类文化创造、积累、交流、传播的组织者和参与者，是文化产品的生产者、民族精神的护卫者和时代精神的弘扬者。任何时代，治书修史者都肩负着神圣的历史责任、文化责任、社会责任，在我国，这种传统一直延续了几千年。但是，目前受名利诱导和网络快餐文化的影响，出版界跟风炒作、追求市场效应一夜成名而不顾文化品位等现象时有耳闻。在种种浮躁的背后，反映出来的是出版从业者文化品格的缺失。唯其如此，为繁荣学术和民族文化而坚守文化天职、恪守社会责任的职业精神和文化追求，尤其值得在出版界大力弘扬。

出版人是文化薪火的传承者，具有坚守文化自信的历史责任。众所周知，出版是人类文明薪火相传的重要依托，一个国家民族科学文化的传播和传承，有赖于它的出版事业。中华文明之所以历经五千年而一脉不绝，就在于中国历代政治家、著作家、出版家、藏书家接续几千年文明发展进程中形成的尊崇历史、珍惜古籍、编修文献、善待图书、重视典藏的优良传统，他们将中华文化的精髓融入历代出版物之中，一代一代地传之后世，肩负起了将一个时代的科学文化及思想智慧真实地记录下来、传承下去的历史责任，使中华民族的文化根基与时俱丰、愈加巩固。作为新时期文化创新和文化传播的主体，当代出版工作者更加需要继承传统、关注时代，一方面自觉承担起对民族文化传统的保存、整理、批判、传承的责任，保持中华文化的统一性、延续性；另一方面推动文化创新和发展，弘扬和培育符合时代要求的民族精神，在增强民族的凝聚力、创造力以及同世界其他文明进行对话的文化自信力方面作出贡献，使中华民族独立于世界民族之林的文化根基更加坚韧。

出版人是文化创新的推动者，具有坚守文化本性的特殊责任。作为一种文化生产的基本业态，出版既有产业的属性，又有意识形态的属性，必须通过创新来保持文化的独特品质和内容的先进性。从这个意义上说，创新是出版工作者的不竭动力和显著特征，不仅是文化积累和产品制造的组织者，而且也是文化内容的选择者和把关者，当然应当是新知识领域的开拓者和新成果的发现者、催生者。一方面，知识的保存、生产和应用，文化和技术的传承、生产和原创，都是以出版活动为基础的。历史上重要的思想创新、科学发现和技术进步主要是通过出版物得以传承和发展的。另一方面，从造纸术、印刷术到当代激光照排系统、计算机王码汉字处理系统以及数字技术的应用，出版人率先将新成果引进出版业，引发出版形式和内容的不断创新。在文化传播过程中，出版人通过传承优秀民族文化、吸收外国文化精华、把握时代需要，促进着社会文化的不断进步。而现代出版史上鲁迅发现大批文学青年、叶圣陶对巴金处女作的慧眼识珠、巴金对曹禺作品的琢璞为玉的佳话，也反映了出版人所必备的发现新人新作的创新品质。在当前的创新型时代、创新型国家建设的过程中，人民群众的伟大创造，已然成为文化创新取之不尽、用之不竭的源泉，迫切需要出版工作者发现、认识、扶持、推广，进而铺垫中华民族元气深厚的文化创新的阶石，培育中华民族根深叶茂、神韵独具的文化创新的活力。

出版人是时代思潮的引领者，具有坚守文化领土与文化阵地的社会责任。出版的本质不仅在于积累文化、创造新知，不断推出更优秀的文明成果，而且还在于按照一定的价值目标对社会现实文化作出评价，通过选择、把关实现对社会风气、学术思潮、文化倾向的引导。古代中国知识分子正是借助“竹帛长存”所构成的社会认知体系和社会规范体系，才唤起了“见贤而思齐”的文化自觉和道德自律。“五四”时期以《新青年》为中心凝聚的一大批知识青年的出版传播活动，将“科学”与“民主”汇聚成了思想解放的伟大潮流。在当今政治多极化、经济全球化、文化多元

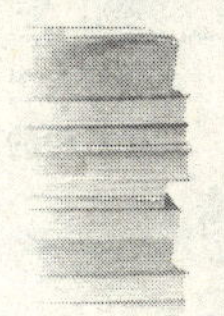

化、新技术日新月异的国际背景下，在经济社会急剧转型、社会文化事业和文化产业发展不平衡的国内背景下，承担着建构社会主义和谐社会及传播先进文化的神圣使命的出版工作者，其选择、把关进而引导大众的责任更加重大，需要通过对精神生产加以规划与组织，对精神产品进行鉴别与加工，对文化遗产作出选择和整理，对社会信息予以筛选和传递，打造传承主流文化和主流价值观的精品力作，不断巩固主流文化阵地。这就要求当代出版工作者必须深深植根于中国特色社会主义伟大实践，敏锐把握时代变革的风气之先，不随波逐流，不跟风炒作，不断提高辨别真善美和引导大众文化、传播主流文化和主流价值观的能力，致力于弘扬民族精神和时代精神，为中国的改革开放和现代化建设事业提供有力的思想保证、精神动力和智力支持。

历史已经证明，出版业作为文化传承和文化创新的核心，如果没有文化理想和文化追求，便失去了发展的根基。而出版工作者的文化价值取向、人文素养、文化责任、文化运作能力和学术品评能力，又直接影响到出版物的文化含量。从这个意义上说，对于文化的坚守，不仅是一种出版理念，也是一项出版实践。在竞争日益激烈的世界文化市场中，能否坚持文化本位，能否坚守文化责任，对新时期的出版从业者来说，无疑是一种严峻的考验。《书林守望丛书》的问世，为我们提供了一部关于新中国出版人的精神文化启示录。其中反映出的经过沉淀而彰显的文化品格，尤其应该成为新时期出版工作者的精神支柱。这套丛书的作者，是一群深深地钟情于出版事业的文化守望者，他们在“书荒”时代辛勤耕耘，在“书海”时代坚持方向，恪守文化的尊严，组织、规划、策划、编辑、出版过一大批反映时代精神、民族精神及具有学术价值、文化品位的标志性工程，主持、主编过一大批科学、人文、经济、教育等方面为广大读者喜闻乐见的知识读物，为全社会提供优秀的精神食粮作出过重要贡献。在他们身上体现出来的勇于开拓、启迪来者的创新精神和坚守精神家园、淡泊名利的文化风骨，堪称典范。希望通过这套丛书的出版，使新时期的出版工作者形成一种更加清醒的文化自觉，在文化与产业协调发展的道路上走得更加坚定，产生更多让世界为之惊喜的拥有自主知识产权的民族文化品牌，再现中华民族宏大的文化气魄。

当前，出版业的发展同政治、经济、社会、文化的发展一样，要在世界范围内的大对话、大交流、大竞争、大角逐中，把握机遇，迎接挑战，创造新的辉煌，需要一大批具有真才实学且能开阔视野、崇尚科学、追求真理、尊重创造、包容多样的新型复合型出版人才，来担当中国特色社会主义文化建设的推动者。《书林守望丛书》汇集的新中国成立六十年来成长起来的十几位出版家在长期为人作嫁的职业生涯中的思想火花、书坛掌故，集中反映了新时期出版工作者的精神风貌，不仅抓住了时代的新变化，也深刻把握了出版职业的新要求。这套丛书的作者，或者长于出版规划，或者长于鉴赏加工，或者长于经营管理，但都有将丰富的实践经验升华为理论的深沉思考。将这些经过实践检验的理论总结汇集起来，转化为鲜活的历史智慧和生命依托，对于未来的新型出版人才，无疑具有深远的精神哺育作用。我希望这套丛书的出版，能够吸引更多才华横溢、富有创造力的新军投身我们的出版事业，使中国出版人的文化守望薪火相传，为推动社会主义文化大发展大繁荣建功立业。

2009 年 7 月

目 录

第二辑　门外文谈

第三辑 文思飞絮

第四辑 芒鞋万里

题 记

芒鞋托钵，红尘万丈。我来过，我见过，我想过。

植根于沃土，即使是一粒瘪谷，总也能抽穗。虽然结果总是歉收，但耕耘从未停过。

半个世纪了，风声，雨声，以书为生，以书为伴。不敢说雪中送炭，却有幸火暖自身。然而人生是一本更大的书，我又能读懂几页？

感念恩师，友人，亲人，在风雨兼程中，给我指路，给我温暖。

人生总有谢幕的一天。淡定悲喜，直面人生。将来谢幕的时候，不妨借用徐志摩的诗句：“悄悄的我走了，正如我悄悄的来；我挥一挥衣袖，不带走一片云彩。”

第一辑

书林折枝

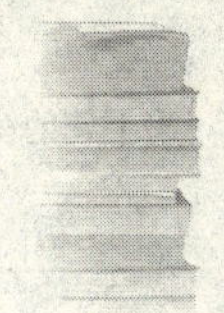

百年沧桑话出版

近两千年来，我国大约出过159万种书，其中解放后共约出版了1 317 794种书。进入20世纪90年代，我国已成为世界十大出版国之一。

95年前，北京菜市口达仁堂药店的老板没有想到，他卖出的“龙骨”竟然改写了中国书的历史。公元1899年(清光绪二十五年)，国子监祭酒(国子监是清朝最高学府，“祭酒”是这个学府的主管官员)王懿荣，因患疟疾，要以“龙骨”入药。他看到从达仁堂买回的“龙骨”(即龟甲和兽骨)上有许多古代文字，十分奇怪，马上派人又去买了一批。经这位有心人研究，发现这竟是商朝的甲骨文。此后几十年，经有关学术单位在河南安阳小屯村多次作大规模的发掘，收获甚丰。现在中国内陆有40个城市收藏甲骨10万余片，台湾、香港地区藏有3万片左右；日本、加拿大、英国、美国、韩国等十个国家藏有2.6万多片。由此产生了“殷墟书契”这样一门学问，并从此将中国书的历史上溯到3 500年前！

当世界汉学家和文字学家几十年来忙于破译甲骨文的时候，20世纪90年代，联合国教科文组织又传出一个令世人震惊的消息：中华人民共和国成为世界十大出版国之一，按出书品种和数量计算，已位居世界前列。

中国人走到这一步，整整奋斗了一个世纪！

人均半本书——新中国出版业的家底

我国是纸和印刷术的发祥地。欧洲人学会造纸，比我国晚一千多年。

印刷术也是这样，14 世纪末，欧洲才有雕版印刷品，比我国晚了 700 年。当中国人于公元 1005 年编撰出版 1 000 卷本《册府元龟》时，欧洲人仍在用鹅翎笔于羊皮纸上写字。17 世纪以后，由于封建制度日益腐败和外国的侵略，阻碍了我国科学技术的发展，造纸和印刷术长期停留在手工作坊的水平。

19 世纪初叶，欧洲近代机械印刷术开始传入中国，但当时主要被外国传教士用来印宗教出版物，也印些教科书和商业簿册。据史料记载，美国基督教长老会主办的“美华书馆”是外国人在华创办的第一家出版机构，1844 年设立于澳门，后迁至浙江宁波及上海。直到 1897 年商务印书馆在上海成立，才打破外商垄断中国书刊出版的局面。到 1906 年，据上海书业商会统计，加入该会的出版企业已有 22 家。到 1949 年，共有出版社两百多家。1950 年出书 12 153 种，总印数 2.7 亿册。按当时全国人口计算，人均才半本书，这就是当年的家底。

风雨兼程四十载

新中国建立后，我国出版业主要做了四项奠基性的工作，即：(一)组建一批国营出版社；(二)对私营出版业进行社会主义改造；(三)实行编印发专业分工；(四)建立了一批重要的规章制度，如选题计划制度、稿酬制度、定价标准、书刊字体横排制度等。

正当出版业曲折前进的时候，1957 年的反右斗争扩大化，给出版工作带来了消极影响，特别是不少学术著作出版受阻。随后“文革”的浩劫，更使出版业百花凋零，万马齐喑。“文革”前全国出版社有 87 家，1971 年只剩下 53 家。1965 年时，年出书 2 万种，到 1967 年时降到2 925种，下降了 85%。全国期刊种数 1965 年时有 790 种，到 1969 年时，竟只剩 20 种，下降了 97%。

党的十一届三中全会以后，经过拨乱反正，迎来了出版界的春天。为解决“文革”十年造成的严重书荒，党和国家采取了一系列措施，到 1983 年已基本解决了“书荒”问题。1979 年以来，是中国出版事业空前繁荣和持续发展的新阶段。这 15 年来，共出书 80 多万种，从 1992 年开始，年出书品种超过 9 万种；期刊达到 7 000 多种。1993 年首届国家图

与中国版协同志访问西柏坡(2005年)

书奖评出135种优秀图书，代表了改革开放以来图书出版的最高水平。大批重点图书，如《中国大百科全书》、《中国美术全集》、《汉语大字典》、《汉语大词典》等书的出版，标志着我国出版业的水平和实力。与此同时，音像出版事业从无到有，有了巨大发展，使图书有“声”有“色”，丰富多彩。在对外合作出版与开展海峡两岸出版交流方面，以及建立健全出版法规方面，也开创了新局面。

随着形势的发展，出版工作也出现了一些新的问题。有少数出版社迷失方向，出版了一些有政治错误的和严重泄密的书，有的出版了宣扬色情淫秽、凶杀暴力和封建迷信的书。社会上非法出版活动猖獗，假冒伪劣之风严重侵袭到精神产品领域。更为普遍的问题是：从1985年开始，出书品种猛增，超过了编辑力量，使图书质量大幅度下降；同时，也超过了市场的承受能力，以致近几年来出现平均印数下降、库存上升的势头。经过清理整顿和连续多年的“扫黄打非”，出版界存在的不正常状况有所改变，图书市场面貌有一定变化，但并未从根本上解决问题。如果不着力解决，出版业中的某些薄弱环节有可能陷入“泡沫经济”的困境，在文化积累上也存在着降低学术含量的隐忧。

出版业的战略性转移

为适应深化改革、扩大开放的需要，党中央指示必须进一步加强精神文明建设，强调“两手抓，两手都要硬”。1994 年 1 月召开的全国宣传思想工作会议上，江泽民同志提出，要以邓小平同志建设有中国特色社会主义理论为根本方针，以科学的理论武装人，以正确的舆论引导人，以高尚的精神塑造人，以优秀的作品鼓舞人，不断培养和造就有理想、有道德、有文化、有纪律的社会主义新人。这是新时期新闻出版工作的指导方针。根据这一指示精神，新闻出版署决定，新闻出版工作必须实现战略性转移。这个决策，具有深刻的现实意义和历史意义。这个转变，一方面与整个国民经济转为质量效益型相接轨，又与广大读者呼唤优质精神产品的要求相一致，同时，又为中国出版业进一步走向国际市场和面向 21 世纪打下坚实的基础。

经历了正反两方面的经验教训，中国出版事业正在走向成熟。大浪淘沙，唯有勇者潮头立，40 万中国出版工作者将再给世界一个辉煌！

本文原载《法制日报》1994 年 4 月 4 日

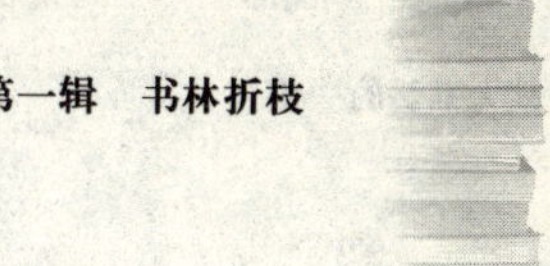

我国出版业概况及有关法规

一、出版事业发展概况

(一)出版社建制情况

自1978年以来，出版业从恢复到繁荣，发展很快，截至1995年底，全国已有出版社562家(包括副牌社36家)，比1978年的105家增加了435%。其中中央级出版社218家，地方出版社344家。平均每家出版社每年出书200种，但各社差异较大，有少数大社年出书400种～500种，小社只出几十种。

目前正式登记的电子出版单位有36家。

全国现在已经基本建成门类比较齐全、分布比较合理的出版体系。

(二)出版物数量情况

1995年全国出版图书103 630种(其中初版新书60 575种)，总印数为62.6亿册。

其中除汉文书外，还以蒙、藏、维吾尔、哈萨克、朝鲜、傣文等20种民族文字出版图书，每年约3 500种、4 400多万册。

同时，还以49种外国文字出版图书、杂志，出口到180多个国家和地区。

出版期刊7 543种、23.86亿册。

出版报纸2 056种、267.98亿份。

出版录音制品7 065种，发行9 800万盒；出版录像制品4 634种，发行463万盒。

(三)印刷生产力情况

1995 年国家和省级定点书刊印刷企业的排字能力达 265 亿字，比 1990 年增长 116.7%；印刷能力达 3 910 万令，比 1990 年增长 2%。其中照排能力占排字总量的 50%；胶印能力占总印量的 64%；书刊印刷周期缩短到平均 100 天以内。

(四)发行网点情况

现有各种经济成分的图书发行网点 86 000 多处。其中国有书店网点 10 700 处，供销社售书点 32 000 处，集个体书店 30 000 处，其他售书点 13 000多处。

(五)出版教育和科研工作情况

全国已建立出版、印刷、发行专业院校 18 所；出版科研机构 19 个；印刷科研所 36 个，其中属新闻出版系统的有 20 个。

在全国，有 12 所高等院校开设了图书发行专业本科或代培班。18 个省级新华书店成立了图书发行中专学校、技工学校或职业高中，还有 17 所印刷中专、技术学校。

1982 年 5 月，全国印刷工业科技情报网建立。它的任务是收集、分析、传播、提供国内外印刷科技信息，为印刷行业的技术改造、科研及经营管理服务。

(六)出版外贸工作情况

经营图书进出口业务的主要有以下几家：

成立于 1949 年 12 月的中国国际书店，专门经营书刊进出口工作，1981 年更名为中国国际图书贸易总公司。

1973 年，中国图书进口公司成立，1981 年该公司增加出口业务，更名为中国图书进出口总公司。

1980 年，中国出版对外贸易总公司成立。

此外，国家教委也有一家教育图书进出口总公司。

从 80 年代末开始，全国每年出口中文图书大约 2 万种。

对外合作出版与交流，这几年有较大发展。1978 年开始对外合作出版，第一本书是人民美术出版社与日本讲谈社合作出版的《中国之旅》。十多年来，已同二十多个国家和地区的几百家出版机构签订了几千项合作出版协议，已出版图书二千余种。尤其是近几年来，对台合作出版和

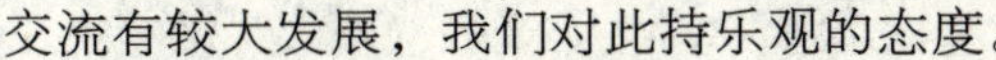

交流有较大发展，我们对此持乐观的态度。

(七)版权保护工作的情况

1979 年中国出版工作者协会成立了版权研究小组，为起草版权法开始做准备工作。

1984 年 6 月，颁布了《图书期刊版权保护办法》。

1991 年 6 月 1 日，实施《中华人民共和国著作权法》。

1992 年 7 月和 11 月，先后加入伯尔尼公约、世界版权公约和录音制品公约。

我们对版权保护工作一向比较重视，这是维护著译者和出版社专有出版权的合法权益的一项重要工作，同时也是加强国际交流的需要。

版权保护工作难度较大，针对侵权、盗版活动猖獗的状况，这几年加大了执法力度，已取得阶段性成果。

(八)行业协会情况

为适应出版事业发展的需要，1979 年 12 月成立了中国出版工作者协会。1980 年 3 月，又成立了中国印刷技术协会。之后陆续成立的还有发行协会、期刊协会、音像协会等，这些协会都是全国性的群众性的专业团体。

二、关于出版和发行体制改革的概况

我国的出版体制和发行体制是在高度计划管理体制的条件下建立起来的，已远远不能适应社会主义市场经济体制和两个文明建设的需要。改革出版、发行体制，是发展和繁荣出版事业的根本出路。出版体制改革的目标是：建立适应社会主义市场经济、既符合社会主义精神文明建设的要求又符合出版自身发展规律的出版体制。发行体制改革的目标是：建立和发展开放式的高效率的充满活力的发行体制，形成以国有书店为主体的、多种经济成分、多种流通渠道、多种购销形式、少流通环节的新格局，以达到书畅其流、多发好书的目的。

出版、发行单位建立和完善严格的责任制，制订和执行严格的规章制度，是出版体制和发行体制改革的一项基本内容。转变管理机构职能，精兵简政，下放权力，调动基层单位和广大职工的积极性，是体制改革的又一项重要内容。

本着这些改革的目标和基本思路，从 1979 年以来，出版、发行体制改革采取了以下一些措施，出台了相应的政策。

1979 年 12 月召开长沙会议，主要解决地方出版社的出书方针问题。会议同意将过去提出的“地方化、通俗化、群众化”的“三化”方针，改为“立足本地，面向全国”，拓宽了出书范围，促使地方出版社出版力量大大增强。1995 年地方出书品种占全国的 66%。

1980 年 4 月，制订《出版社工作暂行条例》，这个条例较为全面地体现了出版工作的多种功能，使出版工作能满足群众多方面的阅读需要。

1980 年 5 月，颁布对外合作出版的文件，使中国出版业进一步面向世界。

1980 年 11 月，开始评定编辑职称，调动了编辑人员的积极性。

1980 年 12 月，制订有计划地发展集个体书店、书摊的文件，使发行体制改革有新的突破。

1982 年 6 月，提出发行体制改革“一主三多一少”的改革方案(即前已说明的发行体制改革的新格局)。

1983 年 6 月，中共中央、国务院颁发了《关于加强出版工作的决定》，再次明确了出版工作的指导方针。文件中第一次提出了首先注意出版物的社会效果，同时注意经济效果。既要坚持出版工作精神生产的特性，又要重视出版物作为商品适应市场的要求。

1984 年 6 月，在哈尔滨召开地方出版工作会议。正式提出使出版社由单纯生产型逐步转变为生产经营型的改革要求。

1984 年 12 月，国务院通知，除少数必须补贴的期刊外，其余的期刊社都要“独立核算，自负盈亏”。

1988 年 3 月，允许报社、期刊社、出版社开展有偿服务和多种经营活动。

1988 年 5 月，中宣部、新闻出版署联合发出出版社改革和发行体制改革的文件，再次明确出版社改革目标，要求政企分开，扩大出版社自主权，加强宏观调控，建立充满活力的出版新体制。要求推行社长负责制和多种形式的责任制。对发行体制改革提出了“三放一联”的要求(即放权给基层店，放开批发渠道，放开购销形式和发行折扣，发展横向联

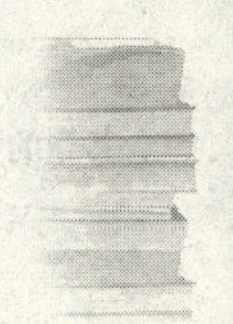

合），深化了发行体制改革。

1988 年 8 月，改革书刊定价制度。除课本外，均由出版单位自行决定书价，国家只控制定价利润率。

1989 年 7 月以后，中央有关领导部门确定出版管理部门要“一手抓整顿，一手抓繁荣”。随后开展了“扫黄”和书报刊、音像出版单位的整顿工作，以促进出版事业沿着健康、稳定发展的道路前进。

1992 年 4 月，提出要进一步完善以提高图书质量为中心的目标责任制。对出版、发行、印刷、物资各单位内部劳动人事、工资、社会保障进行一系列的改革。

1994 年 1 月，提出整个出版业的发展要从以规模数量增长为主要特征的阶段，向以优质高效为主要特征的阶段转移的战略性口号，作为一个阶段指导和推进全国出版业的宏观目标。阶段性转移有两个主要方面，一个是通过深化体制改革，建立有中国特色社会主义的出版体制；二是加快经济增长方式的转变，走优质高效的健康繁荣发展之路。

通过十多年的出版、发行体制改革，出版事业有了迅猛发展，实现了繁荣的目标。从总体上看，当前出版工作继续保持积极健康向上的态势，出版事业正朝着进一步繁荣的局面发展。这主要表现在：

(一)组织实施了多门类、多层次的出版繁荣工程，出版了大批优秀图书。

(二)新闻出版工作的阶段性转移开始取得成果，出版事业的宏观管理初见成效。全国图书品种增长过快的势头得到控制。1995 年新书品种比上年下降 13.2%，图书再版率达到 41.6%。

(三)新闻出版法制建设有较大进展。《出版法》已经提交全国人大常委会审议。在注重实体法建设的同时，也加强了程序法和程序性条款的制订工作。近五年来，新闻出版署颁布了加强书报刊音像及电子出版管理的条例和规章计 207 件。

(四)“扫黄打非”取得了阶段性成果。这项工作从 1987 年以来，一直在进行，每次集中行动以后都取得一定成果，对净化社会文化环境起了积极作用。目前正在把集中行动与加强经常性管理结合起来，做到常抓不懈。

（五）新闻出版队伍培训已形成制度。如对新闻出版单位主要领导岗位的培训制度，持证上岗制度，新批新闻出版单位开业前社长、总编辑培训制度相继建立，取得了积极的成果。各级、各类、各种形式的培训活动广泛开展，新闻出版队伍素质有所提高，责任心明显增强。

出版事业在取得显著成绩的同时，也存在一些值得注意的问题，主要是：

(1)出版物的整体质量还不够高，精品书不够多，低水平重复出版、编校印装质量低劣的问题还不少；

(2)新闻出版单位的总量和图书品种的控制还缺乏有效的机制，已经达到的控制水平还有脆弱性；

(3)新闻出版法制体系还需要进一步健全和完善；

(4)新闻出版队伍的整体素质还不能完全适应工作的要求。

总之，目前的情况是：“做了大量工作，还有大量工作要做。”

本文原载《出版广场》1996年增刊

新世纪中国出版业畅想曲

人类进入了第三个千禧之年。新世纪的曙光正照耀着蔚蓝色的地球，照耀着金色的中国。新的时代带来新的希望，作为人类文明的传承者，出版业在新世纪将如何发展，在哪些方面应该有所创新？这是人们关心的问题。

经过新中国50年来特别是改革开放20年来的建设与发展，我国出版业已初步形成门类比较齐全、布局比较合理、体系比较完整的出版产业，在世界出版业中名列前茅，这是必须充分肯定的。但与新世纪中国发展的需要相比较，中国出版业还没有打破传统的模式，在体制、规模、经营理念、人员素质等方面还需要作大胆的改革和创新，这是一个大的系统工程，需要作深入的研究和不断的探索。在21世纪中叶，中国将成为世界一流的出版大国。为实现这一目标，试作一大胆的畅想曲，以求教于方家。

一、从出版体制而言，将会逐步打破部门所有制和地方所有制的模式，建立真正现代企业经营的体制。目前这种出版社部门所有制和地方所有制有过历史功绩，是计划经济体制下可行的模式，但已不能适应社会主义市场经济体制的需要，它在相当大的程度上是造成出版业苦乐不均和不平等竞争的根源，在新世纪出版业大发展中，必须要打破。笔者设想，未来出版体制中，可以考虑分成两大类，第一类仍由国家(当然是授权某个管理部门)直接控制的出版单位，例如出版党和国家政策文件的专门出版社；这类出版社必须是国有的、专营性质的，以保证出版物内容准确无误，具有最高的权威性。这类出版物的定价是指令性的，应该让老百姓都能买得起，如果出现政策性亏损(一般不可能发生)，由政府进行必要的补贴，可从其他出版物上缴利润中冲抵。第二大类出版社逐步从各部委、各人民团体、各部门剥离出来，成为真正独立经营、自负盈亏的出版企业，并且逐步打破中央与地方所有制的界线，真正按现代企业经营的体制组建成出版集团，在竞争中优胜劣汰，有生有死。政府除了要求所有出版单位必须遵守法律和相关的政策、法令依法纳税外，对出版单位不作行政干预，更没有经济上的利害关系，政府只负责宏观调控。把日常事务性协调工作移交给行业协会，通过行规、行约进行自律。书价与印刷工价等都由相关的行业协会通过协调进行指导，按市场规律调节。

二、出版与发行会实行“第二次握手”，形成利益共同体，允许互相融资乃至合资，利益共享，风险共担。对外名称可以各自独立，在内部管理和经营上应形成一体。这种体制接近于国外大出版商的模式，便于统一考虑营销策略，也可避免产销之间的内耗。

三、在发行网点的布局上将实行网络化规划。即按照不同的生产、科研、教学、居民的特点，规划相应的发行网点。书店不要追求大而全，而应根据不同的读者群体形成大中小不同的网点。除省会以上大城市可建大型综合性书店门市部以外，多数城市应着重以建中小型门市部为主，网点要伸向社区，尤须注意建立专业性门市部，这样做才能改变目前千店一面的格局。

四、在订货制度上实行配发与订货相结合的办法。试看历届书展和订货会上好书荟萃，繁花似锦，但在书店门市部日常陈列和销售中，许多好书难觅踪影。单靠书店自下而上订货难以解决这个问题(其中涉及进货人员水平、书店资金、管理等等问题)，必须有配发制度作为辅助。将来社店形成经济共同体以后，这个问题可能不难解决。事实证明，许多好书并非读者不要，而是从未见过。因此首要的问题是使好书尽快与读者见面，做到“书畅其流”，由读者自主选择，不要由营业员代为选择。

五、书店要根据读者需要，建立现代化的服务设施，增加服务项目。如在大中城市建立网上书店，在农村依托大的企业或学校建立代销机构，方便读者就近购书。

六、出版科研单位要加大基础研究和应用科学研究，建立世界一流

的数据库。研究内容包括：①新世纪出版发展战略，②出版体制的重组，③选题策划的组织与实施，④出版流程的全程监督机制，及质量保障机制，⑤图书营销策略，⑥发行网点的重组，⑦书价、印刷工价的调控，⑧新技术的引进与出版业的应用，⑨国外出版业动向，⑩出版队伍动态分析与培训规划，⑪读者阅读旨趣的现状与需求，⑫全国出版信息网络联网的可行性研究，等等。出版科研是一项动态性研究，除了阶段性项目外，需要建立一流数据库，不断积累资料，以供研究。在人员组织上，应该专业与业余队伍相结合，充分调动两个积极性。

七、培养与建立一支思想敏锐、业务精通、作风正派的出版队伍。一流的出版需要一流的员工，在新世纪，对从事出版工作的人员应有更高的要求，所有职工都应培训上岗。并定期考核，使他们始终保持“水涨船高”的水平，以适应出版业不断繁荣发展的需要。

八、中国出版业在新世纪一定要走向世界。随着中国综合国力的增强，在世界上的影响越来越大，汉语已逐步成为国际性语言，这个趋势预示着中国图书在国际上将拥有更多的读者。除了要做好华人读者的工作外，还要注意国外其他语种民族的工作，研究他们对中国图书的需求，通过与国外出版单位合作出版、国际性书展、到国外办书店等多种形式，使中国名书(不限于汉文)走向世界，这方面应该有具体目标和规划，期以时日，必有成效。

江泽民主席在新中国建国50周年庆典的重要讲话中指出：“我们伟大的祖国已经走过了五千年的历程。在五千年的历史长河中，中华民族以自己的聪明才智和卓越创造，为世界文明作出了不可磨灭的贡献。在新的千年中，中华民族必将以自己新的灿烂成就，为世界文明作出更大的贡献。”

在迎接第三个千禧之年的时候，我国出版业必将以崭新的面貌奏响时代的最强音，谱写出中华民族灿烂的文化和高尚的精神风貌，把光荣与梦想一起展示给世界人民。

本文原载《出版发行研究》2000年第1期

潮平两岸阔 风正一帆悬

——当前出版业走势浅析

图书出版常有被人关注的热门话题，诸如书价、盗版、排行榜之类，近些日子又引出一个新话题：一向红红火火的出版业是否也遭遇了疲软?

从表象上看，确有“外感风寒”之态：从今年3月份开始，不少地方新书订货下降，期货交易平淡，市场难寻热点，全国库存书超过100亿元，以致一些出版社老总恨不得拉住“上帝”(读者)问一声：“你到底要什么?”……整个出版业的走势如何？是人们关心的问题。

据笔者查阅和分析有关资料后认为：当前出版工作总的形势是好的，继续保持积极、健康、向上的发展势头。随着知识经济时代的到来和逐步进入小康社会，我国出版业面临极好的发展机遇。目前虽然受全球经济大环境变化的影响，出版业走向新的整合期，但基本走势仍是积极向上的，下列事实和数据可作为佐证：

一、国家重点图书出版规划执行情况良好，一大批有重要科学文化价值的图书正陆续编印出版。如“邓小平理论研究书系”，全国有23家出版社列入42个选题，已有70％完稿。“九五”国家图书重点出版规划今年内有望完成60％，我国出版业整体实力有所提高，最近刚刚闭幕的第七届北京国际图书博览会上，我国展台一展风采，有一部分图书已经接近或达到世界一流水平。尤其值得一提的是，我国出版界正以若干个“集团军”的态势进军世界出版业，受到国内外同行的瞩目。

二、1998年上半年出版物实物量稳中有升。第二季度图书总印数比第一季度增长0.92％，总印张增长6.26％。图书销售今年第二季度比去年同期平均增长7.8％。第九届全国书市将于10月份在西安市举办，这

又是一次拉动市场的极好机遇。

三、版权贸易和进口图书贸易增加。据媒体报道，在本届北京国际图书博览会上，正式签合同的有443项，达成协议566项，达成意向3 100项，比上届增加一倍多。国内订购海外版图书金额达233万美元，比上届增加38%。说明国内市场销售前景看好。

四、在深化改革中，出版业走上可持续发展的道路。新闻出版署上半年加大了直属单位改革的力度，已组建中国美术出版总社作为出版领域改革试点，重组中国印刷总公司作为印刷业改革试点。对新华书店总店的改革试点也正在进行中。各省、市、自治区新闻出版局以提高集约化程度和规模经营能力为重点，正在有计划地组建若干个出版、发行集团。出版业孕育着强大的后劲，在世纪之交将出现一个较大的发展。

五、期刊正在形成新的经济增长点。期刊以其信息快捷、图文并茂、读者对象细分化等优势日益受到读者的青睐。1979年时仅有期刊1 470种，1997年底已增加到近8 000种，年销售金额约为100亿元。《故事会》、《读者》等上百种名牌期刊常销不衰。许多出版社主办的刊物印数稳中有升，正在成为新的经济增长点。

六、电子、音像出版物异军突起，方兴未艾。80年代在我国刚兴起的电子、音像出版物，每年的品种、数量正以两位数甚至三位数增长。如VCD1996年出版数量竟比上年增长862.32%。这几年由于“扫黄打非”的不断深入，正版图书、音像、电子出版物正在进一步占领市场。据有关专家估计，每年被非法出版物侵占的市场份额至少在100亿元以上，打掉了这些非法出版物，正版出版物的销售额将大幅度上升，其社会效益更难以计算。

七、1999年是中华人民共和国建国50周年大庆，又是改革开放20周年。有关领导部门正在积极组织数以百计的重点图书。这些图书的出版将引导出版业进一步实施“精品战略”，并以此为契机，带动大批优质图书的出版，激活整个图书市场。

八、在“科教兴国”战略的指引下，出版业将进一步发挥作用，图书市场有很大的潜力。据权威部门中国社会科学院编制的我国《小康社会指标体系及2000年目标的综合评价》中指出，在全面进入小康社会时，我国的图书消费将达到年人均7册，而1997年人均图书消费为5.9册，这意味着到2000年要增加14.3亿册图书，相当于增加20%的图书销售量。市场的潜力相当大，就看我们如何抓住机遇，努力工作，多出精品，以满足广大读者的需要。

在历数出版业取得重大成绩和有利条件之后，我们也清醒地看到，目前出版工作中确实存在着选题重复，“追尾撞车”，原创作品少，结构不合理，编校差错率较高等问题。这一方面浪费了宝贵的出版资源，一方面影响了读者的购买欲望。部分图书书价偏高，也是影响销售的重要原因。凡此种种，都应认真解决。

综合上述情况，对出版业的走势如何评价？相信读者自有结论。如何看待目前图书市场缺少热点但尚有潜力这样一种特殊情况？不妨借用一句唐诗来形容：“潮平两岸阔，风正一帆悬”(〔唐〕王湾《次北固山下》)。此时此刻，别无选择，只有把正方向，千帆竞发，谁拔头筹，就看弄潮儿的好身手了！

本文原载《光明日报》1998年10月12日

风雨兼程五十年

——前进中的中央各部门出版社

“开国大典”28响礼炮声回响了半个世纪，中华人民共和国走过了50年的光辉历程。在党的领导下，作为思想、科学、文化的标志之一，出版业有了迅猛的发展。现已建成门类比较齐全、体系比较完整、分布比较合理的出版产业。其中中央各部门出版社从无到有，已成为中国出版业的骨干力量，许多重要的典籍由此策划、产生，相当一批图书在国际国内重要评奖中金榜题名，作为中华优秀文化的标志性出版物而著称于世。这些成绩的取得，归功于党的方针政策的正确，得益于改革开放的好形势，也得益于中央各部委、各主管部门对所属出版单位坚强有力的领导。在世纪之交，中央各部门出版社正同异军突起、充满勃勃生机的地方出版社优势互补，并肩前进。

回顾历史，不胜沧桑之感。北京作为文化古都，在以往两千年的出版史上，却始终未能形成自己的出版中心。西汉时，最早的书肆出现在长安，唐末出版中心在四川，出版业高度发达的宋朝，刻书中心在汴梁、浙江、四川、福建、江西，元代刻书中心在杭州，明、清两代官刻中心虽在南京、北京两地，但多以刻印钦定大套书为主，民间刻印却大量产生于江南。20世纪初叶到40年代末，出版中心一直在上海，商务、中华、开明、生活书店总店都设在上海。我们党创建的第一家出版社——人民出版社，1921年9月1日成立时也在上海。解放前，虽然北平号称有700家出版社，但规模甚小，每年出书仅7 400种，年出书在100种以上的只有5家。到北平解放前夕只剩下42家出版社，且多数为没有编辑部的“皮包商”。这就是当时北京出版业的全部家底，要想进行改造都缺乏基础。在充分利用上海等老出版基地力量的同时，中央各部门出版社不得不从头开始。

范敬宜（一排左四）、于友先（一排左三）、谢宏（二排右一）与张芬之（三排左三）、段更新（三排右二）、潘国彦等合影（1993 年 12 月）

1949 年 1 月底北平和平解放，中共中央决定成立出版委员会，首先统一领导北京、天津及华北地区的出版工作。2 月 10 日，北京新华书店门市部开始营业。4 月 24 日，新中国第一家国营大型印刷厂——北京新华印刷厂举行开工典礼。1949 年 10 月 3 日，中央人民政府成立后的第三天，出版委员会就在北京召开了“全国新华书店出版工作会议”，毛泽东主席为这次会议题词：“认真作好出版工作”，朱德总司令题词“加强领导，力求进步”，出席并讲话。1949 年 11 月 1 日，出版总署成立，从此新中国出版事业有了中央政府直属的出版管理机构。根据中央指示精神，开始建立中央各部门出版社，到 1950 年底，最早建立的有六家，即人民出版社、人民教育出版社、机械工业出版社、青年出版社、工人出版社和人民军医出版社。之后，随着中央各部委、各人民团体和军队建制的不断健全和发展，陆续成立了一批中央级出版社，到 1998 年底，中央各

部门出版社共有219家(其中副牌社有15家)，占全国566家(含副牌社36家)出版社的38.7%。

中央各部门出版社分属四大系统，即：中央、国务院各部委，各人民团体，高等院校和军队系统。各社的专业分工基本上是按照其上级主管、主办单位的业务范围划分的。与新建出版单位相配套，中央有关部门逐步建立了相应的印刷、发行、科研、外贸单位及出版印刷院校，形成了协调发展的完整的出版体系。

半个世纪以来，中央各部门出版社经历了曲折发展的历程，大体上分为四个阶段：(一)1949年～1956年，为初创阶段。到1956年时已翻译出版马恩列斯经典著作241种，印行2 700多万册。《马克思恩格斯全集》、《列宁全集》、《毛泽东选集》等都是在这一时期开始出版的。一批重要的学术著作如《史记》、《资治通鉴》和文学名著，如鲁迅、郭沫若、茅盾、巴金、老舍的著作相继出版发行。(二)1957年～1965年，为出版业初步发展阶段。这一时期最突出的是文学创作出版十分活跃，《青春之歌》、《红岩》、《红日》、《红旗谱》、《创业史》、《林海雪原》等一大批优秀小说都在这一时期问世。一批西方重要学术经典著作也陆续翻译出版，形成规模。但在这一阶段中，由于众所周知的原因，一批知识界人士遭到错误处理，又遇到三年自然灾害，许多学术著作未能出版。(三)1966年～1976年，是出版事业遭受严重挫折的十年。许多出版社被撤销，人员被遣散或下放到干校。以文化部所属的人民、人民文学、人民美术、中华、商务五家出版社为例，“文革”前原有职工1 074人(其中编辑人员523人)，到1971年初，留在北京的仅有166人(其中编辑人员只剩下63人)。中央各部门出版社出书品种1965年为10 223种，1971年猛降到1 037种，只及“文革”前的十分之一。许多好书被当作封资修的毒草而禁止发行。(四)1977年后，特别是十一届三中全会以来，出版业迎来了繁荣发展的新时期。邓小平同志、江泽民同志对出版工作非常关心，党中央、国务院为改进和加强出版工作作过多次指示和决定。1978年以来，出版事业规模迅速扩大，出版能力显著增强，中央各部门出版社从1977年的41家增加到1998年的219家。一大批经典著作和大型骨干图书工程陆续出版，如新版《马克思恩格斯全集》、《列宁全集》、毛泽东著作、邓小平著作以及《中国大百科全书》、《中国美术全集》、《机械工程手册》、

《电机工程手册》、《辞源》(修订版)和《当代中国丛书》、《汉译世界学术名著丛书》以及古籍整理图书、少数民族文字图书等等。与国外的合作出版有了良好开端，其中零的突破就是从中央出版社开始的。1994 年 1 月新闻出版署提出实现阶段性转移的战略任务，这一思路的提出，符合国家经济建设发展的总体要求。1993 年 11 月中共十四届三中全会通过的《中共中央关于建立社会主义市场经济体制的决定》就提出了总量平衡、优化结构、提高效益的问题。新闻出版业“阶段性转移”得到了中央的肯定，写进了党的十四届六中全会通过的《中共中央关于加强社会主义精神文明建设若干重要问题的决议》。新闻出版业实现阶段性转移后取得了积极成果，在控制总量方面，首先严格控制新建出版单位；其次，对图书品种实行总量控制，使品种增长速度得到有效的控制。第二，调整产业结构，组建出版、发行集团；取消了内部报刊。第三，努力提高质量，一方面抓重点，抓精品，一方面制订了一系列书刊质量管理规定。通过近五年来的数次检查，图书质量虽然还不尽如人意，但总体上确实在不断提高。据抽样检查，图书质量合格率从 1994 年的 31％提高到 1998 年的 78.1％。在增进效益方面也有明显效果，图书总印数、总印张、销售金额、出版系统平均利润率都有增长。中央各部门出版社率先垂范，取得了比较显著的成果。新闻出版署评选出的全国 45 家优秀出版社中，中央各部门出版社占 22 家，即人民、北京大学、军事科学、科学、农业、人民卫生、中国电力、中国建筑、中国少儿、中国社科、中国水利水电、机械工业、金盾、清华大学、人民文学、人民邮电、文物、电子、国防、高等教育、商务、外语教学与研究出版社。

新中国建立 50 年来，特别是改革开放以来，中央各部门出版社锐意改革、开拓进取，发行体制改革不断深化。自 1985 年以来，自办发行从无到有，从小到大，取得了长足的进步，各种形式的社社联合，社店联合，以及连锁经营、网上书店等经营方式的确立与发展，促进了出版社管理机制的转换，提高了竞争能力，繁荣了图书市场。到目前为止，中央各部门出版社出书总品种已占全国出书总品种的 36.4％，出书总码洋占全国出书总码洋的 29％，有 30 家出版社发行码洋在 1 亿元以上。

50 年来，在党的各项方针政策的指引下，中央各部门出版社同全国出版界同行一样，开拓创新，取得了一个又一个新成就。归纳他们的经验，主要是以下几点：(一)坚持贯彻党的路线、方针、政策，服从和服务于党和国家大局，牢记办社宗旨，这是出版单位“讲政治”的基本要求。(二)适应社会主义经济体制改革的新形势，坚定不移地推行出版体制改革，实现由生产型向生产经营型转变，并向现代化经营模式推进。(三)以实行精品战略为目标，在选题上不断有所创新，落实以提高图书质量为中心的多种责任制。(四)尊重知识、尊重人才，实行专业技术职务聘任制和按贡献大小实现工资、奖金的分配办法，充分调动干部、职工的积极性。(五)实行对外合作出版和对外交流，按照政策规定充分利用外部出版资源和经营渠道，“借船出海”，为我所用。(六)出版社和新华书店密切合作，共同努力推行图书发行体制改革，切实承担起总发行的责任，又充分发挥国有书店主渠道的作用，使货畅其流，书尽其用。(七)加强著作权保护，抵制非法出版活动，维护正常的出版秩序。(八)适应知识经济和科技发展的新形势，除努力出好纸介质图书外，从本社实际出发，发展声、光、电、磁等多媒体出版物，拓宽出版领域，不断提高社会效益和经济效益。(九)瞄准世界出版的新水平，制订切实可行的出版发展战略，不断增强和发展出版生产力，努力赶上世界先进水平。

1997 年 9 月，中国共产党第十五次全国代表大会胜利召开，江泽民总书记代表党中央所作的报告中，对新闻出版工作提出了“加强管理，优化结构，提高质量”的总要求，指明了新闻出版事业繁荣发展的方向。面对跨世纪的新形势、新任务，我国出版业迎接挑战的方略是：高举邓小平理论的伟大旗帜，以党的十五大精神为指导，坚持深化改革，建立健全符合社会主义市场经济体制的要求并具有中国特色的出版体制，不断增强我国出版实力和竞争力；加快科技进步，提高出版产业及出版物的科技含量，以此培育出版业新的经济增长点；继续深化出版业的“阶段性转移”，实行出版业产业化和集约化经营，促使出版物质量再上新水平，满足广大读者的需要，并在世界出版业中争得我们应有的地位。在实现这个战略目标的过程中，希望中央各部门出版社发挥表率作用，为出版业整体上台阶作出新的贡献！

预祝第十届全国书市取得圆满成功！

本文原载《第十届全国书市特刊》1999 年 9 月

书香漫卷京城

——中国出版成就展观感

7 月的北京，生铁都是滚烫的。但是，骄阳挡不住，大雨阻不断，塞车拦不了，五天之内有近 13 万读者涌向北京展览馆，一睹世纪之展的风采。

本世纪以来中国规模最大、内容最丰富、布展最精美的一次出版成就展 7 月 13 日至 17 日在这里举行。看看这次参展的数值就可以知道展览的规模：

参展出版社 540 家，占全国出版社的 97%；展出图书 38 281 种、59 497册；

期刊社 2 394 家，展出刊物 4 290 种、9 276 册；

音像社 143 家，展出音像制品 3 099 种；

展出电子出版物 180 种。

整个展厅面积 1.4 万平方米。一二层大厅和东西两个侧厅摆满了各类精美出版物。精心设计制作的模型、图表，多侧面、全方位地显示了改革开放以来、特别是“八五”计划以来我国出版工作取得的成绩，这是 40 万出版工作者向党和人民所作的一次真切具体的汇报。

面对如此壮丽的书海，读者惊叹不已。笔者特意到出版成就展组委会办公室翻阅了读者留言簿，且看几位普通观众如何评价：

读者袁久宏写道：“本届展览是最好的一次，实在难得。”邢利民挥笔写下八个字：“荟萃精华，展示未来。”员健评价说：“各个展厅展览设计非常精美，书刊众多，充分展示我国出版事业的光辉成就，太棒了!”一位未留名字的北京读者写道：“这次展览不错，有规模，有魅力。”一位名

叫王枫的读者看来心情十分激动，用刚劲有力的大字写下了两个字的总评："真好！"

陈晓梅，这位《中华读书报》的记者，具有老到的新闻眼，她在一篇报道中写道："这次出版成就展，可以让人看到中国文化最雅的部分，看到中国最好和最应该做的选题，还可以看到中国书籍的装帧水平正向国际一步步靠拢，图书的学术水准步步上升，总之，爱书人可以看到一个辉煌的前景。"这个评语说出了出版工作者和广大读者共同的心声。

这次成就展壮观、精美，不少读者感到唯一的遗憾是展出时间太短了，他们没有看够。

7 月 17 日傍晚，撤展令下达。眼看如此精美的展览顷刻之间消失，组委会有些同志难过得掉下了热泪。几个月来多少人的辛劳，特别是在布展和展出的日日夜夜里，大家用心血和汗水浇铸起来的丰碑，如今马上要撤展，他们怎能不心疼?！但是，大家心里明白，这次成就展等于播下了红色的种子，带着江总书记的嘱托，带着数以万计读者的期盼，带着千百位同行的决心，在未来的日子里，中国出版业将开出更绚丽的知识之花，结出更丰硕的文明之果。

为了给出版史上留下一页记录，让我们对这次展览留下一些值得回眸的镜头。

牢记江总书记的嘱托

江泽民总书记、乔石委员长、军委副主席刘华清等中央领导同志的莅临参观，给 40 万出版大军以极大的鼓舞。7 月 15 日晚，江总书记等中央领导同志，在新闻出版署署长于友先及署党组其他成员陪同下，兴致勃勃地参观了出版成就展。江总书记勉励出版界要"抓重点、出精品"，为进一步繁荣出版事业指明了方向。

各省、自治区、直辖市新闻出版局长在座谈时表示，江总书记、乔石、刘华清等中央领导同志参观出版成就展，使大家很受鼓舞，很振奋。通过展览大家互相交流学习，找到了差距，明确了今后出版工作的方向，增强了信心，对今后工作是一个推动。许多局长表示，要坚决落实江总书记的指示，以这次展览为契机，进一步修订、完善"九五"规划，把"阶段性转移”推向深入，真正实现中央提出的“两个根本性转变”。

李铁映同志在参加开幕式之后，来到北京市展厅前，向何卓新局长提出：北京的出版界能否在全国带一个头，发起一个不出坏书的倡议，大家都自觉不出坏书，不污染社会。何卓新回答：这个提议好，我们马上就着手开展这项工作。

丁关根、王光英、万国权等中央领导同志参观时指出，希望广大出版工作者意识到自己肩负的历史责任和使命，多出好书，为广大人民群众和两个文明建设作出更大的贡献。

精品馆异彩纷呈

走进展厅大门，迎面就是集中书展精华的精品馆。这里陈列的有马列主义经典著作；有《毛泽东选集》、《邓小平文选》线装珍藏本；有目前收入汉字最多的《汉语大字典》、《汉语大词典》；有极具学术价值的《中国大百科全书》；有中外文学名著精印本；有代表当代最新科技水平的科技书；有被称为“神州第一书”的《乾隆版大藏经》……4 000 多种精品书显示了当代中国出版界的最高水平。

在这里，有多少读者流连忘返，又有多少读者细细品评。一位母亲牵着刚上小学的女儿的手说：“孩子，中国最好最美的书都摆在这里了，将来即使你不能读完这么多好书，现在也要好好地认识它！”语言学家郑国乔，是一位 70 岁的老教授，他从精品馆到东展厅，整整转了近三个小时，不停地抄录他想买的精品书书单。他赞叹不已：“好书真多！”

精品馆是导向，是路标，它不仅倡导读者多读好书，更重要的是激励出版社抓好质量，多出精品。

各展团竞显特色

这次出版成就展共有 45 个参展团。各个展团早在半年前就按照新闻出版署“中国出版成就展”组委会的要求，在各主管部门和各省、自治区、直辖市党政领导的部署下，精心设计，精心制作，突出地域特色，竞显专业优势，把这次展览尽量布置得尽善尽美。新闻出版署直属单位组成

阵容强大的“联军”，充分显示出“国家队”的实力和水平，是精品书最集中的展区。解放军展区组成一个军容整齐的“方阵”，在横幅上大书“大力弘扬主旋律”、“以优秀的作品鼓舞人”。解放军出版事业正以这一指导思想不断出版好书，整个展区显示出雄浑大气和赫赫军威。

中央各部门参展的出版社有151家。受新闻出版署委托，由中国出版工作者协会把他们按相关相近专业分别组成十个组参展，这种组织形式在四十多年来还是头一次。各社都认真做了准备，其中文物出版社、民族出版社、地图出版社以其特色鲜明受到众多读者的瞩目。统战系统和外文局系统、大学出版社和科技出版社则以精心组织布展受到广泛好评。

各省、自治区、直辖市的展区更是各具特色，精彩万分，令人目不暇接。按每年出书品种计算，地方出版社已占74%，可谓“三分天下有其二”，因此在展厅里有充分的实力显示地方出版力量的崛起。

上海，作为我国最早的现代出版业的基地，已有99年的出版历史。这次展出再现了选题的前沿性和整体高水平的风貌。江苏以视野宽、品位高、发展快、管理好见长。浙江以扎实精细的江南风格独领风骚。福建出版界面向海峡两岸，他们架设起文化桥梁，率先开展了闽台出版交流。针对福建拥有近千万侨胞这一优势，他们精心组织了介绍福建历史风物的图书，对吸引外资、侨资支持大陆经济建设发挥了重要作用。山东出版界以“金戈铁马唱大风”著称于世，曾在全国首创建立“泰山科技专著出版基金”，为解决学术著作出版难起了带头作用。这次展出的有一百多种受多项资助出版的学术著作，并有许多获得国家级奖励的优秀图书。江西出版进步快速，好书迭出。江西连续五年在全省组织群众性读书活动，这是一个创举。在这次展览中，江西展厅迎面布置了一幅黑白巨幅照片，是党的第一个出版管理机构——中央出版局的旧址。徐光春和徐惟诚两位中宣部领导同志看后高兴地说：“这幅照片非常好！”

“湖南人能吃辣椒会出书”。近五年来，湖南坚持“二为”方针，实施“精品战略”，使“第一推动丛书”、《科学的历程》等书脱颖而出。湖北以浩浩楚风挺进京城。这次布展，他们别出心裁，以大小16个编钟为标志，架起了一座有浓厚地域文化特色的书城，陈列在32个书架上的图书再现了雄厚的楚文化。河南人把植根于中原文化沃土的600种精品书搬进了展厅，令人刮目相看。他们决心展现豫军风采，再现中原情韵，阔步走向21世纪。安徽自古是人文荟萃之地，这次推出了《朱光潜全集》、《高士其全集》、“安徽古籍丛书”等高品位的图书。

作为出版大省的四川，以凝重大气的设计展现了自己的风采。3 000多种精品图书营造了“坐拥书城”的氛围，具有鲜明的巴山蜀水特色。

辽宁、吉林、黑龙江、河北、山西等省，显示了北方特有的深沉、博大的气魄，在布展上朴实无华，却显示出强劲有力的出版实力和气质。辽宁已形成以重大理论、通俗政治读物、清史系列、财会图书四大类为主要特色的出版体系，说明辽宁出版已颇具特色，吉林的民族出版行业和法律图书在全国颇有影响。

广东得改革开放风气之先，出版业占天时、地利、人和之便，自然显示出强劲的势头。他们首先明确了粤版书的主攻方向，努力提高粤版书的整体质量。这次展出，广东是唯一搭建两层楼展台的省份，寓“更上一层楼”之意。

北京、天津近在京畿，尽得人才荟萃的优势，出版业呈现强大的态势。北京展区突出了四大特色，以获奖书刊、北京特色书刊、反映主旋律的文学作品和音像制品、少儿读物精品，构筑了一个“书香之都”。在布展上凸现了历史的沧桑感和深厚的京城文化特色。天津以书卷气和地方特色为重，强调多培植“木本花”，显示出多出“双效书”的精品战略。

各少数民族地区、西北地区和海南等地，都凸现了各自的特色，呈现出“数风流人物还看今朝”的亮色。有一位曾在西藏工作过11年的妇女，特意带着她刚上小学二年级的儿子到西藏展区参观。她说：“当年刚进藏时，西藏还没有彩色印刷，想不到现在能出这样漂亮的图书。”当西藏人民出版社负责同志知道这位妇女的这段经历时，特地请她在哈达上签名留念。

这次成就展中，还特设了音像制品展、电子出版物精品展、期刊展、教材出版展、中国书籍史展、中国装帧艺术成果展等特展，充分显示了我国古代文明和现代科技交相辉映，出版业源远流长的史实，体现了世界出版大国的风采。

中国版协主席、老署长宋木文两次参观成就展，意犹未尽。作为改革开放以来出版改革和出版繁荣的主要组织者和领导者之一，面对今天

出版业的繁荣，他感到十分欣慰。

新的起点

7月17日下午4时，“中国出版成就展”落幕了。于友先署长对各省、市、自治区出版局长“坐不住”了的态势感到高兴。他说：“我们展示成果、交流经验的目的，就是为了今后的发展。‘八五’是辉煌的，但已经过去了，我们要面对的是‘九五’和21世纪，是国家两个文明建设的持续发展和人民群众日益增长的精神文化生活的需求，出版业仍任重道远。”

太阳每天都是新的，中国出版业明天每一页的记录也是新的！

（作者附注：本文中多处引用了《新闻出版报》的资料，谨此致谢！）

本文原载《出版广场》1996年第5期，发表时署名“郭雁”

大陆书香漫卷宝岛

难得的文化盛会

1997 年 8 月 23 日，在海峡两岸出版交流中是值得大书一笔的日子。

行色匆匆的人们驻足在台湾师范大学门口，发现一向宁静的高等学府忽然车水马龙，热闹非凡。学校大门口架起了充气彩门，彩门上“1997 大陆图书展览暨版权洽谈会”的会标鲜艳夺目。校门外大马路上插着几十面红黄相间的彩旗，长约一华里，连附近高架桥上也有宣传大陆书展的大幅标语旗帜。一面面彩旗既营造了气氛，又是指引书展会场的路标。

这次书展由中国出版工作者协会主办、中国出版对外贸易总公司承办，是继 1994 年 3 月祖国大陆在台湾举办书展之后的第二次大型书展。书展团阵营强大，由全国八十多家出版单位联袂参加，团员大部分是出版社社长、总编辑，全团共 97 人。由中国版协顾问许力以、常务副主席卢玉忆任书展团顾问，中国出版对外贸易总公司总经理吴江江任总团长。参展图书共有一万三千余种，都是近两年来新出版的、内容和印装质量都比较优秀的图书，总价值达四十多万元。

1997 年祖国大陆书展展场设在台湾师范大学四楼体育馆内，面积2 000 多平方米。宽敞明亮的展厅内按八个大类陈列图书，仿佛筑起了一座连绵不断的书城。展厅高挂着大幅会标：“1997 大陆图书展览暨版权洽谈会”，大屏幕彩电不停地播映着参展出版社的名字。展厅四周张贴着精心制作的宣传广告，上书“跨世纪的盛会”，表达了两岸出版界共同的心愿。

对于台湾读者来讲，大陆书展是他们难得一遇的文化盛会，因为台湾当局禁止销售祖国大陆的原版图书。据台湾业内人士告知，近些年有一家台湾书店因出售大陆出版的《风水地理》一书，被台湾当局罚款 16 万新台币(约合人民币五万多元)。对于台湾某些单位研究用的大陆版图书，台湾当局也限量进口，并须报批。书展期间，笔者到台北市重庆南路书店一条街观光时，在任何一家书店果然见不到一本大陆版图书。而一些盗印大陆版的图书却公然上架出售，比如《天怒》至少有两种封面不同的版本，书上还赫然印着“大陆第一禁书”。

随同卢玉忆(右三)等访问台湾(1997 年 8 月)

这次祖国大陆书展，根据两岸出版业者事先商定的意见，只展览和进行版权贸易，不在展厅现场销售，展览结束后，全部图书赠送给台湾师范大学。由于只展不销，观看书展的读者感到失望，他们只好填写书展预先印好的“订购单”，通过邮购解决。有一位读者为了尽快看完急需的书，竟一整天在展厅里抄书，他抄录的是一本有关中医推拿和骨科方面的书。书展从 8 月 23 日开幕至 8 月 31 日结束，尽管中间有两三天正遇第 12 号台风，但挡不住渴望看书的读者。不少读者反映：“大陆出版的图书内容好，印装质量也不错。”还有的说：“华文图书的源头在大陆，那里蕴藏着丰富的出版资源。”这次书展在一定程度上打破了台湾当局禁止大陆图书进入台湾市场的封锁，在台湾读者中将产生潜在的良性影响。“无边落木萧萧下，不尽长江滚滚来”，两岸人民的心是相通的，这个潮流是任何人都阻挡不了的。

红火务实的版权贸易

这次书展的一项重要交流项目是开展版权贸易。在各个展台上，大陆的社长、总编恨不得变成孙悟空，因为几百家台湾出版社同行“轮番轰炸”，有的要洽谈版权贸易，有的请客吃饭，有的邀请旅游，有的希望到家中叙旧，因此有的出版社社长竟然有一晚上“一赶三”(轮流出席三个活动)的趣闻。这一方面是台湾出版界朋友的盛情，一方面也说明两岸出版交流的热情。据不完全统计，这次书展签订的版权贸易协议有 90 项，其中祖国大陆出版社卖出版权 76 项，买进台湾版权 14 项，达成版权贸易意向 140 项，签订合作出版协议 5 项。现场订购图书、光盘总价值约 300 万元人民币。从签订的协议和达成的意向看，版权贸易成果主要集中在历史、工具书、医疗卫生、艺术、少儿读物、教材和有关的电子出版物上。

据国家版权局对 25 个省、自治区、直辖市的统计，1991 年～1996 年底，祖国大陆出版社向台湾出版社输出图书版权(不含作者直接授权)共有2 395项，其中北京、上海两地输出版权就超过 1 000 项。台湾海基会副秘书长张良任在会见大陆书展团负责人时表示，他认为两岸文化交流中出版方面是最有成果的。这是一个务实的评价。

诚然，在版权贸易和出版交流中，也有少数不愉快的情形值得注意。笔者从台湾回到北京后，就接到一宗投诉，有一位已故的老出版家的女儿来信反映，她发现台湾某出版社未经译者授权在 1993 年出版了她父亲的一本译作，要求依法追回译者的相关权利。经中华版权代理公司与台湾有关方面联系，才知道侵权的这家出版社已不存在。据悉，此种状况并非个别，在此次书展期间，有些大陆出版社就当场处理了与台湾出版社合作中的一些遗留问题。这种状况提醒祖国大陆出版界，在对台出版交流与版权贸易中，必须找有信誉的出版单位。

外一章：台湾出版业一瞥

访台期间，笔者顺便了解了台湾出版业的概况。

近五十年来，台湾出版业有较大发展。1945年抗日战争胜利时，全台湾地区出版业规模极小，图书出版社仅有130余家，且以出版日文书为主。20世纪70年代至80年代，台湾出版社增至2 000多家。到1996年底，已核准而未注销的出版社有5 313家，其中台北市就有3 537家，占总数的66.57%，年出书约20 000余种。中小规模的出版社占出版业的主流，据了解，出版社资本额低于新台币50万元(折合人民币约17万元)的出版社占总数的52.09%，资本额超过1 000万新台币的出版社只占5.56%。经常出书的出版社在500家左右。台湾地区出版物的行销渠道主要有四条，即店销、邮购、直销和学校销售。

台湾地区目前有人口约2 300万人，其中具有高中以上学历者大约有1 170万人。(以上资料引自《台湾地区大众传播事业概况》，台湾光华传播事业总公司编印，1997年6月出版。)

在台访问期间，笔者随同书展团到台北市“何嘉仁文教机构”参观。这是一家颇具规模的出版单位，楼下是大型书店门市部，各种图书琳琅满目，楼上是编辑部。尤具特色的是在店堂一角设有电脑培训班，有十几位读者正坐着等待上课。在店堂另一角设有儿童乐园，一群学龄前儿童趴在五彩缤纷的书架前自由翻阅图书。书店注意培养未来的读者，这是很有远见的做法。后来我们又专门到台北市重庆南路书店一条街去参观，那里真可谓书山书海，令人目不暇接。笔者走进一家小书店，该店大约80平方米，密密麻麻地陈列着各种图书，我按书架逐个匡算品种数，小小店堂里竟陈列着15 000种书。每种书基本上只陈列一册，卖完后立即补充上架，因此门市部保持常卖常新的面貌。走进规模宏大的金石堂书店，感到气势不凡，其设施与北京著名的三联韬奋图书中心差不多。金石堂在三楼专设一个文具部，各种世界名笔、簿册、文教用品应有尽有。刚进门时，笔者想对这家书店内部陈设照相，店员告知不能照相。看到店员矜持的面孔，原来想问问陈列的图书品种有多少，后来一想这可能涉及业务机密，只好不问了。

台北市书店可说是一店一品，内部陈设决不雷同，尽量表现出自己的特色。比如走进世界书局，只见大红灯笼高高挂，店内布置典雅，陈列的书以精装书、大套书为主，其陈设仿佛是大户人家的书房。在台湾商务印书馆，迎门正中间是王云五先生的半身铜像，门市部陈列的书十分简朴，装帧封面仍然是上世纪30年代的模样。有一家儿童书店则是低低的书柜，卡通娃娃触手可及，店堂里张灯结彩，时刻准备小读者来参观，这种布置大概是寓教于乐的意思。还有几家书店专门辟出一块地方，每周公布畅销书排行榜。我和陆本瑞同志(《出版参考》主编)问门市部主任，畅销书的上榜标准是什么？由谁来评定？这位主任说：这些书都是一周内能销20本以上的书，由本店自己决定能否上榜。看来这主要是一种促销手段，不能作为统一的评判标准。笔者注意到，在各大小书店里都陈列有“不雅出版物”，其特征是以全裸女性照片作封面，通常是八开画报或杂志形式，外面用透明塑料纸包封，不让拆开看，内容究竟如何，不得而知。从封面文字看，为日文和朝鲜文，可能是从日本和韩国进口的图书。台湾版图书从内容到装帧都呈现“两极分化”的状态，即有相当一部分书内容比较严肃，印刷装帧都很讲究；但也有相当一部分书内容无聊，诸如声色犬马、麻将经、封建迷信、凶杀暴力一应俱全，说不上有什么文化价值，而且印装质量也很差。值得注意的是，有些书封面装帧冠冕堂皇，内容却乏善可陈，这是对出版资源的浪费。这种情况不仅见诸台湾的书店，在大陆也有这种苗头，此种“买椟还珠”的现象值得警惕。因为读者买书是买知识，不是买徒有其表的空壳子。谨以此语奉赠出版界同行，不知以为然否？

两岸出版界进行交流已有十年，目前已进入良性互动的阶段，祖国大陆出版界正以“求同存异”的心态推进双方的交流与合作，以促进华文图书更好地走向世界。这次书展团访台期间受到台湾出版界朋友热情友好的接待，通过访问双方加深了友谊，增进了了解。我们深深地感到，台湾是祖国的宝岛，台湾人民是我们的骨肉同胞，在“和平统一，一国两制”的大政方针指引下，祖国必将统一。神州岂容金瓯缺，企盼宝岛彩云归。一个强盛的、统一的中国必将屹立于世界民族之林！

本文原载《出版广场》1997年第6期

读书与出版的“交叉感染”

读书与出版究竟谁影响谁？谁引导谁？这如同鸡与蛋的关系一样，是难以说清的问题。无以名之，姑且把它们的关系称之为“交叉感染”。

从积极方面说，这种“交叉感染”有互相依存、互相促进之意。作为世界十大出版国之一，我们拥有1 700种报纸，7 100种期刊，每年出书9万种。1992年新出经济类图书就有5 000多种，比上一年增加近千种。20年前，作为“国礼”送给外宾的工具书只有一本小小的《新华字典》，如今各类工具书有3 000种。每年销出的图书超过60亿册。出版事业的繁荣，反映了读者需求的增长；而好书的不断问世，又给广大读者提供了理论指导、智力支持和新的信息。当前出版物的主流是好的，对新闻出版工作的成绩必须充分肯定。

但从消极方面看，读书与出版之间的“交叉感染”意味着坏毛病互相传染，在思想境界上，大家手拉手往下滑。当前有相当一部分人心态浮躁，阅读旨趣走向“急功近利”或庸俗化，有的专看坏书以寻找刺激(这里且不论霸气十足根本不读书的“刘、项之辈”)。反过来又产生市场误导，有些出版单位以“读者需要”、“市场导向”为遁词，不惜降低出书品位，以媚俗求发财，有的以黑书、灰书、黄书毒害读者，加上非法出版活动推波助澜，使图书市场出现病态化。一方面有价值的书难以出版，出了也少有人读，一方面坏书和低层次的书时有出现，读书与出版之间在相当程度上形成低品位的恶性循环。经过不断的“扫黄”、“打非”和加强出版管理，这种情况已有很大好转，但病根并未除去。试看以下事实：

一些新闻出版单位无视有关规定，大量擅自发表和出版有关党和国家主要领导人工作和生活情况的作品，有的纯属胡编乱造。如《毛泽东之子毛岸龙》一书，作者竟听信一个精神病人的胡诌，把他作为毛岸龙来“痛说家史”。新近看到一本《中南海人物沉浮内幕》，竟然出现这样的内容：“邓小平——胡耀邦——赵紫阳，共产党三位总书记的功过评说。”还有一本书名叫《尴尬人生——“文革”风云人物沉浮内幕》，封面上把毛泽东、周恩来等无产阶级革命家和“四人帮”及康生等人的照片叠印在一起，在内容上，把不同政治态度的人物混编在一起，统称为“尴尬人生”，十分不妥。还有的书，把中国共产党的光辉历史统统纳入“左”的黑框，把许多互不相关、且早已改正的问题，统称之为“左祸”，这样的描写不符合史实。

有少数出版物对改革开放中出现的一些新情况、新问题不加分析，进行冷嘲热讽的讥评，或专门夸大阴暗面，在客观上制造了思想混乱。

还有的书大肆鼓吹拜金主义，如出版《发财秘诀》、《发财厚黑学》等，还有什么《拍马技巧》、《操纵上司术》等宣扬资产阶级腐朽人生观的读物。

黄色书刊屡禁不止，是又一个突出的问题。翻看街头地摊上的小报和刊物，几乎没有一个不描写性犯罪的，一般的谈“裸”、谈“性”已不过瘾，于是搜集千奇百怪的乱伦、奸杀、同性恋等等案例作为诱饵，有的专门汇编这类案例成书，还美其名曰进行“普法教育”。一些武侠小说中大量夹杂色情描写，淫尼、恶僧、采花大盗满天飞，最近查获的非法出版物中，这类书占相当大的比重。近年来，一些出版社又竞相出版裸体画册，已出 30 种中，有 20 多种夹杂色情、淫秽内容，有 6 种已被查处。原先群众喜闻乐见的“挂历”，现在有很多被弄得不堪入目。群众评论说：“挂历定价越来越高，衣服越脱越少。”

宣扬迷信的《麻衣神相》、《奇门遁甲》、《鬼谷子》以及算卦、排八字、看风水的书也沉渣泛起。有些人竟把这些封建糟粕当作宝贝，沉湎其中。有的书上竟说高考与座位有关系，考生座位方向不好，就要落榜，真是荒唐之至。

这些坏书或有严重问题的书报刊，虽然只占整个出版物中很小一部分，但其危害性很大。它有意无意地搞乱人们的思想，败坏社会风气，使一些人丧失理想、道德和精神情操，变成一个缺乏理性的人，影响社会安定，妨碍改革、开放，破坏中国在世界上的形象。

邓小平同志深刻地指出："经济建设这一手我们搞得相当有成绩，形势喜人，这是我们国家的成功。但是风气如果坏下去，经济搞成功又有什么意义？会在另一方面变质，反过来影响经济变质。"这个语重心长的告诫值得我们深思。

为克服读书与出版"交叉感染"中的消极影响，编、读双方都各有自己的责任。如何使出版事业紧跟改革开放的步伐，成为社会主义精神文明建设中一支强有力的力量？如何提高读者的阅读旨趣，使读书成为求知、求真、求美、求乐的高尚活动？这是一个大问题，需要大家好好研究。掌握方向，提高品位，应是当务之急。

本文原载《光明日报》1993年6月18日

精品书随想

人生有限，知识无涯。即使每天手不释卷地读 2 万字，坚持苦读 60 年，也只能读完 4.38 亿字，还不到三部《中国大百科全书》的容量。如何在有限的生命里，撷取人类知识的精华，提高自己的思想、文化品位，以更好地服务于社会，这实在是值得深思的事情。

出版是一种“选择”，向读者奉献精品书，既是一种责任，也是对出版者自身的考评。

那末，何为精品书？如何出好精品书？思绪联翩，撷取片羽，是为随想。

留住精品

据专家考证，自西汉迄今，我国已出版了 140 万种图书，其中留传下来的古籍约有 8 万种。国外的图书，从世界最原始的图书——埃及的莎草纸书算起，已历 5 000 年，传世之作，如恒河沙数，难以计算。在人类文明史上，精品书绵绵不绝，不断产生，又不断湮没，我们的责任就是挑选精品，留住精品。

读书有阅读与欣赏两种功能。中外藏书家对精品书的爱好，真到了如痴如醉的地步。香港学者叶灵凤先生曾著文指出：

中国藏书家对于一本纸墨精良、字大如钱的宋椠精本摩挲不忍释手的醉心神往情形，恰如西洋藏书家对哥顿堡的四十二行本《圣经》，反复数着行数，用鼻嗅着羊皮纸的古香气一再点头赞叹的情形一般。(转引自

《中国读书大辞典》第 11 页，秋禾作《读书之乐》)

今天，我们的出版自然主要为着阅读的功能服务，但也须同时顾及欣赏的需要。一本内容精彩、装帧精美的图书，永远是穿越历史的“绿卡”。

近十几年来，有价值的古籍已陆续在整理出版，成绩斐然。但也出版了一批毫无价值的糟粕，其中有夹杂淫秽内容的古旧小说(并非已有定评的名著)，有道士的鬼画符，有荒诞的卦书，光怪陆离，招摇过市。有些书本身虽有价值，如《世说新语》、《浮生六记》，但有的版本编校粗劣，错字连篇，不忍卒读。这种践踏古籍的行为，不是留住精品，而是留住出版者的失误，为智者不取。

留住精品，贵在选择和加工的精审。通过规划和精编，将有助于我们发现精品，抓住精品，继承精品。

创造精品

我们有幸处在世纪交替的新时代，我们的祖国正处在历史性巨变的新时代，世界上高新技术日新月异，各种新思想、新技术如潮涌般出现，其中必定有远见卓识，甚至有影响人类发展进程的精神产品。出版界是历史的见证，也是新的精神精品的传承者。我们有这个能力，也有这个责任。

新时代的精品书应具备什么标准？可否作这样的设想：

(一)在思想价值上，它应当是人类进步思想的前卫，代表最大多数人民的利益。高瞻远瞩是它的特色；

(二)在学术上，它必定具备科学性和独创性；

(三)在流派上，应当是“一种主调，多种声音”，符合“双百”方针，确有独到见解者；

(四)在科学技术上，应当具有国内一流水平，或在国际上居于领先水平者；

(五)在艺术上，应当具有教育功能、欣赏功能、欢愉功能(至少具备后两种功能)，能培养人们健康向上的情趣者；

(六)在知识性上，应当是正确无误的；

(七)在编辑加工上，应当精编精校，质量符合国家的法定标准；

(八)在装帧设计上，应做到内容与形式完美的结合，具有精美的“书品”；

(九)精品书不限于文献和学术、美术著作，各种门类图书中都应有出类拔萃之作；

(十)精品书不等于精装书，不等于大型套书，深入浅出的通俗读物也要力求成为内容精当、装帧简朴雅致的精品书。

装点精品

有了好的内容，并不能保证成为精品书；装帧精美但内容肤浅的书更不能成为精品书。

常见有些书，比如名家小品选集或内容充实有用的工具书，却用劣纸烂墨制作，一翻就破，满版糊涂，令人气愤。还有些书装帧用料不当，如 800 页以上的书，用纸面平装，穿线装订，一翻就凸肚。也有相反的例子，如有些儿童读物，正文仅十多页，却用特厚纸版作精装封面，徒然增加书籍定价，对这种做法，著名儿童文学家叶至善先生就很不赞成。

鲁迅先生说过，会写富贵的，偏不用金呀玉呀这些字眼，“笙歌归院落，灯火下楼台”，这才是大家气派。目前有一种滥出精装本的趋向，这是不是出版界的“富贵病”？值得考虑。

书籍装帧是一门艺术，贵在内容与形式的和谐。笔者见到三联书店 1994 年出版的《槐聚诗存》，内容是钱钟书先生的诗稿，由杨绛先生手书，线装影印，蓝布函套，极具中国特色，令人爱不释手。小型平装书也能装点得十分雅致，如香港天地图书有限公司 1993 年出版的《我爱穆源》(范用给小同学的信)，装帧十分别致。封面的梅花，隐喻作者的高洁，书名则是作者九岁的外孙女写的，稚拙可爱。再如，东方出版社 1994 年出版的“名士雅品小集”，正文用米色道林精印，开本用 64 开，加上别具一格的“平装外套精装”的书衣，使这套书成为精美的休闲读物。

本文原载《光明日报》1995 年 10 月 19 日

两个烧饼和十道稀汤

以吃喝命题，难免流俗。好在仁人君子总要吃饭的，说说也无妨。

话说有一位悭吝人吃早点，两个烧饼下肚，忽见一粒芝麻掉进桌缝里，心有不甘，于是用手猛拍桌面，芝麻应声而出，这位先生拈起芝麻吃了才起身离去。这种节约精神堪称模范。不料咱们出版界也真有有心人，不过他用的是滚雪球法，见了一粒芝麻后，忽发奇想，把芝麻重新揉入面团，再复制出无数烧饼来。你说他是赝品吗？确实有一粒真芝麻在内。而神通广大的，则干脆将别人的烧饼拿来，涂上自己的佐料，然后宣称这是祖传正宗烧饼，或者新潮一点，称作"新新大烧饼"。君不见，如今在出版圈里，只要有一本畅销书出现，马上有十本同类书蜂拥而起，有的还改头换面形成系列，有的改制后的"烧饼"不堪入口，令人倒胃。此种现象在工具书和古书今译中尤为多见。这种行径是对知识的掠夺和污染，为智者不取。

吃完烧饼总得喝点汤润润口，于是十道稀汤来也！一个名作家，或者渴望成名的半拉子作家，常常自愿地或半推半就地重复自己。有位作家 40 年才写了 70 篇散文，却变戏法似地结集出版了二十多次。还有的采取新酒兑旧酒的办法，每本书都兑入上一本书的一部分，使人买又不是，不买也不是。散文集的重复出版，早已有人评点。有些集子确实编得很好，但也有的简直像玩魔方似地任意组合，把名人名作碎割得面目全非。读这样的书，真有"似此星辰非昨夜，为谁风露立中霄"之感！外国文学名著重译成风，《红与黑》有 13 种(一说有 16 种)译本，于是十多个于连用不同的口吻向德·瑞那夫人调情。《中国革命史》是一个严肃的选题，近百年的史实按理说也很难变化出新，居然出了 280 个不同版本！100 年后，我们的子孙不知将如何评说，是赞叹百家争鸣之可喜？还是惋惜学术力量的浪费？

重复出版的结果，使浓汤变成了稀汤。如此下去，难保不成为“杰米扬的鱼汤”，把人都吓跑了！

本文原载《新闻出版报》1995 年 3 月 11 日

买椟还珠

未上正菜，先来点佐料。话说一位相声演员甩出一个包袱，说他的街坊得了一种怪病，奇痒难熬，遍访名医，束手无策。一天有个走方郎中开出一个神方，这贴药包装富丽堂皇，索价自然是天价。只见药盒里三层外三层裹得严严实实，最后打开一看，里边只有一张小纸，上面两个大字："挠挠"！

不料这种笑话如今也应验在某些图书上。有些书内容平平却装帧豪华，定价也随之攀升，以至有的儿童读物每印张竟超过三元。有些多卷集图书披金戴银之后，定价高达几千元、数万元，以至形成读书人买不起，大款又不买书的怪圈。至于丝绸本、木简本之类，除了公款购买作为礼品之外，恐怕难以进入寻常百姓家。凡此种种，都使人产生疑惑：我们究竟为谁出书？书的功能又是什么？

形成这种状况，原因多多，主要的大概有三条。一是误将精装书等同于精品书，认为装帧豪华才有精品书的气派；二是误将国际接轨等同于装帧上比阔；三是各社之间互相攀比，竞相以豪华、新奇争奇斗艳。这里有社领导的指导思想问题，也有装帧设计工作者的认识问题。

其实真正识货者并不以装帧豪华为评选或购书的首选，更重要的是看内容的精当和与之恰当匹配的装帧。据笔者所知，我国在国际书展上第一次获得金奖的《苏加诺藏画集》，装帧并不豪华，却以内容精致、印刷精美而获奖。我国三大图书奖——"五个一工程"奖、国家图书奖、中国图书奖也从未因某种书披金戴银而给予奖励。鲁迅先生早就说过，会写富贵的，偏不用金呀玉呀这些文字，"笙歌归院落，灯火下楼台"，这才是大家气派。

真正有水平的装帧艺术家对书装披金戴银既反感又无奈。张守义先生在 2 月 25 日一次会上曾慷慨陈词："搞设计的人并不愿意这么做，但有些社长偏让搞这种豪华装帧，希望社领导要多尊重搞装帧设计者的意见。"请看张守义、宁成春等设计名家的作品，都是素雅大方，充满了书卷气，他们的行动就是最好的宣言。

培根有一句名言："才德有如宝石，最好是用素净的东西镶嵌。"我们不妨改两个字："知识有如宝石，最好是用素净的东西镶嵌。"

行文至此，似应照应一下题目。"买椟还珠"，本来是韩非子讽刺郑国人不识货，买下匣子而退还了珍珠。如果反其意而用之，书价贵就贵在装帧上，那么我们起劲叫卖的又是什么呢？出书要让老百姓买得起，看得懂，用得上，这才是出版业的正道。

本文原载《新闻出版报》2000 年 3 月 3 日

序的禁锢与解放

也许是“动物凶猛”，因此在王朔出场之前，先给他戴上“嚼子”，免得他乱咬乱攀。这是读了《无知者无畏》编者序后的第一个印象。如此作序，使人产生许多疑惑与联想。

这篇“序”的写作颇有水平，也颇有心计。在肯定了王朔的批评精神之后，编者的笔锋一转，指出王朔“那振振有词又不容置疑的论说之中，含有相当的以己度人的成见和以偏概全的偏见，有的简直就走向了歪理。因而也应当指出，在王朔的以直率见长的批评文章中，论述不无草率之处，结论不无轻率之处。”于是编者谆谆告诫：“读者诸君，务请明察。”

笔者生性胆小，只好怀着忐忑不安的心情以窥探“猛兽”的姿态去接近王朔这本新作。拜读之后不禁失笑，其中既没有杀人放火、拐卖妇女、贩黄贩毒的教唆，也没有半点西门庆式的诲淫诲盗，那么叫我们提防什么？又明察什么呢？细看之后，无非是对老舍先生和若干文坛大腕们的几句微词，虽然有些用语几近刻薄，但决非诽谤。如果一味温良恭俭让，那还是王朔吗？对任何作家和作品，读者都有权进行评说，一位作家评论另一个或一群作家，也属正常，至于说得对不对，应由读者去分辨，何劳编者事先设防和指点呢？事实上古今中外一些著名作家若论及“私德”，恐怕都难说是完人，即使如培根、王尔德、高尔基、徐志摩等等，都有可议之处。读者见到这类议论都感到正常，因为他们究竟大节不亏，且文采风流，这就够了。从未见过在这类大作家文集之前，要由编者写序让读者小心，那么对王朔的言论又何必事先设防呢？

笔者以为，在编者、作者、读者三者之间的关系要弄明白。编者不是裁判，不是书评家，更不必充作读者的代言人。编者的社会责任在于精选、精编最能代表作者水平的文稿，使之达到出版的水平，同时按照法律、法规的要求审阅文稿，向社会负责。此外不必把作者的责任拉到自己身上，更不必把读者的权利也兼并了。即使编者是一流高手也不必写告诫读者“明察”的序言，可以另发高论，写一篇书评不迟。把读者当阿斗或者仅仅当作受教育的对象，这是不尊重读者的表现，也很难使读书界思想活跃起来。

用序言(有作者自序的，也有编者作序的)作为导读的一种形式，从50年代开始就有。较早的似乎出现在某一种版本的《红楼梦》上，由于特殊的原因，序言里的“阶级斗争说”曾经主宰了红学界几十年。60年代，由于国际政治形势的变化，我国若干种翻译作品(大多为政治读物)都加了倾向强烈的序言。这在当时也许都是必要的，但效果如何，殊难评说。时至今日，序言究竟如何写法，编者在其中应扮演什么角色？似乎值得思考。

斗胆提出一个问题：在符合《宪法》和法律的前提下，能不能提倡一下“序的解放”？还读者一个自由想象的空间如何？

本文原载《中华读书报》2000年2月16日

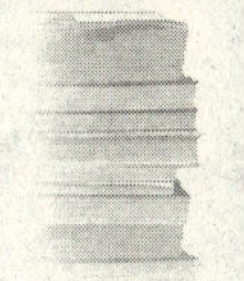

编辑改稿“三位”

编辑改稿是责任重大、需细致认真地做好的一项工作。笔者以为一个称职的编辑，改稿时需要注意“三位”，这就是：防止“越位”，不可“缺位”，必须“到位”。要而言之，“第一要改对，第二要改好”。如果此议可以成立，则编辑“三位”似可聊备一说。

一、防止“越位”

改稿体现编辑案头的基本功，是衡量编辑职业精神和水平的重要环节。所谓“越位”是指编辑乱作为，擅自改动作者原稿，结果弄得面目全非。老作家孙犁对此十分反感，曾表示宁可不出书也不同意随意改动他的原作。余秋雨对此深有同感。有一次外省一家出版社向余先生约稿，拿走《文化苦旅》稿件后，那位责编竟把这本书当作旅游导游书，按照这个标准，对原作痛下杀手，作了大幅度删改。当时余先生正在国外讲学，毫不知情，幸亏《收获》杂志副主编李小林风闻后，要求那位责编将原稿退还给余先生。此事余秋雨在该书后记中专门作了追记。[①]有的美编擅自修改名画家的作品。吴作人有一幅水墨骆驼画，原作中骆驼毛是灰色的，美编在付印样上自作主张把骆驼毛改成棕色，使原作苍凉的韵味全失，吴作人曾著文提出意见。傅雷对编辑乱改文稿十分担心，1956 年 11 月 19 日曾专门致函中国青年社思想修养组，信中说：“嘱写报道傅聪成长

① 余秋雨：《文化苦旅》，319 页～320 页，上海，知识出版社，1992。

经过的文稿，兹遵命写就附上。文字内容倘欲更动(即使改一字)，务请先行来函商榷，因近来报刊擅改作者文稿之风仍未稍戢，不得不郑重声明。”①笔者对责编擅改原稿也有过遭遇，2005 年，有一个刊物专诚约稿，本人写了署名文章，结果发表时被改成了访谈录，意境和语气完全变了。如此处理，责编岂止是越位，简直成了马拉多纳的“上帝之手”了。

在处理书稿中，编辑如何做到不越位呢？资深编辑林君雄有一番话讲得很好，他说：“编辑处理书稿，免不了要遇到增与删这对矛盾。绝对不增不删的书稿是极少的”，“增与删要遵循这样两个原则：一是必须正确，不能胡增胡删。为什么增，为什么删，要说出个道理来。这个道理应该是公认的，而不是个人的好恶。对于既可以这样表达，也可以那样表达的，应该尊重作者，不能随便改动；如果不改则违背党的路线方针政策、宪法法律，就必须改动，不能迁就。二是小增小删编辑可以做，大增大删要征求作者的同意，尽可能由作者想通了自己动手，不宜越俎代庖，否则会吃力不讨好。编辑不能把自己的观点强加给作者。”②这是一位老编辑家的经验之谈，值得借鉴。

二、不可“缺位”

“缺位”是指不作为。出版物发生政治性事故或学术性、常识性差错，常常是因编辑疏于把关，发生“缺位”所致。常见的有：

第一，缺乏政策观念。如有关民族政策、宗教政策，党和国家在有关政策文件中早有明文规定，新闻出版行政部门也曾多次重申。但有些出版社却仍然屡出问题，违反了民族和宗教政策，严重损害兄弟民族感情，甚至引发重大事件。十几年来，这方面时有险情，需要引起高度重视。

第二，违反政治纪律。有些出版物，对国际、国内一些重大事件和敏感问题的报道或评议与中央的声音不一致，这是不能允许的。还有的书刊对重大历史问题妄加评论，与党的有关历史问题的决议不符。

---

① 傅雷：《傅雷书简》，215 页，北京，当代世界出版社，2005。

② 林君雄：《我的编辑生涯》，210 页，石家庄，河北人民出版社，2005。

第三，缺少学术修养。如有一本介绍鲁迅的书，内容介绍说鲁迅的一生“同各种势力进行了斗争”，原文在“势力”前边还有“反动”两字，后来删去了，结果反而使这句话有了问题。

第四，自相矛盾，不能自圆其说，使读者莫衷一是。比如，某报2006年5月21日D4版天气预报中说，5月22日(周一)开始，“未来三天没有降雨”，同一版面仅仅隔了几行字，却又预报说：“周三和周五，在冷暖空气的共同作用下，本市分别有一次阵性降水天气过程。”这让人相信哪一句话好？

第五，职业道德缺失。2005年闹得沸沸扬扬的伪书事件，对出版界的诚信是一个重大的伤害。如果责编和总编恪守职业道德，严格把关，近百种伪书就不可能出笼。

第六，不负责任。有的编辑可能太忙，或者心有旁骛，采取大撒把的态度，不看书稿就签发，或者干脆一退了之。曾有作者投诉，说他在送给某出版社原稿时，故意将其中几页粘在一起，待收到退稿时发现那里原封不动，证明编辑根本未看。

从“越位”到“缺位”，都说明我们编辑工作还存在某些失职行为，有些属于有令不行，有章不循。问题即使发生在少数出版社和少数编辑身上，其后果也是相当严重的。出版是社会的公器，出版物一旦面世，就有一个公信度的问题。在“八荣八耻”教育中，我们应该进行必要的反思。

三、必须“到位”

出版工作本质上是一项教育工作，对于提升人们的思想、提高人们的素质起着至关重要的作用。在改革开放的新时期，新闻出版作为文化事业和文化产业的一个重要组成部分，发挥着越来越重要的作用。编辑工作始终是新闻出版工作的中心环节，为了完成党和国家交付给我们的任务，编辑必须牢记使命，尽心尽职地做好本职工作。

1979年10月30日邓小平在《在中国文学艺术工作者第四次代表大会上的祝词》中指出：“对人民负责的文艺工作者，要始终不渝地面向广大群众，在艺术上精益求精，力戒粗制滥造，认真严肃地考虑自己作品的社会效果，力求把最好的精神食粮贡献给人民。”他还指出：“要教育人民，必须自己先受教育。”[①]邓小平同志讲话的精神，完全适用于新闻出版工作。

学习、贯彻邓小平同志指示精神，落实到编辑、出版工作中，需要在以下几方面努力下工夫。

第一，法律、法规、政策落实到位。所有出版物必须符合党和国家的法律、法规和政策。在出版工作中不能违反《出版管理条例》中所规定的各项条文，这是一条红线，不能逾越。

第二，校勘工作到位。在学术著作中，引用古今中外史料是常见的，由于原作者学识水平参差不齐，难免真伪交织，编辑必须认真进行去伪存真的校勘工作。著名编辑家周振甫在译注《文心雕龙》时，不但吸收了前代和当代名家校勘上的成果，而且纠正了沿袭已久的错误，甚至发现了《晋书》、《昭明文选》中有关记载的错误。[②]

第三，数据核实到位。近年有一部经济学新著，正文论述精当，但由于附录数据出错，结果在全国性评奖中落选。又如某报 2006 年 5 月 20 日发表一篇文章，题目是《国人不读书的另类解释》，其中引述的一个数据说，“我们每年出版的图书品种在 15 万～18 万种之间”。这个数据用法不够严谨，数字也有误。如果作者和责编稍加注意，查一下《中国出版年鉴》，马上可以查出正确的数据。基本数据都没弄清，据此立论就难以令人信服。

第四，保密措施到位。在少数出版物中出现泄密问题已有多起。对涉密范围和密级，在 1988 年 9 月 5 日全国人大常委会七届三次会议通过的《中华人民共和国保守国家秘密法》中早有规定，必须遵守。

第五，文字纠错到位。纠正文字差错，是编辑基本功之一，现在文字错误仍是常见病。有的编辑连最基本的“即—既”、“启事—启示”都分不清，这类低级错误经常出现。

第六，“三审”到位。“三审”的各级人员必须责任到人，各尽其职。如果认真履行了书稿“三审”制度，许多差错完全可以避免。

上面所引的事例和教训是从曾经发生的事故中总结出来的，有的出

---

① 《邓小平文选》，第二卷，211 页，北京，人民出版社，1994。

② 周振甫：《周振甫文集》，第一卷引言、第七卷例言，北京，中国青年出版社，1999。

版社为此付出过惨痛的代价。“行成于思而毁于随”，希望能引起编辑同行们的注意。

据有的编辑朋友们透露，在工作中发生的种种问题，他们也有苦衷，工作量过大，为抢商机而赶时间出书，以及缺少进修机会，等等，是造成“缺位”的不可否认的原因。这些问题，需要在出版体制、机制改革中逐步解决，这是另外一个课题，需要专题讨论。

本文原载《中国编辑》2006 年第 4 期

编辑作者　各守本分

写下这个题目，自己也感到一种近乎无奈的悲哀。这本来是不需一辩的事实，但在实际工作中却常因“越位”而引发纠纷，所以仍值得一议。

首先要明确“编辑”是干什么的?《中国大百科全书》的释义是：“使用物质文明设施和手段，从事组织、采录、收集、整理、纂修、审定各式精神产品及其他文献资料等项工作，使之传播展示于社会公众者。”这是资深编辑家戴文葆先生撰写的一个条目所示。同书中，另一位资深编辑家吴道弘先生写道：“编辑工作起着组织、审查和评价稿件的作用。”这两项释义以及其他有关编辑学著作中都没有讲编辑有帮助作者写作的权利和义务。戴、吴两位先生不是坐而论道，而是曾几十年服务于“国家队”出版社，因此这个释义不但是理论概括，且具有实践的经验作支撑。

然而在实际工作中，编辑有时却串了行，这里有多种情况，孰是孰非，需要区别对待。

第一种情况，无私奉献型。在20世纪中期，我国出版了一批影响很大的长篇文学创作，其中《红岩》、《林海雪原》、《高玉宝》等书，最后成书与初稿变化很大，责编花了大量心血帮助作者修改，最后磨成精品。这些书的责编默默无闻地为他人作嫁衣，无怨无悔，毫不利己，专门利人，这种精神至今传为佳话。考虑到当时作者队伍的状况，这种“扶上马，送一程”的做法是必要的。

第二种情况，编辑驾辕、作者拉车型。有些书稿带有紧急任务性质，出版社定的选题需要限时出版，但组稿后发现初稿不理想。为了赶任务，编辑有时不得不改写或重写其中的一部分书稿。在特殊情况下，这不失

为一种应急的办法，但不应作为常规，因为这样做不利于培养作者队伍，而且编辑也不是“万事通”，亲自写稿未必都能胜任。

第三种情况，编辑乘机搭车型。一部基础较好的书稿送到编辑部之后，编辑眼看有利可图，名为帮助修改，实为要求参加写作。作者在无奈或默许的情况下只得屈从。有的编辑不仅要求分稿酬，还要求共同署名。这样做往往引发事后的纠纷。作为一种妥协，有时这类搭车的稿件由编辑利用关系转到另一家出版社出版，而原先约稿的出版社白白流失一部稿子。这对出版业的健康发展是不利的，且会助长编辑的“猎户心理”。有些初出茅庐的作者为了争取出书，不得不委曲求全。编辑这种行为迹近“以稿谋私”，有悖于职业道德，必须坚决制止。

笔者认为，编辑与作者的关系，类似教练与运动员的关系。教练只能作场外指导，不能下场参赛。各司其职，各守本分，才是正道。从文化史上的事例看，当年鲁迅、茅盾、叶圣陶、郑振铎、郁达夫、俞平伯、巴金等前辈，既是文学大师，又是著名编辑，有的还直接主持过出版社。他们对两种身份的界线非常明确，在当编辑时绝不掺和别人的写作，而是尽心扶持作者，奖掖佳作。在他们编发的众多传世之作中并没有大师自己的署名，更没有向作者伸手要钱。仰望大师们的光辉足迹，真有高山仰止之感。读懂了这一些，我们自当悟出编辑应该走什么路。

本文原载《中国新闻出版报》2002 年 7 月 26 日

出版工作怎样体现“先进性”

这是一个很大的题目，也是笔者思考良久一直想求解的问题。

由于工作关系，笔者常处在舞台侧幕边“检场”的位置，有幸看到一部分国家级或者省级(含外宣类)图书评奖的过程与结果。曲终人散，大约有一百家左右的出版社似乎是“得奖专业户”，常常抱着奖杯荣归。他们是台上的名角，是读者心中的明星。偶尔榜上有名的还有近二百家。剩下的二百多家出版社从来与获奖无缘。这究竟是何原因，令人深思。诚然，衡量出版社办得好坏，获奖与否并不是唯一标准，但至少也是标志之一。在我国，出版权是一种公权，获准办出版社，同时也赋予了传播先进文化的责任。国家拿出金贵的国有资产办出版社，而有些人却成了“散财童子”，干了十几年甚至几十年，在全国藉藉无名，毫无影响，没有得过一次奖，没有捧过一次杯，还有的把大把银子变成了一堆废纸。

当前，全党全国在党中央领导下，正在开展保持共产党员先进性教育活动。联系新闻出版业的实际，笔者认为有必要研究出版社“先进性”的标准是什么？作为先进文化的建设者和传播者，出版社的责任又是什么？建议有关领导部门研究制订适应新形势需要的出版社管理条例和考核标准，其中内容之一是对出版社进行动态的分等级监管，运用法律的、经济的、行政的、舆论的手段奖优罚劣。对于长期不思改革、没有“双效”，经过一段考核期仍然不能改变面貌的，应坚决淘汰出局。笔者认为，中国出版业要做大做强，只能是强强联合，优势互补，不能抽强补劣，最后变成“穷棒子社”。除了大社以外，也要保留确有特色的专业社。有些虽无过错但缺乏办社条件的，可以采取拍卖或并购的办法处置，使

何鲁丽(右一)副市长向作者颁发北京市新闻出版局出版顾问团顾问聘书
(1993 年 8 月)

国有资产重新配置。这对处于困境苦苦挣扎的个别出版社，也是一种解脱。在实施出版业非均衡性发展战略中，应包括打破部门和地区所有制，使有条件发展的地方把出版社办得更大更强，以应对国际国内的竞争。当然，在调整出版业布局中，需要作大量的调研和可行性研究，程序要合法，做法要稳妥，有关领导部门从来是这样做的，这是不言而喻的事。

行文至此，还有一点并非多余的声明：上述意见仅是笔者在先进性教育中的一点思考，并不代表官方观点。如果在某些政策考量上有相近之处，则不胜荣幸。

本文原载《中国新闻出版报》2005 年 3 月 17 日，发表时署名“辛兵”

努力提高报刊的视觉效果

——试论版面黑白灰的艺术处理

我国现有 2 000 多种报纸，8 000 多种期刊，许多报刊不仅导向正确，内容精湛，而且版面美观，秀外慧中，给人一种赏心悦目的感觉。但也有一些报刊的版面毫无章法，或轻重倒置，或混沌一片，或走旁门左道，以斜排或以异形字体哗众取宠，这不能不说是编排上的败笔。报刊的特点之一就在于它的“展示性”，打开以后，第一眼的视觉效果很重要，如版面混乱，再好的内容也难以吸引人。

目前上万种报刊中，黑白版仍占多数，本文以版面上黑、白、灰的处理为例，探讨如何提高视觉效果问题。

“黑”，通常是指用粗黑体排印的重要新闻，是报纸版面最常用的一种编排手法。用得好，就显得重点突出，主次分明。用得不好，就会产生互相排挤或头重脚轻或二、三版版面互相碰撞的问题。常见的通病是一版左头条和右头条都是直排，都用黑体，形成“香炉烛台式”，非常难看，又使主次不分明。有的把黑体字标题孤零零地放在横头条，下半版没有呼应，形成头重脚轻的毛病。还有一种常见病是二、三版黑体字直排发生碰撞，如二版的右头条恰好和三版的左头条挤在一起，打开报纸给人拥挤不堪和互相排挤的感觉。期刊由于版面幅面小，更要慎用黑体，特别是要避免横排黑体标题。黑体字用得恰当，给人以工笔重彩的美感，用得过滥，只能给人以满纸涂鸦的感觉。

“白”，是指报纸、刊物上的留白和版心与白边的关系。最常见的毛病是版面密度太大，或版心太大，几乎看不到白边。编者的本意在于增大文字或图片容量，其实效果适得其反，往往使读者一见就烦，不愿再

看。鲁迅先生当年就尖锐地批评过有些书商印些一折八扣的书(如定价一元的书，实价只卖八分钱)，字体用六号字，又不留天头地脚，使人无法卒读。他老人家指出，看这种书给人一种压迫的感觉，只好不看。报刊上的留白是一种艺术，适用得当，给人一种疏密有致的感觉。在书法艺术上就有“密不透风，疏可跑马”的说法，讲的是该密的地方连风都进不去，该疏的地方骏马可以在此奔驰。请看毛主席的书法，恣肆汪洋，气势磅礴，对于字体的间架、行距的疏密何等讲究！这对从事编辑工作的人是一个宝贵的启示。

“灰”，是指标题的铺网，现在也有滥用的情况，有的甚至弄得字迹不清，“秦皇岛外打鱼船，一片汪洋都不见”了。与此相关的还有“黑反白”和“灰反白”的用法也须注意。“黑反白”一般不能作头条主标题，由于“黑反白”的体量很重，如与头条挨得太近，就会发生喧宾夺主的问题，不可不慎。

也许人们认为版面如何处理是技术问题，这是极大的误解。版面上边有政治，这是周总理生前谆谆教导的。当年他曾无数次亲自过问《人民日报》国际宣传的稿件，除了修改内容，还十分注意版面的安排，包括位置和字体，指示都非常具体。如 1972 年 2 月 18 日尼克松总统启程来华的消息，周总理指定放在一版右侧中间，标题用一号宋体。2 月 21 日尼克松抵京，同毛主席会见，同周总理等领导人会谈等消息，则用一版整版刊登，会见消息用通栏大标题。这些都是周总理亲自设计和安排的。周总理在审阅新闻稿件时，有时亲自加上标题，或者加以指点，在安排版面时往往同时提出标题要做几栏长，用几号字。对于见报标题的毛病，他多次提出批评，标题做得好的，则给予表扬。可见报纸版面政治性很强，它需要精心设计，用最合适的形式去体现最深刻的内容。

我们上万种报刊各有自己的专业分工和层次不同的读者群，报刊版面当然不能千人一面，应该有自己鲜明的特色，并且需要不断地创新。大文学家苏轼曾说过：“出新意于法度之中，寄妙理于豪放之外。”他的看法志存高远，对于我们是有益的启示。

本文原载《报刊管理》1999 年第 12 期

书价：政策与数据

在读书人扎堆的地方，如果讨论三个热门话题，不等数到三，准会冒出书价问题。从个案对比看，书价涨幅确实有点邪乎：1980 年出版的《西行漫记》，定价 1 元 3 角，每个印张仅 1 角钱；1996 年 1 月出版的《赋得永久的悔》，同样为 13.25 印张，定价 15 元 5 角，每个印张达 1 元 2 角，这还不算最高的，到了 1996 年 5 月，新出的《中国可以说不》，每个印张高达 1 元 4 角。目前市场上每印张 1 元至 1 元 2 角的图书相当普遍，读者反映书价偏高似非空穴来风。

书价究竟是如何确定的？国家对书价的基本政策是什么？近几年书价总体涨幅到底是多大？笔者原先知之甚少，最近查阅了一些数据和有关的政策规定，有了比较切实的了解。

书籍定价的构成因素

书籍的定价办法与其他商品完全不同。其他物质产品都是出厂价加批发折扣再加零售折扣等于售价。由于进货渠道不一，批零差价可以浮动，因此售价可以有差别。而书籍的出厂价就是最终售价，批零折扣和利润等都在定价内“倒扣”，不许加价。出版管理部门在核定书价标准时，既要为保护读者利益而限制书价，又要在“保本微利”的原则下保护出版社的合法利润，以维持出版业的存在和发展。因此核定书籍定价是相当复杂、政策性很强的工作。

在正常情况下，构成书籍定价的因素有以下五大项：直接成本（纸

张、印刷、稿酬)占定价的45%～50%，批发折扣(含其他发行费用)占定价的35%，间接成本(编辑费、企业管理费)占定价的8%，税金占定价的2%，利润(按定价)占定价的5%～10%。

在现行定价计算办法中，由于把基本稿酬和排版费一次摊入初版书成本，因此印数少的初版书(如学术著作)往往很少有利润，甚至亏本，只能靠重版书或高印数的书籍以盈补亏。此外，书籍印数多少，对生产成本和定价有决定性的影响，印数越少，成本越高。如以印一千册和一万册相比，成本费前者比后者可高出几倍。这就是为何印张相同而定价却有差异的一个重要原因。

我国书籍定价的基本政策

"保本微利"是我国书价的基本政策，这是由我国出版业的社会主义性质所决定的。

(一) 全国统一书价

1951年出版总署规定，所有图书、期刊在全国各地都必须统一定价，不得有地区差价，从而减轻了读者特别是边远地区读者的负担。事实上许多出版单位对边远地区发书是亏本的，出版社和国营书店采取以盈补亏的办法自行消化了这部分亏损。

(二)为扶持少数民族文字和科学、学术专著的出版，国家在定价和稿费方面采取特殊的政策措施

如汉文书译成少数民族文字文本，用纸量要增加几成，但定价与汉文书一致，且免付汉文著译者稿费。对学术著作，因印数较少，单位成本增高，常常发生亏损，国家采取多种渠道，同少数民族文字书刊一样，给予一定的补助。

(三)制订图书定价标准，进行宏观控制

1956年2月，文化部颁发了我国第一个统一的图书定价标准，根据图书的性质、内容、读者对象、印刷成本等，分为26项、11类，以"保本微利"的原则计价。最低的是小学课本和业余学校课本，每印张为4分6厘，最高的是自然科学、工程技术类书籍，每印张2角。

1973年国务院出版口制订并下发了《图书定价试行标准》，把书籍分成38类、12档。最低的是经典著作，每印张4分5厘，最高的是科技专著，每印张1角5分。当时属于“文革”中非正常情况。

从70年代末开始，图书出版呈“多品种、小批量”的趋势，平均印数下降，成本相对提高，同时由于纸张、印刷工价、稿费有较大幅度提高，因此如继续执行1973年定价标准，出版社将大量出现非经营性亏损，出版业难以发展，因此必须对定价标准重新核定。

1984年11月，经中共中央批准，对图书定价作如下调整：(1)统编中小学课本和省编课本，由各省、自治区、直辖市根据“保本微利”的原则自行定价；(2)对一般图书定价实行分级管理。中央一级出版社社科、文艺类书籍正文每印张为7分至1角6分，自然科学和生产技术书籍，每印张为8分至2角3分。各省可按“保本微利”原则自行定价。

1986年秋季起，中小学课本全国统一标准定价为每印张8分。

1988年8月，经国务院批准，对图书定价采取控制定价利润率的办法。即基本上按实际成本定价，总体定价利润率控制在5%～10%的幅度内(并非按每本书计算利润率)。对有价值的学术著作，可由出版社自行定价。定价权仍由中央和地方有关机关分别管理。至今我国仍执行1988年的定价政策。

近几年书价总体涨幅知多少

据新闻出版署公布的统计数字，1990年全国书籍印数(含课本，下同)为232.05亿印张，总定价为76.64亿元，平均每印张为3角3分；1995年为316.78亿印张，总定价为243.66亿元，平均每印张为7角7分。五年内全国书价总体涨幅为1.3倍，这是权威的统计数字。

如按1956年国家规定的每印张最高价2角作为基数，到1996年随机抽样调查，按每印张1元4角作为对比数，则40年来书价涨幅为6倍。如按每印张1角为基数，则涨幅为13倍。

由于每本书的印数不同，各出版社的管理费用、稿费标准不同，影响到成本和书价。从个案对比看，书价涨幅差异很大，这也是事实。1996年书价居高不下，还有去年纸价猛涨引起的滞后效应。

几点看法

笔者认为，对书价的评议，应该放在工资收入和主要生活用品涨幅这两项基本数据中进行对比。从 1979 年以来，这两项基本指标就城市而言，大体上都上升十倍左右，书价涨幅基本上也在这一水平线上，应该说还在合理的范围内。但毋庸讳言，其中有一部分书价确实偏高，尤其是出了一批质量平庸、内容重复、大而无当而定价奇高的书，使读者从直觉上感到物不抵值，从而引起对书价的不满。因此，笔者认为，当务之急一方面是规范书价，严格执行国家规定的定价利润率，一方面尤其要提倡多出精品，少出平庸书，坚决不出坏书，使广大读者以较低的代价买到真正有用的好书，从而为提高全民族的科学文化水平，为两个文明建设作出更大的贡献。

本文原载《光明日报》1996 年 9 月 5 日

千字的含金量

书价贵是社会上的热门话题之一。有传闻说十几年来书价上涨了10倍，有的甚至说涨了20倍。据随机抽查，40年来平装书定价平均上涨了8倍，精装书平均上涨了5.5倍——

书价的计算，通常以印张为单位，但由于开本和字号不同，每本书之间每页字数不尽相同。读者买书是买"知识"，追求的是实实在在的字数，不是买纸张，所以不宜以印张计价。为此，笔者以每本书版权页记载的字数为计算单位，再除以定价，得出每千字的含金量。抽查的对象是随机抽取40年来出版的知名度较高的社科、文艺类图书，平、精装各抽12本，时间跨度长达43年。据测算，平装书50年代每千字定价约为4厘5毫，到90年代上升到3分4厘，涨幅为8倍，精装书50年代每千字定价约为8厘8毫，90年代上升到4分8厘，涨幅为5.5倍。由于抽查的样品偏少，可能有以偏概全之处，但仍可看出书价涨幅的大致轨迹。被抽查图书详见下表。

表一　平装书

年代	书名	字数	定价	千字价	出版年份
50	甲申三百年祭	2万	0.09元	4厘5毫	1954
60	红与黑	44.5万	2.10元	4厘7毫	1962
60	红楼梦80回校本	155万	5.80元	3厘7毫	1963
70	鲁迅书信集	89万	3.10元	3厘5毫	1976
70	诗词格律	10.7万	0.37元	3厘5毫	1977
80	飘	88.9万	3.15元	3厘5毫	1980
80	干校六记	3.2万	0.24元	7厘5毫	1981

年代	书名	字数	定价	千字价	出版年份
80	歌德谈话录	20.3万	0.91元	4厘5毫	1982
80	毛泽东的读书生活	12.6万	1.55元	1分2厘	1986
90	傅雷家书(增补本)	24.8万	7.60元	3分1厘	1992
90	负暄三话	27.2万	9.20元	3分4厘	1994
90	外国杂文大观	46.2万	16.10元	3分5厘	1995

表二　精装书

年代	书 名	字数	定价	千字价	出版年份
50	钢铁是怎样炼成的	37.8万	3.60元	9厘5毫	1953
50	中国历史纲要	29.0万	2.20元	7厘4毫	1954
50	马克思主义的基本问题	11.6万	1.00元	8厘6毫	1957
50	中国新诗选	17.8万	1.70元	9厘6毫	1957
60	(资料暂缺)				
70	李清照集校注	28.3万	2.05元	7厘2毫	1979
70	冰心选集	24.6万	1.50元	6厘1毫	1979
80	十日谈	65万	5.10元	7厘8毫	1980
80	徐悲鸿一生	25.8万	3.70元	1分4厘	1983
80	神奇的伟人——列宁	82.8万	17.60元	2分1厘	1989
90	我的父亲邓小平	52万	18.80元	3分6厘	1993
90	文化苦旅	23.4万	10.60元	4分5厘	1993
90	苏菲的世界(软面精装)	43.5万	26.80元	6分2厘	1996

读者反映书价贵，涨幅大，既是事实，也有一些情况需要解释：

第一，新中国建立后书价的起点比较低，是靠国家财政补贴维持低定价的。1982年后，绝大多数出版社改为独立经营、自负盈亏，每年上缴利润，国家不再补贴。由于纸价、工价、管理费用逐年攀升，书价不得不调整。但书价个体差异较大，有些书价确实偏高。

第二，近几年出了很多精品书，但也出了一批大而无当的大型套书，有的互相抄袭，质量不高，定价动辄上百元，物不抵值，读者有意见。

第三，在消费观念上也存在误区。很多人把书价只放在纵向对比上，没有同社会其他商品价格总体水平作横向比较。还有的重物质享受轻精神文明，一掷千金买皮衣和宴饮毫不吝啬(当然，正当的消费还是应当的)，却不愿花几元、十几元买一本终身受益的好书。40年来，全国每年图书消费始终徘徊在社会商品零售总额7‰左右，这是一个很低的水平。

为了加强精神文明建设，希望出版单位要大力治“散”治“滥”，提高质量，多出精品。同时建议有关部门对书价作更周密的调查，得出科学的结论，让读者明白调价的真相，不受表象的误导。愿我们多出好书，多读好书，迎接充满竞争和机遇的21世纪！

本文原载《光明日报》1996年3月9日

中国电子出版现状与相关的著作权问题

——在第四届中日版权研讨会上的发言

我受中国出版工作者协会主席宋木文先生的委派，出席第四届中日版权研讨会，能够聆听各位专家、学者的指教，感到十分荣幸！

我发言的题目是：《中国电子出版现状与相关的著作权问题》，内容分两部分，第一部分简要介绍中国电子出版的概况，第二部分是高新技术对著作权法的影响，以及中国修改著作权法的一些情况。

第一部分：中国电子出版的概况

中国电子出版的状况如果用一句话概括，那就是："起步晚，发展快，前途广阔。"80年代中期，中国电子出版业刚刚起步，十几年来发展很快，截止到1998年底，全国共有电子出版单位64家，制作单位200多家，复制单位近50家。就在1998年一年中，新闻出版署新批准设立电子出版单位14家，图书、音像出版单位中新增加电子出版业务的有9家。特别是作为试点，批准8家国有大中型软件企业设立电子出版单位，壮大了电子出版队伍，初步改变了以往一些企业有实力而无出版权的局面，在行业中产生了积极的反响。

1998年中国电子出版业保持了良好的发展势头，全年共出版只读光盘1 442种，比1997年增长41%。内容包括文化教育、计算机、工业技术、历史地理、语言、文学艺术、娱乐、综合资料等多种门类。CD类光盘复制产量已达到2.1亿片，比上年增长90%。

在电子出版物的制作技术方面，注意跟踪国际先进技术，如三维、虚拟现实、语音识别、数字电影、动态交互、中文全文检索、手写体汉字模糊识别等制作技术，已有不同程度的应用。

为实施精品战略，新闻出版署制订了《“九五”国家重点电子出版物出版规划》，分为基础和重点工程两部分。内容包括社会科学、科学技术、文学艺术、文化教育和综合及工具书5个大类，共列入选题333种。

在法规建设方面，新闻出版署已颁布《电子出版物管理规定》，于1998年1月1日起实施。

为了保护知识产权，严厉打击光盘生产、复制活动中的侵权盗版和非法进口等不法行为，从1995年初开始，中国政府有关部门依法查缴了几十条专事盗版的光盘生产线。同时在北京、上海和广东建立国家光盘生产基地，以繁荣音像电子出版物市场。

在日本参加东京书展期间留影(1999年4月)

中国发展电子出版业有广阔的前景。从小学四年级开始，在学生中就普及计算机教育，社会上各行各业使用电子计算机的单位越来越多。电子出版业将成为中国出版业新的经济增长点，可以预计，在21世纪，电子出版物在全部出版物中将占据越来越重要的地位。但纸介质的图书不会消亡，从阅读成本和方便来说，纸介质图书仍占优势，它将同电子、音像出版物一起共同构筑人类文明的宝库。

第二部分：高新技术对著作权法的影响及中国修改著作权法的一些情况

著作权法作为一部与技术和经济密切相关的法律，要体现对高新技术的推动和保护作用，立法应有前瞻性。目前，数字化技术在著作权领域的应用越来越广泛，数据库、多媒体等新的作品形式不断出现，在互联网络上使用作品发展迅猛，而与此相关的侵犯著作权和相关权利的案件越来越多。这些都要求尽快对其作出法律规范。

专家认为，由于数字化后的作品具有“可复制性”和“独创性”等特征，应该受到著作权法的保护。作品数字化可视作“复制”行为，应纳入“复制权”的范围。将已有作品数字化应属于著作权人的一项专有权利，即不经著作权人的许可，将其作品转换为数字编码表达的形式是一种侵权行为。

数据库具有数据汇编物的特性，应将数据库纳入汇编作品给予著作权保护。但在著作权法中所指的数据库应注意区分：第一，不仅仅包含电子数据库，也包括将数字、符号、表格和图形等汇编在一起的非电子数据库；第二，数据库所包含的内容不仅仅是作品、作品的片段，也包括不构成作品的材料等。对于著作权所保护的数据库一定是在“内容的选择或者编排上”具有“独创性”的那部分数据库，但这种保护不能延长到汇编在数据库中的材料。对于那些不存在上述“独创性”的数据库不应列入著作权法的保护之内。

作品的网络传播，既不完全是作品的发行，也不完全是作品的播放，更不完全等同于作品的表演，它是一种全新的作品传播形式。计算机互联网络的出现和迅速发展，对人们的生活及社会秩序影响极大，因此在考虑作品网络传播的同时，必须要处理好权利人与公众利益的关系，保护权利人利益与推动互联网技术发展的关系。

作品的网络传播涉及作品的数字化、数字化后的作品(包括数字编码形式的作品)上载到互联网、通过网络传输、网络用户浏览或下载、下载数字化作品的再利用等问题。从保护著作权人的利益出发，将作品上载到互联网络上向公众发送是对作品的使用，它属于著作权人的一项专有权利，应在著作权法中体现；但从保护社会公众利益出发，对网络用户浏览或者下载网络传输的作品，可排除在著作权法保护范围之外，而对于下载作品的再利用可由著作权法中的其他权项加以规范。根据世界知识产权组织《版权条约》和《表演和录音制品条约》的规定以及中国网络发展的实际情况，可以考虑增加一项新的专有权利——信息网络传播权。

一些专家还提出，在数字环境下，权利人为了防止别人假冒自己的作品或者制品，便于使用者寻求合法使用，帮助社会公众避免无意侵权，往往在其作品或制品及其复制件中注明著作权的管理信息，主要包括：权利归属，首次发表时间，使用条件，统一编码等。随着计算机互联网的迅速发展，作品越来越多地被转换成数字编码形式通过网络传播，在这种情况下，将著作权管理信息纳入著作权法律的保护范畴是必要的。

综上所述，高新技术的迅猛发展，给著作权保护制度提出了一些新问题，这些问题如何妥善地解决，中国著作权专家、学者和立法机关正在进一步研究中。上面介绍的只是专家们讨论的一部分意见，并非定论，我们十分乐意听取与会专家对这些问题的见解。

各位代表，大家想必已经知道，《中华人民共和国著作权法》自 1991 年 6 月 1 日实施以来，已经八年，对保护著作权人和相关权利人的合法利益，激发其创作积极性，促进经济、科技的发展和文化、艺术的繁荣，发挥了积极的作用。但是面临新的形势，这部著作权法需要作一些必要的修改。中国这次修改著作权法要遵循几条原则：第一，要有利于正确处理权利人、传播者和公众的关系，打击盗版等侵权活动，进一步体现“尊重知识、尊重人才”，发展科学技术和文化事业，推动经济的发展；第二，要有利于正确处理履行国际义务与国内著作权保护的关系，加强国际合作，发展国际贸易；第三，要有利于正确处理高新技术的发展与著作权保护的关系，迎接世界新技术革命的挑战。1998 年 11 月 28 日，中国国务院已向第九届全国人民代表大会常务委员会提请审议《中华人民共和国著作权法》修正案，1998 年 12 月九届全国人大常委会第六次会议已开始审议。

本人这次有机会和中国出版界同事一起，在樱花盛开的季节访问贵国，受到日本出版界朋友的热情接待，对此我们深表感谢，祝愿中日两国人民和两国出版界的友谊不断发展。

1999 年 4 月 23 日于日本东京

部分国家书报审查制度初探

书报审查制度是一个世界性的敏感话题，西方国家一直标榜“出版自由”，这与书报审查制度又是什么关系？在历史上各国审书制度曾经走过怎样的道路，今天我们应该如何认识这个既是历史的又是现实的问题？

一、查禁了哪几类书

书报审查制度在每个社会都存在，不论其出发点如何，目的都是企图维护统治者的伦理和社会秩序。诚然，从今天的观点来看，审查制度可分为正义的和非正义的。正如《西方历史上的 100 部禁书》封底内容介绍中所言：“历史长河中，思想先驱们不断淬炼智慧精华，并以生命与权威专制抗争，终于冲破思想牢笼，人类思想史上的漫漫黑夜已然露出曙光……”当然，被查禁的图书中也确有罪有应得的坏书，如希特勒的《我的奋斗》。

仰望历史的星空，查禁异端学说和图书已有两千多年的历史，最早可追溯到公元前 399 年对苏格拉底的审判，这一事件比秦始皇焚书(前 213 年)还要早 180 多年。下面试以中国、日本、欧洲以及美国为例，进一步勾画出在不同历史时期书报审查制度的轮廓。

(一)中国(前 213 年[秦始皇三十四年]～1911 年)的书报审查

严格地说，中国的禁书历史并非自秦始皇开始，而是从战国时商鞅(他主张“燔《诗》《书》而明法令”)开始。秦始皇的焚书事件发生在公元前 213 年，最初是由丞相李斯献计，经秦始皇批准，成了一道严酷的政令，

"定《挟书律》，下令焚书，除医卜、种树之书外，凡秦记以外之列国史记，私藏之诗、书、百家语皆毁；敢偶语诗书者弃市；以古非今、妖言诽谤者族诛"[①]。直到公元前 191 年，汉惠帝四年才废除了《挟书律》。

公元 267 年，司马炎称帝后第三年，首禁谶纬、天文图书。所谓"谶"是秦汉间巫师、方士编造的预示吉凶的隐语，而"纬"则是汉代神学迷信附会儒家经义的一类书。我国历史上曾出现过大量的谶纬图书，自周朝到清末屡禁不绝。历代皇帝禁绝谶纬图书当然不是为了破除迷信，而是害怕政敌和人民用它作为政治预言而鼓动造反。如李自成起义时，有一个江湖术士宋献策面见李自成，见面礼就是一条谶记，叫做"十八子(寓意是'李'字)，主神器"[②]。至于查禁天文图书，是由于相信"天人合一"的理论，害怕政敌或百姓运用观天象而预告人间的灾祥。

公元 446 年至 577 年间，北魏至北周查禁了佛经、道书。

公元 972 年，北宋期间，查禁了天文和兵书，并查禁了反对王安石新政的苏轼等人的著作，制造了著名的"乌台诗案"。

公元 1225 年，宋元期间，查禁了伪道书、伪佛经、天文、图谶和阴阳伪书。

公元 1411 年，明朝永乐年间，首次查禁小说，如《剪灯新话》、《水浒》等书。继续查禁天文、图谶类图书。此外，由于明朝统治集团的派系倾轧而导致禁书，一些学术著作遭禁。

公元 1663 年～1795 年，清康熙、雍正、乾隆朝，大兴文字狱以镇压反清复明的知识分子和民众。乾隆时更以修纂《四库全书》之名，大量销毁和篡改图书，当时被全毁的书就有 2 453 种，被抽毁的书有 402 种。同时继续禁毁小说、戏曲，《水浒》、《西厢记》、《牡丹亭》等都在禁书之列，连《说岳全传》也被查禁。究其原因，"一面是因他们以为'治天下以人心风俗为本'，而小说、戏曲具有'蛊心'的作用，'关乎风俗者非细'，从而严重地危害他们的统治；另一面是由于小说、戏曲中也往往含有政治问题，特别是涉及民族矛盾"[③]。清末更严禁康梁维新派及邹容等革命

---

① 翦伯赞主编：《中外历史年表》，99 页，北京，中华书局，1980。

② 栾保群著：《历史上的谣与谶》，214 页，北京，中国档案出版社，2006。

③ 陈正宏、谈蓓芳著：《中国禁书简史》，241、243 页，上海，学林出版社，2006。

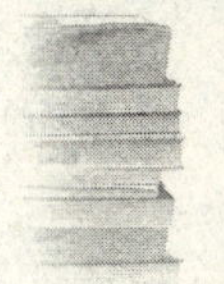

派的著作。①

(二)日本的书报审查

日本明治维新以前的资料未见。在日本近代出版史上，禁书时期大致可分为两个阶段，即19世纪70年代(明治时期)至1945年8月为第一时期，1945年8月至20世纪70年代为第二时期。在第一时期，日本出版体制是“事前审查制”，通过行政和法律的手段，对被认为是不良的出版物进行禁止。在明治维新时期，查禁主要集中在淫秽读物以及有亵渎宪法尊严内容的读物。进入20世纪后，日本迅速走上军国主义的道路，在思想言论方面的查禁逐渐增加，《共产党宣言》等宣传马克思主义和共产党的出版物遭到查禁。1934年5月，日本修改《出版法》，强化了行政审查制度，新增“冒渎皇室尊严”的违禁名目。除查禁色情淫秽读物外，查禁了大量涉及不利于战争动员的书刊。

1945年8月，日本战败投降以后，战争期间大量出版的鼓吹军国主义的出版物在审查确认后遭到查禁。1947年废除了出版物检查制度，此后日本出版物中一度出现了大量有伤风化的图书，在杂志中尤其严重。1957年，日本书籍出版协会和杂志出版协会共同制定了《出版伦理纲领》，加强对青少年的保护，各地陆续出台保护青少年的地方法规，通过法律来制约影响社会治安的出版物。②

《日本禁书百影》所举89种书刊中，以“讥讽时政”、“冒犯皇室”、“影响社会治安”为由被查禁的有34种，其余的均为“有伤风化”和“淫秽、色情”类书刊。

日本的国民性是很复杂的，日本人的精神被人称为“没有典籍的信仰：神道”，日本人的文化被称为“没有思想的芦苇”。日本是一个性开放的国家，男子被称为“好色一代男”。“在日本，‘性’被认为是圣洁的、快乐的，它是维持生存的超越的人类本性。因而，不管是在古代还是在现代，日本人都有着开放的性观念”③。“日本人不分男女老少谈性从不羞

① 陈正宏、谈蓓芳著：《中国禁书简史》，273页，上海，学林出版社，2006。

② 顾静编著：《日本禁书百影》，1页～4页，上海，上海书店出版社，2003。

③ 王永娟、姜俊燕编著：《樱花的国度——日本文化的面貌与精神》，178、180页，北京，中国水利水电出版社，2006。

涩。特别是日本男人，平常待人彬彬有礼，可一旦谈及性问题，就好像换了个人似的，变得特别放肆。他们谈论起女人和性的时候眉飞色舞，毫无顾忌。”“女性的性意识之开放也有过之而无不及。她们把性行为看得跟吃顿饭一样轻松随便。”[①]日本电视、报刊上曾介绍说，有的女性有与一百余人的交际经历，这当然不是指一般喝杯咖啡的交际。日本流行所谓“女体盛”饮食文化，将赤裸的少女玉体横陈于餐桌上。在如此性开放观念下的日本，却一本正经地查禁所谓“有伤风化”的书刊，不知查禁的标准是什么？这是一个谜。

（三）欧洲的书报审查

欧洲的书报审查制度可溯及基督教的诞生时期，公元 2 世纪，以弗所会议焚烧了迷信的书籍；公元 5 世纪，罗马教皇列出了第一批禁书名单；1559 年，教皇保罗四世首次发布了《禁书索引》，对占欧洲大陆绝大多数人口的所有罗马天主教徒都具有约束力，并且由政府当局负责强制执行，在实行四个世纪之后，直到 1966 年才被梵蒂冈废除。与此同时，巴黎和罗汶等地的神学机构和西班牙宗教裁判所也出台了与《禁书索引》相似的东西。16 世纪欧洲开始实行政教分离,各国君主开始建立自己的宗教和政治审查机制,以补充或代替教会的审查职能。一些广为流传的书籍,如《圣经》、《古兰经》若干版本,在历史上都曾被查禁。1536 年 10 月初,英国新教改革者廷德尔被绞死在火刑柱上,他的遗体及其《圣经》译本被一起烧毁。1942 年,德意志帝国教会下令,停止出版和传播《圣经》。1530 年,教皇下令烧毁阿拉伯文《古兰经》,西班牙宗教裁判所宣布查禁拉丁文《古兰经》译本。文学名著《红与黑》、《少年维特的烦恼》、《一千零一夜》、《包法利夫人》、《查泰莱夫人的情人》、《尤利西斯》等,在一些国家也被列为禁书。有的被禁的理由非常可笑,如《安妮日记》1983 年在荷兰被查禁的理由之一是书中提到了“女主人公的月经和她的一个朋友的胸部发育问题”。至于《共产党宣言》,早在 1878 年在德国就被查禁了。[②]

---

① 王永娟、姜俊燕编著：《樱花的国度——日本文化的面貌与精神》，62 页，北京，中国水利水电出版社，2006。

② 〔美〕尼古拉斯·J·卡罗里德斯、玛格丽特·鲍尔德、唐·B·索瓦编著，张秀琴、音正权译：《西方历史上的 100 部禁书——世界文学史上的书报审查制度》，180、307 页，北京，中信出版社，2006。

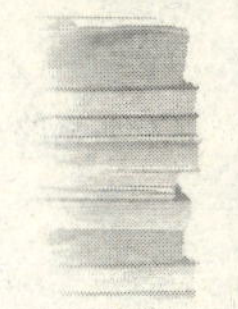

其他欧洲国家以及沙皇俄国，包括而后的苏联也都有书报审查制度，如1408年，英格兰就制订了“出版许可制度”；从1933年开始的纳粹德国，焚烧共产主义书籍的行动一直持续到德国投降。东欧一些国家也都有过书报审查制度，限于篇幅，不再详述。

(四)美国的书报审查

美国是一个年轻的国家,1776年7月4日独立至今只有230年立国的历史。第一届美国国会于1791年制订了美国宪法第一修正案,其中规定:“国会不准制订有关下列事项的法律,即确立一种宗教或禁止信仰自由;限制言论自由或出版自由;或限制人民和平集会的权利以及向政府请愿的权利。”[①]美国自诩为民主、自由的国家,实际上却是文网最严密、书报审查最严厉的国家,无论对本国作品还是外国作品,它都要插一手,被查禁的主要有政治类图书,也有宗教和色情类书刊。如果说,在美国立国初期至20世纪40年代查禁的图书主要着重在有关种族歧视类和色情类图书,那么,在其后的50年代以来(1950年～1953年),由于参议员麦卡锡领导了一场调查行动,由美国国际新闻署所监管的图书馆中任何图书都要被调查,其结果是:“任何有争议的作家、共产主义者及其同路人等写的书籍,都会被国际新闻署拒之门外。”[②]美国人尼古拉斯·J·卡罗里德斯指出:“多年来,美国书报审查制度所关注的首要对象是看这些书报资料有无社会主义、共产主义以及对苏联的描述和倾向。按照这些标准,那些被认为是对过去或者现在的美国社会‘挑刺儿’(抨击和指摘)的文学作品都会被认为是不爱国的作者所为。他们的这些作品当然也就不会出现在学校的教科书中,若出现质疑政府以往和现行政策的文字,也会引起这些人的密切关注。”[③]这个评述道出了美国书报审查制度的矛头所向以及文网的严密。美国甚至专门编印了《美国禁书:学校和公共图书馆审查指导手册》和《图书馆管理员处理书报审查冲突指南》。因未见到译文,内容究竟如何,不得而知。

---

① 邱小平著:《表达自由——美国宪法第一修正案研究》,扉页,北京,北京大学出版社,2005。

② 〔美〕尼古拉斯·J·卡罗里德斯、玛格丽特·鲍尔德、唐·B·索瓦编著,张秀琴、音正权译:《西方历史上的100部禁书——世界文学史上的书报审查制度》,289页,北京,中信出版社,2006。

③ 同上书,143页。

二、谁有权查禁书报

(一)中国(古代～清末)

中国在长达两千余年的封建社会里，一切权力集中于皇帝。秦始皇统一中国以后，在政治上，通过“海内为郡县，法令由一统”，创立了专制主义中央集权的政治制度及其相关的法律制度和军事制度，在思想文化上，实行统一文字、严禁私学；提倡“以吏为师”，并以“焚书坑儒”确立了独尊法术的文化专制主义政策[①]。以后历代王朝基本上承袭秦朝以皇权为中心的中央集权制度，对不合封建统治者的异端文化严加查禁，查禁图书，只有皇帝颁布诏令才能执行，此种情况一直到1911年清朝灭亡为止。清末，轰动一时的清廷查处《苏报》案和邹容所作《革命军》一书案，就是由两江总督魏光焘奉圣旨“一并查禁密拿”的。[②]可以说，在封建统治下的旧中国，一部禁书史就是庶民与皇权的斗争史。

(二)日本

日本在战前(1945年8月前)的出版体制是事前审查制，通过行政和法律的手段对被认为不良的出版物进行禁止。1893年(明治二十六年)4月，正式颁布了《出版法》。规定出版物在正式发行前的三天，务须向内务部交纳两部样书。经内务部和有关部门审查后，如认为不宜发行，内务大臣得禁止其散发和贩卖，并予以没收。此外，也有用法律裁判手段查禁书刊的。

1945年(昭和二十年)8月，日本无条件投降后，《出版法》和《新闻纸法》相继废止。1957年日本书籍出版协会和杂志出版协会共同制定了《出版伦理纲领》，通过法律来制约影响社会治安的出版物。[③]

(三)美国

美国是联邦制国家，中央政府大权在握的同时，各州也有许多权力。联邦制特点反映在民法和刑法上就是大多数是州法而不是联邦法。美国宪法第一修正案禁止美国国会立法限制言论自由，但没限制各州议会。[④]

---

① 白钢主编：《中国政治制度史》，上卷，199页，天津，天津人民出版社，2005。

② 陈正宏、谈蓓芳著：《中国禁书简史》，265页，上海，学林出版社，2006。

③ 顾静编著：《日本禁书百影》，1页～4页，上海，上海书店出版社，2003。

④ 邱小平著：《表达自由——美国宪法第一修正案研究》，序言2页，北京，北京大学出版社，2005。

基于这一立法思想，在美国有权查禁书报是政出多门，除联邦最高法院、州法院外，还包括一些政府部门，此外还有数不清的社团组织、学校以及宗教团体和道德卫道士，在全美编织成了一个严密的禁书网络。这些部门和社团的名称举例如下：

司法系统：联邦最高法院、各州法院；

政府部门：国际新闻署、联邦调查局、海关总署、邮政部、联邦通讯委员会、美国淫秽品总统管理委员会、各州教育委员会；

宗教及社团组织：全美严肃文学组织(罗马天主教团体)、纽约道德促进协会、波士顿监督与预防协会、巴顿罗杰市支持严肃图书热心公民和纳税人协会、纳税人推动优质教育协会、关心者协会、罗德岛鼓励年轻人道德委员会。

此外，学校及家长都有权对查禁书报提出建议。美国人尼古拉斯·J·卡罗里德斯指出：“无论是以个人名义还是以学校名义，公民或者学校委员会成员都会指责和禁止使用那些对政府不利的书刊资料和小说作为教材，甚至不允许它们出现在自己学校的图书馆里。与中央政府层面的书报审查制度不同，诸如学校这样的地方性书报检查制度，关注的是这些书刊资料对学生们的政治价值观和政治想象力的影响。”[①]美国经常标榜自己“捍卫所有人的自由与正义”[②]，实际上只对某些美国人恪守承诺，而对另外一些人来说则没有。

欧洲在中世纪，主要由神权与皇权查禁书刊，现代主要依照法律禁书(因资料尚缺，不予论述)。

三、关于书报审查制度的几点思考

书报审查制度在人类历史上已有两千多年，它是各个国家在不同历史时期文化政策的反映。随着社会的不断发展、进步，审书制度有很多

---

① 〔美〕尼古拉斯·J·卡罗里德斯、玛格丽特·鲍尔德、唐·B·索瓦编著，张秀琴、音正权译：《西方历史上的100部禁书——世界文学史上的书报审查制度》，143页，北京，中信出版社，2006。

② 同上书，236页。

演变，有些被禁止的图书已经开禁。如《查泰莱夫人的情人》一书，20世纪50年代，在日本、英国、美国先后被查禁。英国于1960年11月2日由伦敦法庭判决该书不是淫秽图书，宣布开禁[①]。但禁书至今或明或暗地仍然是各个国家出版管理制度的一个部分，如何历史地、客观地考量书报审查制度，是一个值得研究的课题。

第一，笔者认为，书报审查制度归根结底是意识形态领域中的一种斗争手段，是维护统治阶级利益、反映统治阶级主流思想的工具。既然是工具，如同市场、银行、股份制一样，资产阶级可以用，无产阶级也可以用，就看这个工具保护和惩处的对象是谁。我国宪法第二章公民的基本权利和义务第三十五条规定："中华人民共和国公民有言论、出版、集会、结社、游行、示威的自由。"同时，第五十一条又规定："中华人民共和国公民在行使自由和权利的时候，不得损害国家的、社会的、集体的利益和其他公民的合法的自由和权利。"我国国务院公布施行的《出版管理条例》正是在出版管理行为中贯彻宪法的行政作为，具有执政的合法性和正当性。《条例》第二十六条中规定的十类禁载内容，是查处的行政法规依据。

第二，中华人民共和国成立以来，废除了国民党反动统治时期颁布的书报审查制度，实行依法监管和事后追惩的制度，一贯采取不枉不纵、十分严肃认真的态度。出版业是内容产业，依法监管和事后追惩违法、违规出版物，正是为了最大限度地保护广大人民的利益，这与西方书报审查的目的是为了保护食利者利益有着本质的区别。

第三，新中国建立57年来的历史证明，除了在"文革"期间，由于"四人帮"推行文化禁锢政策，致使大批图书被戴上"封、资、修"帽子而遭到查禁外，其余时期，出版自由都得到有效的保障。改革开放以来，我国翻译出版了国外一大批被查禁的文学名著，使国人得以从更宽广的视角审视人类的文化成果。即使是某些政治观点错误、但确有学术或史料价值的图书，也以适当形式出版，使研究者得以获得所需的资料。这些情况说明我国的文化、出版政策是开放的。

第四，经过长期历史经验的淘洗和磨合，国外某些出版管理制度，

---

① 《译海》编辑部编：《审判〈查泰莱夫人的情人〉》，广州，花城出版社，1996。

包括书报审查制度中某些行之有效的做法，应该有选择性地吸收，为我所用。比如美国书报审查中大量运用的并非都是司法和行政手段，而是依靠社会团体进行广泛深入的监督、举报，然后进行自律性的查处，以防止有害出版物的传播。尽管执法的目的不同，但这些机制和经验值得我们借鉴。

第五，建议研究建立出版单位以及行业自律机制。预防是节约成本的最佳办法。建立有效的行业自律机制，配合出版行政管理部门对有害出版物采取预警机制，并建立对违法、违规者的行业惩戒机制，或直接由行业组织向司法部门提起公诉，这样对于减少和抑制有害出版物和非法出版活动的产生和泛滥将是有效的措施。如何根据我国国情，进一步发挥新闻、出版行业协会的作用，也需要很好地研究。随着政治体制改革的不断深入，如何进一步完善中国特色的出版管理体制，还有许多工作要做。

（与潘建农合写）

本文原载《出版发行研究》2006 年第 9 期

《查泰莱夫人的情人》审判案始末及其他

《查泰莱夫人的情人》这部小说最大的争议是如何看待书中的性描写。由于作者在这部作品中大胆地、赤裸裸地描写了性爱，原书出版后曾被英国政府列为禁书；出版该书的企鹅出版社曾被控犯有出版淫秽作品罪。直到1960年，这场官司才告了结：伦敦中央刑事法院宣告企鹅出版社并未犯罪，英国政府接着亦对该书解禁。

但在当时(1993年)，我并未见到伦敦庭审案的判词，直到2002年12月，一个偶然的机会，在北京方庄一家书店里，忽然见到《审判〈查泰莱夫人的情人〉》一书(《译海》编辑部编，花城出版社1996年出版)，这才知道此案的始末。同书中还简要记载了日本和美国对该书的庭审经过。

《查》书伦敦庭审案始末

英国著名作家D·H·劳伦斯写的《查泰莱夫人的情人》(简称《查》书)原著初版于1928年,在当年就出现了盗印本,至少有四种,书价奇昂,最高的竟索价50美元一本,这在当时是一笔很大的数目。1960年,英国企鹅出版社为纪念劳伦斯逝世30周年,决定出版此书的全文版,当时已印出20万册准备发行。但此举却遭到英国检察部门的竭力反对,并向法院提出控告,认为它是“腐化读者心灵”的淫书。出版社不服,于是聘请律师出庭辩护。律师邀请35名专家、教授、评论家、神学家、心理学家等出庭作证,并由法院挑选了九男三女的陪审团,经过长达六天的辩论,法庭终于判企鹅出版社无罪,并驳回检察官的控告,从而使该书得以面世。

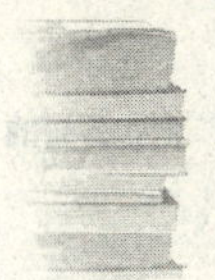

此案检、辩双方的论点针锋相对，对于我们如何认识文学作品中的性描写以及与整体作品的关系颇有启示，特列表对照如下：

检方论点	辩方论点
第一天(1960年10月26日)	
该书将认为是淫秽的，如果就其整体而言，它的效果是以使在所有可以想见的情况下，阅读其内容的人道德败坏，心智腐化。	劳伦斯的意念，是他认为他所处时代的英国社会是病态的，起因是机器时代的来临，人人视金钱为万物之灵，乃至牺牲肉体、强调心智的扭曲现象；而我们须做的，是重新建立个人之间的关系，其中最重要的就是相爱的男女间的关系，在这一关系中，没有羞耻，也没有什么事是错的，不清洁的，或不能坦然加以讨论的。
第二天(10月27日)	
检方认为本书在每一个可能的机会中，性都被扯了进来，而故事的其他部分不过是些补白。	这本书具有双重主题：广义地说，它是在谴责工业社会中人性之趋向机械化；狭义说来，它指出寻找一种基于温柔和情爱的适当的性关系，对于人类幸福的必要性。
第三天(10月28日)	
这一天主要讨论《查》书中若干涉及性描写的段落。检方认为它美化了杂交和通奸行为。	这本书在适当的时机中(通常指17岁以后)是有其教育价值的。因为它坦然和诚实地讨论了性的问题。 这本书具有异常重大的意义。劳伦斯是一个偶像破除者；他认为这个时代是局促、不自然且令人窒息的，人们对性的态度是虚伪的，金钱成了爱情的守护神，将人际关系层层围住；作者对这些攻击不遗余力。
第四天(10月31日)	
这一天主要是讨论《查》书的文学价值。 这本书中谈到了许多性和肉欲的问题。它不断在强调欢乐、满足、肉体享受等诸如此类的字眼。	劳伦斯是20世纪英国文学家中最有想象力的一位。这本书的价值是，年轻人从阅读当中，能帮助他们成长为成熟和有责任心的人。 这本书和别的书在处理性问题上的不同是，它并没有把性和暴力连在一起，也没有把性和残酷或变态狂连在一起。

续表

检方论点	辩方论点
第五天(11月1日)	
辩论的重点是本书是否具有社会价值。 检方认为这是一本具有导人入邪和堕落倾向的书。	这本书的社会价值主要体现在四个方面：第一，它是我们文学史上出自巨匠的手笔；第二，作者这本书的写作态度是诚恳的；第三，肉欲的文字和描写对他的整体目的有关而且必要；第四，由于作品本身的美感，有关性关系的描述已经不再是猥亵一词可以解释。 “倾向”并不是我们判断一本书的标准，因为时间常会使倾向改变。我们判断一本书，必须就其价值来说。有关性问题的公开讨论，我们也刚开放不久。一二十年前人们还认为公开讨论性问题会有不良倾向。而许多过去被列为禁书的书，现在也已经开放了，没有人再说那些书不适于出版。唯一决定哪些书适不适于出版的理由只有一项，就是它的价值。
第六天(11月2日)　法庭作出判决	
伦敦法庭最后判决《查泰莱夫人的情人》不是淫秽图书。企鹅公司印行本书无罪。	

日本《查》书审判案

日本小说家伊藤整将D・H・劳伦斯的小说《查泰莱夫人的情人》全本译成日文，交小山书店收入《劳伦斯选集》，分上、下卷出版发行。对此，日本检察厅于1950年根据刑法第175条，认为此书是猥亵书籍，对伊藤整和小山久二郎(出版者)提起公诉，开庭公审。审判于1951年5月8日第1次开庭，1952年1月18日第37次开庭宣布一审判决。

在审判过程中，日本警视厅向出版物风纪委员会一部分委员散发了《查》书中的一册，书中多处画有提请注意的红杠，并提出“这种书是否增进了公共福利”的问题，表示要听取意见。这一做法引起一些委员的强烈

不满。为此，日本文艺家协会、日本笔会、日本作家联盟等通过决议，共同反对这一起诉。

1952 年 1 月 18 日作出一审判决，法庭判决伊藤整无罪，对小山久二郎罚款 25 万日元。判决后，检方主张伊藤整有罪，而辩方则主张小山氏无罪(即不应罚款)。为此检、辩双方均上诉。

1952 年 7 月 9 日高等法院开庭公审。12 月 10 日作出二审判决，判定该书为淫书，判处伊藤整罚款 10 万日元，小山氏罚款 25 万日元。二审将原先一审判决无罪的伊藤整作了有罪判决。庭审宣判后，日本文艺家协会及笔会对错误的判决发表了公开信。

1957 年 3 月 13 日，又进行了三审，仍维持二审判决。

日本《查》案就此结案。中岛健藏对此案的评论是：“在检方的求刑中，国家权力的滥用、官僚主义的恶臭，是无论如何也遮掩不了的。”他认为将这部知名的作品列为淫书，是“背离世界良心的见识”(同上书，第 187 页～232 页)。

美国关于《查》书出版发行的官司

1959 年 5 月，美国一家图书出版公司出版了《查》书全文版，但美国邮政部下令拒绝邮运此书。为此，该出版公司及推销此书的读者俱乐部对邮政部提出控告。三个月后，纽约南部区法院作出判决，认为该书“诚实且有较高的文学价值”，其“装帧、宣传品及其他均作为严肃的文学作品对待，系由全国有名的书店发行，不应认为是迎合读者的低级趣味”。判出版社胜诉。

我国出版《查》书及其他

《查》书中译本是饶述一先生于 1936 年 7 月翻译出版的。新中国成立以后，这部名著沉寂多年，直到 1986 年 12 月才由湖南人民出版社根据饶译本出版。1987 年初，一些地方的书摊挂出大幅广告，说这部是“洋金瓶梅”，引起轰动。

据我所知，《查》书在我国并未列为淫书而禁售。1987 年后此书出版单位受到处理，不是由于该书内容问题，而是由于出版程序上有违有关出版管理规定。

2000年夏天，我在北京方庄一个书摊上买到了另一个版本的《查》书，细看内容为删节本，疑为盗版书，在此不予置评。此后又曾到几个书店寻访正版《查》书全译本，至今没有找到。

对于处理涉嫌淫秽书刊，我国采取了积极、慎重的政策，体现了“不枉不纵”的精神。据我了解，从1988年以来新闻出版署至少发过五个有关文件。1988年7月5日，新闻出版署发出《关于重申严禁淫秽出版物的规定》；1989年8月8日，又发出《关于鉴定淫秽、色情出版物权限的通知》；同年9月19日，公安部、新闻出版署发出《关于继续查缴淫秽出版物和非法出版物的通知》；1993年1月19日，新闻出版署、公安部联合发出通知指出，淫秽录像带、淫秽唱片的鉴定标准依照全国人大常委会《关于惩治走私、制作、贩卖、传播淫秽品的犯罪分子的决定》、国务院《关于严禁淫秽物品的通知》和新闻出版署发布的《关于认定淫秽及色情出版物的暂行规定》执行。1993年3月16日，新闻出版署发布《新闻出版署出版物鉴定规则》，对新闻出版署受理鉴定违禁出版物、非法出版物、音像出版物的范围、鉴定机构、人员和任务，受理出版物鉴定的手续、程序等作了具体规定(《新中国出版50年纪事》，刘杲、石峰主编，新华出版社1999年12月版)。根据上述文件，新闻出版署查处了《玫瑰梦》、《情场赌徒》、《奇异的性婚俗》等书；与此同时，“扫黄打非”活动常抓不懈，成果显著。在这些工作中，严格掌握政策界线，至今未发现有冤假错案的情况。我在此冒昧向有关方面建议：可否将重大案例汇编成书，用“以案解法”的方式警示业内外人士，并为出版史留下一些翔实的材料。

(说明：英日美审《查》案资料来源于《审判〈查泰莱夫人的情人〉》，花城出版社1996年1月版。)

本文原载《出版史料》2003年第1期

第二辑

门外文谈

书评三十六计

——看名家如何写书评

书评是一种特殊的文体。好的书评可以引领读者深入堂奥，领略书的精义，了解书内书外的故事，引起更多读者的注意；不好的书评可能误导读者。一些作者往往请名家写书评，以推广图书。作者如何利用名家书评促销，有一个流行的段子。其中有一个版本是这样写的：外国一位不知名的作者写了一本书，他想一举成名，于是把书寄给总统请他评介。出于礼貌，总统写了几句赞誉的话。作者马上在报上宣扬说，请看这本总统赞扬的书，于是这本书马上引起了读者的兴趣。尝到甜头之后，这个作者赶写了第二本书，又寄给总统请他评说。总统推说对这本书不感兴趣。作者马上登报说，这是一本总统不感兴趣的书。读者对此又产生了一看究竟的兴趣。后来作者又写了第三本书，仍然再寄给总统，这次总统干脆不予理睬。作者又抓住了把柄，在报上大肆宣扬说，这是一本总统都不能确定的书。出于好奇，这本书被很多人追寻。这个段子虽然是人们编的笑话，但也从一个侧面告诉我们，书评特别是名家书评对于销售的重要性。

一、书评的作用

我们当然不能像上述段子所说的那样急功近利地对待书评。那么如何正确认识书评的作用呢？资深书评家伍杰认为，“书评是出版的影子，是图书的灵魂，也是出版文化的旗帜；书评是宣传领域的重要思维活动，也是重要的社会文化现象。”书评既然如此重要，我们不妨专题研究一下如何写书评，特别是名家如何写书评。

确定这个主题之后，真正动起笔来却感到难以下手。因为有关书评的著作可谓汗牛充栋，据王余光、徐雁两位教授在《中国读书大辞典》(南京大学出版社 1993 年版)中不完全的著录，现在能见到的书评图书(截至 1992 年已出版的)就有一百多种，近十几年新出的书评集也有数十种。显然在一篇短文中根本不可能概括出各家的精义。于是决定选用伍杰、徐柏容、吴道弘选编的《中国书评精选评析》(山东教育出版社 1997 年版)为研究文本，探索人们特别是名家如何写书评。这本书共选书评作者 77 人，收入文章 130 篇，时间起自五四时期，下迄 1995 年，内容包括文史哲经济和自然科学、工程技术方面的书评，无论作者还是所评图书，都具有广泛的代表性。“弱水三千，吾只取一瓢饮”，饮后确实有一种开窍之感，因此试以读书笔记的形式与读者分享。至于为何取《书评三十六计》作篇名，只是借用成数，不必细究。

二、因书而异的书评模式

★以序言作书评，可以评书，也可以评人，还可以泛论学问。

蔡元培于 1918 年 8 月为胡适新作《中国古代哲学史大纲》作序，总结此书的四大特点是：证明的方法、扼要的手段、平等的眼光、系统的研究。蔡元培主张借用编西洋哲学史的经验，叙述哲学史不必都从三皇五帝开始，而是从历代有代表性的哲学家及其哲学思想作为切入点，这种思想在当时是很开放的。

同样以序言作书评的还有叶圣陶为《文章评论》写的序。这篇文章着重说明在语文学习中进行文章评论的意义和方法。文末更指出，中小学语文教师读了这本书，不能完全仿照，看学生的文章首先要看立意，立意如有不妥必须指明，然后再改文章，这就抓住了作文的要害。如此写书评，已跳出一般行文的常规，而是指导教师如何批改学生作文，很有指导意义。

★为读者答疑解惑，发挥书评指导阅读的重要功能。好的书评总能引导读者向着真理、向着美好理想前进一步。

20 世纪 50 年代初，《牛虻》一书曾经震撼许许多多中国青年的心。

革命家玛志尼创立了“青年意大利党”，他抱着复兴意大利的宏愿，却不依靠群众，主要想以密谋方法取得政权。而牛虻正是青年意大利党的一分子。牛虻英雄无畏的斗争精神深深打动了人们，但是他走的革命道路却是注定要失败的。我们今天如何认识牛虻这个人物呢？韦君宜写了《读〈牛虻〉》一文，全面评述了牛虻所处的时代背景，指出应该向牛虻学习什么，不学习什么(比如对革命手段的选择，对爱情的态度，等等)，对青年读者发挥了很好的导读作用。

★对古典名著的评析是常见的一种书评，由于书评者的思想和学养不同，往往有不同的见解，读者应从中辨别，才会得益。

老舍写过一篇名叫《〈红楼梦〉并不是梦》的书评。他鲜明地指出：(一)反对《红楼梦》是空中楼阁、无关现实的看法；(二)反对“无中生有”的考证方法；(三)反对《红楼梦》是作者自传的看法。他认为这是一部伟大的现实主义作品，而绝对不是一场大梦。这些观点反映了红学研究中的主流思想。这篇书评写于 1954 年，至今读来仍觉得言之成理，经得起时间的考验。

★评论长篇小说离不开故事情节和人物的介绍，离不开语言特色的评介，除此之外还应该说些什么呢？

萧乾评黄谷柳的长篇小说《虾球传》别有一格，可说是跳出小说评小说，这篇写于 1949 年 2 月的书评把主题升华为如何去投身革命、掌握先进思想。萧乾自称为“未带地图的旅人”，而把作者称为“持有地图的旅人”又有“最丰富的生活知识”，所以写出了好作品。他指出这部小说的主题是：“对于今天仍站在革命圈子外面的，它昭示怎样去掉不必要的戒心，同时，消灭苟且心理，从自己的生活里，去寻找革命的道路。”这就深刻地点明了这部小说的积极意义。

★短篇小说往往以小见大，含有深意。如何评短篇小说，是个难题。

叶圣陶评鲁彦的短篇小说集《柚子》，只用了不到 500 字，却评述了作者的笔调、文字、风格，描述出作者的灵魂，实属不易。书评在写法上有分有合，先是选几篇短篇小说逐篇点评，然后再综合写出作者的灵魂和风格。叶老评述鲁彦小说的特点是：“作者的笔调是轻松的，有时带点滑稽，但骨子里却是深潜的悲哀，近乎所谓‘含泪的微笑’”，“成一种自有的风格”。这都是画龙点睛之笔。

★新诗评论，这是很难写的一种。诗言志，但更多的是抒发情感，对诗的理解可谓人言各殊。

新诗很难概括出一个情节，书评必须首先引出作者最有代表性的诗句，然后加以品评。胡适是五四时期新诗的倡导人之一，对新诗自然有较多的理解。他认为康白情的诗好就好在“自由吐出心里的东西”，他有敏捷而真确(原文如此——引者)的观察力，有聪敏的选择力，他的诗“看来毫不用心”，而自具一种“异乎人的美”。对俞平伯的新诗，胡适则直率地批评为“晦涩难懂”，其原因是“他偏喜欢说理……偏要想兼作哲学家；本来极平常的道理，他偏要进一层去说，于是越说越糊涂了”。俞平伯乐于接受这样的批评，此后鲜有新诗发表，却专心去做红学家，这是读者之幸。

★名人书信是一种常见的文体，往往能流露真情，体现人生观、世界观。评论名人书信需要由文及人。

阿英评《周作人书信》就是一篇尖锐的书评。文章写于1935年，其时周作人尚未沦为文化汉奸，但他的人生观已完全与烽火岁月脱节了。阿英指出：“从作为五四时期的战士时代，逐渐地把自己的生活转到完全脱离开了‘现实’”，已经“被历史的齿轮毁弃了”。作者揭示周作人的思想正在走向颓废，也预示着他的未来将走什么道路。可谓一语成谶，击中要害。

★科技书评相对而言比较少见，由有关专家介绍科技佳作不但具有说服力，而且也是进行科学普及工作的极好形式。

刘仙洲写了一篇《介绍〈天工开物〉》的书评。概括这部古代科技名著的五大特点是：(一)在三百多年前出现这部有关农业、工业的科技书是难得的著作；(二)富于科学精神；(三)富于实用精神；(四)重民生而轻奢侈的精神；(五)重实学而轻虚文的精神。文末还介绍了这部科技古籍的版本情况。这篇科技书评跳出了就科技谈科技的陈套，突出了这部科技古籍的人文精神，可谓独具慧眼。

★在一篇短小的书评中对某一类型的选本作综合书评难度很大。

鲁迅对《文选》和《古文观止》一类选本作了深刻的评析。他认为“选本可以借古人的文章，寓自己的意见”，“读者虽读古人书，却得了选者之意，意见也就逐渐和选者接近，终于‘就范’了。”他还指出：“读者的读选

本，自以为是由此得了古人文笔的精华的，殊不知却被选者缩小了眼界。”他在别的文章中还曾指出，所谓选本其实只是反映了选者的眼光，如果读者不加省察，就是让选家牵着鼻子走了。这个意见对于我们阅读各种选本是极有意义的指导。

★如何介绍丛书？这与单篇本的书评又有何不同？且看名家的大手笔。

陈原写了《读〈文学小丛书〉有感》和《写在〈汉译世界学术名著丛书〉刊行之际》两篇书评。两篇文章角度不同，前者是从编辑、出版工作着眼而展开，指出“文学小丛书”的选目标准和读者定位，以及如何定价，等等；后者更多地指出出版这套《汉译世界学术名著丛书》的意义所在，认为出版这套书对开阔视野、启发思考将发挥很好的作用。陈原评价《汉译世界学术名著丛书》“选录是严谨的，原著是有代表性的，译文是认真的”，同时也指出在序跋、索引、注释等方面还不尽善。这是一个出版家负责任的介绍，是读者乐意接受的。

★对翻译作品的品评，着重点与原创作品有些不同，其重点首先在于译作的“信”，然后才有“达”与“雅”。

茅盾对伍光建译的《侠隐记》的评介就是这样的。伍氏是我国早期的翻译家，主张根据中国读者的阅读习惯，将外国作品以意译方式介绍进来。他的译作的特点在于有删削而无增添，用白话文译出，简洁明快，在语境上还原原著，是紧张处还它紧张，有幽默处还它幽默，因此这个译本人人爱读。这样的书评不仅限于介绍原作内容，还涉及翻译的方法，可以给人以启示。

★书评不仅要评论图书，有时还必须介绍和评论原书的作者，这就是古人所说的“知人识书”。

胡愈之写的《人民生活是写作的唯一源泉——介绍〈韬奋文集〉》就是这样一篇好文章。书评者通过邹韬奋的主要经历，介绍了他在不同时期创作的自传体文集、政论、随笔、杂感和国外游记等，说明韬奋的人格和文章具有吸引人、鼓舞人的巨大力量。胡愈老是韬奋的战友，1931 年与韬奋共同主持《生活》周刊，1932 年又推动创办生活书店，对韬奋精神有深刻的了解，由他撰文介绍，自然当行出色。

★评介刊物也是书评的一种，书评作者需要一种宏观的把握和对刊

物的关爱之心。

巴金写了一篇《致〈十月〉》的文章，对大型文学刊物《十月》作了热情的评介，并提出了热切的期望。他深刻地指出：刊物是通过发表作品为读者服务的，编辑是作家与读者之间的桥梁，编辑工作要慎之又慎，有权不可滥用。这些意见都非常重要。

★书评不好写，批评性的书评尤其难写。如何公允地指出缺点，又与人为善地给予帮助，这需要书评作者具有较高的思想境界和学术水平。

臧克家写了《从〈新编唐诗 300 首〉说起》就是一篇批评性书评。他指出，这本《新编唐诗 300 首》打着“古为今用，政治第一”的旗号，把清代蘅塘退士的选本《唐诗 300 首》几乎弄得面目俱非，新选本将旧选本的作品砍去三分之二，新补入的作品在艺术性方面却不甚高。新选本所谓对“政治第一”的理解是片面的，完全脱离了历史；对“古为今用”的理解也太狭窄，太直接，结果用二流作品代替流传已久、深入人心的佳作，弄得全书不成样子。书评批评得很重，但有理有据，令人折服。

★书评的功夫有时在书外，书评者可以“借题发挥”，讲述自己的思想和学术观点。

李一氓写的《读〈中国历史地图集〉》一文就是如此。地图属于技术类工具书，作者评介这本书重点不在地图本身，而是批驳了国内外对出版这套地图引起的错误思想和谬论。其一是批驳国外指责中国人“领土野心论”，其二是批驳国内的“少数民族政权外敌论”。通过评论，明辨是非，澄清事实，维护了我国多民族国家的领土完整。

★针对书评著作写书评是一件很难的工作，除了对原作的品评，还应提出自己对书评的理解。

常风写于 1935 年对于萧乾所著《书评研究》一书的评说就很有见地。他提出：“书评不是谩骂，不是捧人，不是吹毛求疵，不是痛快淋漓发挥自己的意见，不是引经据典炫示自己的渊博……他有更伟大的、更庄严的使命，写书评也不是一件易事。写的人须具有‘平衡的心’，他才能得到正确的欣赏和公平的评价；他须有正直，诚恳，严肃的态度；他还须具有渊博的透彻的知识，不偏颇的欣赏能力——这样才可以作一个理想的书评家。”此文写于 70 年前，作者对书评提出的意见至今仍很有参考意义。

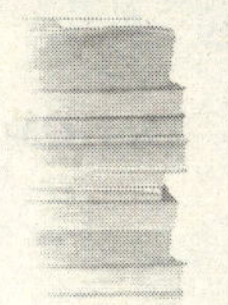

三、写好书评的几点思考

以上摘引了名家如何写书评的若干范例，从中可以看出书评的立意、结构和不同的表达方式，给我们后学者提供了许多的启示。从学习名家的书评中，笔者对写好书评有几点思考：

第一，书评的根本目的是什么？据笔者理解，就是弘扬优秀文化，推进先进文化建设；同时批判错误思想和学术观点，引导读者“知书识理”。

第二，为此目的，书评者自身必须努力学习和力求掌握马克思主义的立场、观点、方法，与时俱进，努力提高思想、学术水平，“以其昏昏，使人昭昭”是决然不行的。

第三，必须以公平、公正的学术良知对待所评的书刊。摒弃名利之心、亲疏之别、门户之见，还作品以本来面目。

第四，书评是一门学问，也是一门艺术。必须坚决克服公式化、概念化倾向，反对穿靴戴帽，避免简单的“三段论法”(一概括内容，二夸饰优点，三轻言不足)。力求一书一品，富有个性。

第五，讲究词章，“写谁像谁”，防止千篇一律。文章要有灵气，能引起读者兴趣。

第六，知书须知人。对原书作者应有一定的了解。如此，对作品的风格、特色才有生动的描写，也能写出书里书外的故事。

第七，忌用绝对化评语。如“首创作品”、“填补空白”之类词语应当慎用。

第八，举一反三，扩大知识面。书评不必拘泥于所评之书，作者应尽量向读者提供新的信息、新的相关知识，提高书评的含金量。

本文原载《中国编辑》2007 年第 1 期

近代书评的标本

——《中国书评精选评析》感言

中国近代出版事业已历百年，据不完全的统计，出版的图书大约有170万种左右，其中发过多少篇书评，迄无统计。找旧书难，找书评资料更难。有鉴于此，伍杰、徐柏容、吴道弘三位资深出版家主编的《中国书评精选评析》就显得更加难能可贵。这本书有几个显著特点，使读者能从多方面获得教益：

其一是视野广阔，选材精当。本书选入的书评文章上自五四时期，下迄1995年，内容涵盖文、史、哲及美学、科技诸多门类，从数以万计的书评中选入77位作者的名篇130篇，约54万字，其选材之精、之严，可谓“百里挑一”。本书编者定了几条不成文的原则：所评的书要有相当的影响，书评文章在当时有代表性，且是写得比较好的。因此这本书可称为近代书评的标本。翻开这本书，犹如跟随先哲和当代学者行进在山阴道上，激励着人们不断去追求真理和科学；又如一块块路标，有些先哲虽已远行，但指点的门径依稀可辨。

其二是资料难得，集腋成裘。除非是专业学者和专业单位，作为一般读者很难见到八十多年来的书评，而这本书却搜集了有代表性的书评。从这些书评中不但可以了解大师、学者们如何观察和评述当时的思想动态和文化现象，而且可以作为研究我国近代书评史的基础，这也正是本书的重要价值所在。

其三是新加评析，有独创性。常见的书评大致上有荐介、赏析、评述、书话种种，而“书评外的书评”则属罕见。本书在每篇书评之后，加上编者对书评本身的评析，指陈其风格、特色、才情，三五百字信手拈

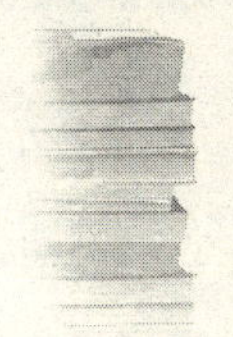

来，简洁、生动，可谓点睛之笔。文章出之于三位资深出版家，尤见功力。

对这本书如有所苛求的话，是没有收入法律和军事方面的书评文章，难免有遗珠之憾。此外，由于收入本书的书评时间跨度大，作者的政治态度不一，因此文章中反映的社会历史、学术观点或多或少地带有时代的烙印和个人的印记，这是读者阅读中需要注意的。

行文至此，忽然想起鲁迅先生在《且介亭杂文》序言中写下的一段话："……凡是写下来的，全在这里面。当然不敢说是史诗，其中有着时代的眉目，也决不是英雄们的八宝箱，一朝打开，便见光辉灿烂。我只在深夜的街头摆着一个地摊，所有的无非几个小钉，几个瓦碟，但也希望，并且相信有些人会从中寻出合于他的用处的东西。"我想这本书评精选也是这样一个"地摊"，凡是有心的读者定会找到有用的东西。

本文原载《光明日报》1998 年 4 月 27 日

书评的不等式

——谁来关注科技书评

1979年以来，我国出版事业从复苏到初步繁荣，以至跻身于世界十大出版国之一，只用了十几年的时间，出书品种从1979年的17 212种，增加到1997年的120 106增长了近6倍。而书评从1979年的254篇，增加到1994年(此后尚无统计)的5 087篇，增长了19倍，可见书评自改革开放以来取得了长足的进步。据中国图书评论学会提供的资料，从1979年～1994年，我国每年在报刊上公开发表的书评呈逐年增加的态势。为简化起见，试以每五年一个统计时段，详见表1：

表1

年份	1979	1985	1990	1994
书评篇数	254	2 673	2 651	5 087

如果以当年出书的品种与书评篇数作对比，百分比如下，详见表2：

表2

年份	1979	1985	1990	1994
出书品种	17 212	45 603	80 224	103 836
书评篇数	254	2 673	2 651	5 087
书评占%	1.48	5.86	3.30	4.90

从上表看出，书评的绝对数1994年几乎比1985年增长一倍，但与出书品种相比，书评占出书总品种的比例却下降了。其原因有多种，最主要的恐怕是同类书低水平的重复比较严重，原创性的作品未能按比例增加，书评失去了新鲜感，书评家欲说还休。

从十几年书评发展的情况看，最值得注意的是科技书评严重滞后，

不仅数量偏少，而且较之其他门类的书评，科技书评所占比例偏低，详见表3：

表3

年份	1979	1985	1990	1994
书评总篇数	254	2 673	2 651	5 087

其中：

社会科学	32	737	797	1 495
文化教育	17	145	168	406
文学艺术	139	1 233	1 087	2 020
科学技术	15	108	68	116
其　　他	51	450	531	1 050

从上表看出，科技书评在所有书评上占的篇数最少，而且增长缓慢。

如果再从当年分类出书品种与相应的书评作对比，科技书评的滞后状况更加明显，详见表4：

以1994年为统计样本：

表4

全年出书品种	103 836	书评总数	5 087	书评占4.90%
社会科学品种	13 488	书评总数	1 495	书评占11.08%
文化教育	45 551	书评总数	406	书评占0.89%
文学艺术	15 085	书评总数	2 020	书评占13.39%
科学技术	20 128	书评总数	116	书评占0.58%
其他	9 584	书评总数	1 050	书评占10.96%

从上表看出，科技书评在所有各类书评中占的比例最低，大体上每出173.5种科技书，只有1种书曾被评论。如果以每年出书总品种数与书评总数作对比，其比例约为204种中有10种书曾被评论。科技书评与之相比，差距为10倍。这种状况，希望能引起科技界、特别是科技出版界的高度重视。

九届全国人大会议上提出了以邓小平理论为指导，走“科教兴国”道路的战略方针，指出这是立国之本、强国之路。中国科学院院长路甬祥最近撰文指出：“科学教育、科学普及、科学出版、科学信息网络等是社会化的公共事业，也更将成为企业和社会普遍参与的事业，成为社会的普遍要求，将形成全球最大的文化产业之一。”笔者认为，科学出版产业作为科学技术的一个组成部分，也是“第一生产力”，是实现“科教兴国”的重要支柱之一。目前我国科技书每年出书二万余种，占当年出书总品种的20%左右。改革开放以来，科技出版取得了重大成绩，但与世界新技术革命的飞速发展相比，我们的科技出版产业还处于相对落后地位，应该有更快更大的发展。当前科技出版产业既面临着大好机遇，又有许多实际困难，需要从研究科技出版产业政策着手，考虑如何进一步解放出版生产力，比如怎样搞活出版机制和调整出版体制(包括打破部门和地方所有制)，适当拓宽专业分工范围，调整税收政策，强化激励机制等等，使科技出版能“放水养鱼”，有一个更大的发展。其中加强科技书评应列为重要的工作项目，要提倡科技编辑亲自动手写书评，重要的科技书评还要请权威专家写书评或组织讲座，就像当年华罗庚先生推广“优选法”那样，使科学技术普及化，促使科学技术真的转化为生产力。这项工作功在当代，泽被后代，希望得到多方面的重视。

[本文书评资料来源：《全国书评索引》(1979年～1985年)、(1985年～1991年)、(1992年～1994年)，分别由云南人民出版社、辽宁人民出版社、黑龙江教育出版社出版。]

本文原载《中华读书报》1998年4月22日

《20世纪中国的出版研究》读书札记

收到南京大学张志强教授赠送的《20世纪中国的出版研究》一书已有一年多，由于和本行有关，所以想细读之后再写点读书笔记，不料一拖就是数月，实在愧对这位讷于言而敏于行的青年学者。

进入正题之前，先说点题外话。笔者从书店练习生起步，痛感根底浅薄，因此只能利用一切时间多学习。灯下静思，人生有限，知识无涯。人的一生能读多少书？粗算一下，如果从6岁开蒙到80岁，每天读两万字(实际上16岁以前难以做到)，也就是5亿多字，还不到三套《中国大百科全书》的容量，实在非常有限。为了弥补知识的"黑洞"，只能找窍门快读。笔者曾请教一位大型出版社的总编辑，问他如何能一年终审并签发两亿字的书稿？他说，拿到二审稿件后，他先看3 000字，如不能确定，再看1万字，还不能确定，再看3万字，如果仍不能确定，再看全书。这个快读法给我很大的启示，只有少量的书需要精读，大部分书只需浏览，正如台湾著名学者李敖所言，一本书中如果只有一句话有用，那就够了。快读的窍门之一，是先看序言和后记，因为其中常常浓缩着作者的学识或专家的评说，相比正文常有"一以当十"之效。有序、跋引路，才能登其堂奥，再读正文方知其妙，百年史料一望收，出版研究话从头。

本着这样的体认，笔者拜读了张志强这本力作，果然开卷有益，这本书至少有五大看点：

其一，谁是"出版学"名词的发明者？长期以来，学术界一直以为，"出版学"这一名词是日本人首先提出来的，时间是1967年。张志强无意中在南京朝天宫旧书店里买到一部杨家骆编的《图书年鉴》(1931年11月出版），发现是杨家骆最早提出“出版学”这一名词，而且对出版学的体系作了设想，时间比日本人早三十多年。张教授认为学术乃天下之公器，在这部专著出版之前，在1999年3月一次学术研讨会上，就公开了这件遗忘已久的史料，内心感到非常愉快。笔者感同身受，因为长期以来也一直误以为“出版学”是东洋货。如果没有新的证据，应该确认杨家骆是“出版学”名词的发明者，在出版史上值得记上一笔。

其二，“出版学”是何人在中国再次提出？据作者引用袁亮的著作《出版探索录》一书的史料称，1979年2月至3月，国家出版局在北京连续召开编辑工作座谈会，一些出版工作者提出，要“通过总结经验，找出规律，写出《编辑学》、《出版学》”。这是改革开放之初出版界的第一次呼吁。之后，1982年11月，王子野为钱小柏、雷群明编著的《韬奋与出版》一书作的序言中提出，“出版学早晚总要在众多的学科中占一席应有的位置”。1983年11月，中国版协在广西阳朔召开首届出版研究年会，宋原放向大会提交了《迫切需要建立社会主义出版学》的论文。此后，出版界的一批专家、学者就如何建立“出版学”问题作了有益的探索，并取得了显著的成果。资深出版家子野先生、原放先生已先后乘鹤西去，他们是呼吁建立社会主义出版学的引路人，哲人的贡献理应青史留名。

其三，“出版学”研究向何处去？刘杲为本书写的序言中指出，展望未来，我国的出版研究少不了要从以下两方面继续深入进行。第一，理论研究，也就是学科建设。要研究出版学和社会主义出版学。学科建设的目标是建立具有现代科学形态的出版学。包括出版学的理论体系、基本范畴、基本命题、基本规律。第二，应用研究，也就是工作研究。特别要关注出版物的文化属性、商品属性和出版物的数字化和信息网络化。这些论述实际上已指出了“出版学”研究的基本方向，具有指导意义。诚然，要达到这样一个研究水平需要一个很长的过程。

其四，以什么学风研究“出版学”？在刘杲和高斯所作的两篇序言中，都强调“出版学”研究必须理论联系实际。高斯指出，开展出版学术研究，需要有对出版事业的政治责任感，需要以高度的敏感去触及发展中的众多新鲜的课题，还需要有勇于探索、获得独到见解而不怕坐冷板凳的开创性实践。这是老一辈出版家对后来人的殷切期望，也是一个“知易行难”需要终身努力的课题。

其五，这部专著价值何在？近百年来，有关“出版学”的专著不下百部，相关论文已有数千篇。面对如此众多的散珠碎玉，如何把它们串起来？既要披沙拣金，去伪存真，又要自出机杼，有所发现，实属不易。令人高兴的是，张志强秉持着严谨的治学态度，就像华罗庚先生所说的：“板凳要坐十年冷，文章不写半句空”，锲而不舍，把100年来有关出版研究的史料详加评析，条分缕析，论从史出，有一分证据说一分话，终于写成了这样一部专著，填补了出版研究中的一块空白。它不但具有史料价值和学术价值，而且有引得(索引)价值，许多尘封已久的史料在这里得以重现；许多名不见经传的作者在这里得到应有的位置；许多鲜见的图书又重见天日，这对于其他学者进一步研究有很大的价值。如果说这本书有不足之处，笔者认为有两点比较明显，一是关于出版改革的理论研究一直是一个热点问题，出版界曾有大量文章发表，这方面阐述太少。另外关于台港澳地区的出版研究状况介绍也比较弱，这与掌握资料较少有关系。

笔者很奇怪，在繁忙的讲学和做访问学者之际，作者怎么能找到这么多的史料？他必然有一种执著的求真精神。我甚至能够想像到，在北京、南京那些冷摊上，为了寻找新的书证，张志强如何两眼发亮、双手乌黑地去翻找资料，当淘到《图书年鉴》之类的宝贝时，该出手时就出手，终于再现了这些旧书的价值。

笔者还认为，学术研究本身就是一项寂寞的事业，只有静下心来做学问，才能有大成就。曾有人问过长期遭受冷遇的沈从文，在人生逆旅中，他是如何排除种种磨难取得成就的？从文先生淡淡地说了两个字：“耐烦”！这真是参透了人生的禅语。想到此，大胆篡改李白的诗句：“古来圣贤皆寂寞，唯有‘勤’者留其名。”以此奉赠志强同志，并与出版界同行共勉。

本文原载《出版史料》2005年第4期

别出心裁　贵在创意

——《书刊编辑学系列》学习笔记

北京奥运会新建场馆中，“鸟巢”和“水立方”好似一对姊妹花，横空出世，屹立在世人面前。这两座独特的建筑打破了传统设计理念，给人以崭新的视觉。

建筑是凝固的诗，是城市的音符，贵在创意，贵在优雅。那末学术著作能不能脱下沉重的外衣，赋之以新的创意呢？事有凑巧，今年早春2月，我有幸收到天津百花文艺出版社老社长徐柏容先生惠示的大作《书刊编辑学系列》，这套书共有四册，分别为：《编辑创意论》、《编辑选择论》、《编辑结构论》、《编辑优化论》。这四本书将编辑工作的全过程用创意、选择、结构、优化作为链接，与通常的讲编辑工作以选题、组稿、审稿、加工为流程全然不同，旁征博引，在说理中诗意盎然，可谓别出心裁，富有创意。

中国的编辑工作源远流长。据资深编辑出版家戴文葆先生研究称，古代编辑史上有姓名可考的第一位编辑大师是孔子。孔子的功绩就在于整理古代的文献，他自称“述而不作”，通过编辑整理工作，总结了夏、商、周三代的文化(引自《中国大百科全书》，新闻出版卷第42页)。我国近代出版业以1897年商务印书馆成立为标志，已有110年的历史，其间涌现了一批著名的编辑出版家，被中国大百科全书列名的就有55位。改革开放以来出现的新一代编辑名家也有几十位。但编辑学的研究起步较晚，直到20世纪80年代才引起普遍重视，现已形成一门新兴学科，取得了引人瞩目的成就。编辑学是研究编辑和编辑工作规律的一门科学，不仅具有理论品格，也具有实践品格，关于编辑学的研究范围，编辑学体系的构筑，关于编辑基本规律的界定，仍在深入探讨之中。柏容先生所著《书刊编辑学系列》是其中颇有新意的著作，他在吸收别人研究成果的基础上，自出机杼，跳出了一般编辑工作的链接思维，提出了自己的创见，这使我想起了一位大画家的名言："可贵者胆，所要者魂。"

柏容先生的创新究竟表现在哪些方面？

一、作者认为，"编辑做的就是创意工作"，"所谓创意，大体上说主要包括了编辑构思、选题及选题计划、作者及组稿等工作。整个这些工作环节，构成了创意工作的主体。"据我的理解，这显然指的是创意覆盖了成书的全过程，连接了作者和编者两个主体，这与一般理解的所谓创意就是策划的概念不同。这就避免了通常容易产生的策划编辑与责任编辑形成两张皮的矛盾，使创意的本初意图能贯穿于出版全过程，即由精神最终物化为产品的过程。

作者还提出，"出版社、期刊社的特色风格创意，大致说来，可以按三个层次进行。第一层次是理念创意，第二层次是形象创意，第三层次是行为创意。"三者的统一，是特色风格创意的理想境界。作者举百花文艺出版社为例，指出该社如何突出出版散文为主的风格；又举出《小说月报》为例，突出该刊"精选百刊小说精华"的特色，使刊物在大刊林立的夹缝中脱颖而出，占有一席之地。作者指出，无特色即无成功创意，这是一条很有见地的经验。

二、作者指出，"有编辑就有选择"，"编辑工作的性质，是决定选择与编辑工作同在的根本原因"。因为编辑工作是要为读者服务的，因此，出什么，不出什么，就不能不有所选择。在选择过程中，包括政治标准、艺术标准、学术标准等等。这些看法与我对出版工作的认识与经验不谋而合，我认为，对"出版"的定义尽管人言言殊，但最简洁的表述可否拟定为："选择最适当的作者，选择最适当的知识，通过一定的媒介传播给受众。"

三、结构是荷载效应和外部形式的结合体。试看奥体馆"鸟巢"的结构，既凝聚了设计者创意的奇思妙想，又凝聚了工程技术人员对材料的选择和组合，没有结构也就没有物化的成果。作为精神产品的书刊，当然离不开结构。作者提出，"编辑结构可先分为宏观结构与微观结构两个层次"。宏观编辑结构是指方针任务、总体编辑构思、选题计划、特色风格塑造等等。而微观结构则是指一书一刊的具体结构，其中还有纲与目之分。所谓“纲”，就是运用系统论中的“整体化原则”，使一本书、一本刊整体结构“成一体，使统一”；而结构之“目”则是指文章安排的疏密、繁简、曲直、张弛、开合、浓淡、藏露、巧拙、虚实、远近等等。这些结构之道，就是从微观上应当掌握的编辑心法。看了这些论述，使人感悟到为什么有的书一打开就觉得大气，有品位，有魅力；而有的书就是一股小家子气，或者透着一股媚俗的市井气。对一本刊物而言也是如此，有些刊物内容舒张有序，让人看着顺气；而有的刊物却让人看着憋气，原来这都与编辑工作的结构有关，从根本上说，与作者及编者的才、德、识有关。

四、出版精品书是出版工作永恒的主题。柏容先生把编辑系列最后一本书定名为《编辑优化论》是很有见地的。作者指出：“编辑工作的本质统一于优化”。“美是从选择中脱颖而出的”，“思想美、文化美是美中之美”。作者还指出，所谓优化，是贯穿于创意、选择、结构全过程的。这个见解与出版精品书要求“关口前移”是一致的。作者详细论述了编辑优化的基本方法，其中特辟一节，讲述了编辑优化的“雷区”，指出在改稿时要注意“两要”和“两不要”。所谓“两要”是指首先要尊重作者的著作权，其次要特别注意稿件的完整性与一贯性。“两不要”是指不要胡删乱改，不要改人文风。这些论述不但涉及编辑的职业修养，也关系到编辑的职业道德，很值得编辑同行们注意。

中华优秀文化源远流长，绵绵不绝，在改革开放的新时期，更涌现出一批具有创新意识的作者和出版者，优秀书刊不断出现。正如法国大艺术家罗丹所说的：“美是到处存在的，对于我们的眼睛不是缺少美，而是缺少发现。”祝愿我们的编辑同仁们慧眼识珠，不断地发现美，奉献美，为建设和谐社会贡献更多更好的精神产品！

徐柏容先生从事编辑出版工作六十多年，著作等身，是中国韬奋出版奖的获奖者。从 1999 年开始，几年来不管朔风凛冽，不怕暑气逼人，“寻章摘句老雕虫，晓月当帘挂玉弓”(〔唐〕李贺《南园十三首》)，穷四年之力，终于完成了这套 106 万字的《书刊编辑学系列》，愿将金针度于人，这种雪中送炭又火暖自身的精神令人感佩，因此在拜读大作之余，写下了这篇学习笔记，恳请方家指正。

2007 年 3 月 26 日

谁说发行无学

——《图书商品学》读后感言

在人们传统观念上，一买一卖是顶容易的事，要不为什么有那么多的商贩？过去不少出版单位往往把学历较低、能力较弱的人安排到发行部门，书店职工似乎也矮人一头，“发行无学”成了一种惯性思维。市场大潮一来，老总们如梦初醒，深感流通环节的重要性，书一旦发不出去，两个效益等于零，于是急急忙忙把学历高、知识广、公关能力强的人派到发行岗位。人虽到位，但苦于没有专门教材可教，只能靠经验传授，这也是发行业优秀人才短缺的一大原因。

笔者有幸曾在新华书店工作过 33 年，深知其中甘苦，不禁感叹培养一个博士 20 年足矣！而培养一个优秀发行员 20 年未必行。有人曾算过一笔账：培养一个合格(还算不上优秀)的进货员，起码要被他报废 10 万元的书才能摸出点门道。为何图书发行工作难做？这是因为：(一)图书品种多，不同于其他产品是同一品种连续性生产，因此要了解每一种书很困难；(二)图书内容涉及古今中外各种学科，涵盖人类已知的各种知识，发行人员知识面再广，也难以成为“万宝全”；(三)图书在批量生产前，没有试销过程；(四)读者需求千差万别，且因时因地而变化，预测需求困难，决定印数困难。这些问题都是世界性难题，学问很大，至今还没有人宣称已找到现成的答案。如果认为“发行无学”，只能是一种傲慢与偏见。

在出版业不断发展的进程中，发行成了“瓶颈”。一批资深出版家决心从理论和实践的探索中打破这个“瓶颈”,力图把发行工作由经验型上升到理论型,摸索出一条有中国特色的图书发行规律。新闻出版署特邀顾问王益是这部《图书商品学》的倡导者和组织者，经过一年努力，由王老执笔撰写总论、五十多位出版社老总参加撰写学科分论的书终于在1999年10月由人民出版社出版。这是一件开创性的工作，值得称道，值得宣传。

忝为编委之一，我未曾为这部专著写过片言只语，现在由我写书评，感到惭愧和惶恐。但在成书之前，我曾通读过初稿校样，出书后又粗学一遍，也许有点发言权。学习之后，感到这部专著有几个鲜明的特点：

其一，具有相当的权威性。主编王益同志是具有60年出版工作经历、曾长期担任全国出版领导工作的出版家。学科分论作者都是在第一线工作的出版社社长、总编或编辑室主任，写作班子阵营之强可见一斑，内行人写本行事，可谓出色当行。

其二，学术性、知识性、实用性结合较紧。全书内容不是从概念到概念，而是“理从事出”，“论从史出”，论点与论据密切结合。总论部分是全书的总纲，由表及里地论述了图书商品的特性、分类、质量标准、书价、读者以及图书的储运与养护。分论部分先从宏观上介绍本学科的现状与发展概貌，再从微观上介绍本学科有代表性的图书，使人知道这类书讲了什么内容，代表作有哪些，便于营业员向读者作介绍。

其三，带有工具书性质，连同附录都有实用价值。正文中每个学科都有分支介绍，相当于工具书的条目，而所介绍的图书，等于是重点书导读，简明扼要。附录中包括：历届获国家图书奖书目、科技书获奖书目、第二批常备书目，并附书名索引，收录了正文介绍的5 000种书目。

其四，深入浅出，适合中等文化程度的读者阅读，既可作发行人员的培训教材和自学入门书，又可供编辑策划选题时参考。

由于编写时间仓促或一时难以找到某些学科的作者，因此本书也有一些不足。如军事、航天、地震、地质和环保方面在书中尚属缺门；已有的分论中详略也不尽一致。这些缺憾希望将来能够补上。为了保持这部专著的时效性，建议每隔几年修订一次。

诚然，图书商品学是一门刚刚涉猎的学科，不可能要求写一部专著就建立起一门成熟的学科，但有志学习者一定能从中得到有用的教益。更希望专家学者共同来研究这门新兴学科，使发行业货畅其流，书尽其用，促进出版业更加繁荣发展，我想这也是本书作者的心愿吧！

本文原载《中国图书商报》1999年12月10日

鲜活的老古董

看了这个题目，读者以为我看走了眼，误把赝品当古董，因此才有“鲜活”的说辞；或者以为不过是调侃，在这儿戏说古董。如果您看完四本《文玩收藏生活丛书》(国际文化出版公司出版)，可能会同意用这个题目。

现而今，不少中国人的钱包鼓了起来，温饱之余，就想丰富一点文化生活，悄然兴起的收藏热是其中的一大项目。除去集邮、集币之外，收藏字画、古籍、陶瓷、明清木器的也大有人在。但这类收藏需要财力，更需要眼力，外行的“力巴”，尽管腰缠万贯，往往上当受骗，上万元买进的古董可能是一钱不值的赝品。如何识别和鉴赏古玩？市面上林林总总也出版了一批书，但内容不是失之于“专”，就是失之于“深”，学问虽大，不易为新潮一族接受。能不能有一套内行而又浅显的读物为古玩爱好者作为入门书呢？

“需要”是“发明”之母。亏得春元、逸明两位青年学者想出新点子，以采访有关专家的办法，用答问形式编写了这套丛书。他们请的都是中年专家，一提大名，北京四九城里都能知晓：请张德祥说木器，请马未都说陶瓷，请田涛说古籍，请刘文杰说字画。听他们侃侃道来，似乎引领着读者走进中华五千年文化的圣殿，秘笈琳琅，美不胜收，使人对博大精深的中华文化蕴藉产生浓厚的兴趣。

知识性强，是这套丛书最大的特点。有些知识道人之未道，很有新意。比如杭州雷峰塔 70 年前就已倒塌了，过去通行的说法是被无知的乡人拆砖拆倒的。至于为什么去拆砖，并未细说。而田涛却揭开了一个谜。

他说："五代江南一带，有个大元帅，为了发愿，给他母亲盖了一个塔，就是西子湖畔的雷峰塔。"盖那个塔的时候，大元帅印了一批佛经，每页佛经都捻成小纸卷，盖塔用的砖上挖了小洞，把纸卷塞到小洞里，再拿蜂蜡封死，砌到塔里。民国十二年(1923 年)，这个塔倒了一部分，修塔的人偶然发现碎砖头里塞有佛经，上面还有北宋初期的年款，那版本的价值可想而知。消息传开后就炸了窝了。于是许多人都去敲砖头，后来又去拆没有倒塌的部分，这样雷峰塔就倒塌了。现在田涛手里还真收藏有塔里原来的一个经卷儿。又如，搞出版的人都知道，付印前最后一道工序叫"核红"。至于为什么这么叫？就少有人知了。据田涛考证，"过去的书，雕版以后，开始先印一套红颜色的样儿，这不是为卖的，是为了请人对照原稿在上面改的，这种被修改的书，叫红样儿。用改过的红样儿对照清样看，叫核红。"这就把一层窗户纸捅破了。再看马未都说陶瓷，他说到明初青花瓷中常有黑斑，这究竟是何原因？原来青花瓷在整个明朝是瓷器的主流产品，郑和船队带回了制作青花瓷所用的"苏麻离"青料，使明青花瓷更臻完美。但当时由于进口青料含锰量低，含铁较高，因此，常在青花中出现黑斑疵痕。这一点正好作为鉴定明初青花的依据之一。

敢于言"利"，是这套书的又一特点。字画、古玩本身除了有收藏、鉴赏价值外，还有可观的市场价值。通过市场交换(当然要合法)，才能使收藏不断得到丰富，这本来是正常的事情，但又是收藏者和一些著书者讳莫如深的问题，一则可能是避俗，二则可能是为了谋利。而这套书却打破这个禁区，讲到各种字画、古玩合理的价格应是多少，并预计哪些物件升值的幅度是多少，这对初涉这一行者有很大的参考价值。张德祥说："文物只有在流通中体现出价值，还是进行爱国主义教育的最直接手段。"他主张"藏宝于民"，这是很有见地的。

这套书中涉及许多古玩的鉴定和对若干书画家的品评，自然见仁见智，难免有个人的见解，有些还可以再商酌。但作为字画、古玩收藏的入门书，确实是值得一读的好书。即使您不想或者无力成为一个收藏家，在这里作一番神游也是极为有益的。

本文原载《光明日报》1994 年 3 月 11 日

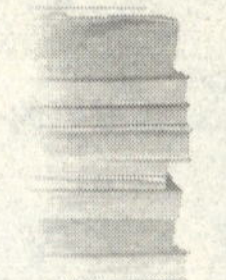

可怜原来不读书

中国人终于有了堂堂正正致富的机遇，这自然是幸事。但发财以后，如何再以智力助财力？却是许多人没有细想的问题。曾经有“大款”以自豪复自嘲的口吻说：“穷得只剩下钱了！”这是物质富裕、精神贫困的真实写照。有些人全身名牌，却胸无点墨；许多家庭家电俱全，却没有一本书。尤其值得注意的是，不少相当级别的干部，除了公费发书之外，竟终年不买、不看一本书，这种情况即使在文化机关也不鲜见。至于有些明星佳丽不知中国“四大发明”为何物，早已不是新闻。慨叹之余，活剥打油诗一首录以赠之：身驭“蓝鸟”绝尘去，珠光翠围过闹市，紫衣凤冠遮空腹，可怜原来不读书。

我国每年图书消费，如按人口平均，仍属低水平，人均不到六本，其中近一半是课本，农村购书，除去年画，人均只有一本。这种状况，已严重影响人口素质的提高，也直接影响生产力的提高。提倡读书，使人人“知书明理”、“知书识礼”，首先要从干部做起。江泽民同志语重心长地指出：“我们的干部，无论是学社会科学的还是学自然科学的，无论是毕业早一点的还是近几年走出校门的，都有重新学习的必要。”现在在江泽民同志倡议下已编写出版了《现代科学技术基础知识》(干部选读)，这实在是利国利民的一件好事。为了进一步提高干部、群众的素质，特别是为 21 世纪准备合格的人才，笔者建议尽快编写一套《新时期干部必读》，内容应包括文史哲经法律的基础知识。当年在延安编写的《干部必读》，曾哺育了一代英才，文武结合，打出了一个新中国，今天新编一套有中国特色社会主义的《干部必读》，将给我们新的长征提供无穷的精神力量！

本文原载《人民日报》1994 年 5 月 6 日

朝花夕拾香如故

出版人是游走于当代与历史之间的“场记”，他的身份与导演和演员不同，一向讷于言而敏于行。从古至今关于出版人的行状和书里书外的故事很少流传于世。《出版史料》的面世使读者多少看到大戏后边的舞台，手艺后面的作坊，也看到了出版人的艰辛。据笔者所知，在全国9 074种期刊中，这是唯一的出版史料刊物，因此弥足珍贵。比起其他五光十色的刊物，它并不显赫，更谈不上华贵，但却更加执著。谁会注意黑土？但这却是鲜花的根基，粮食的母亲。因此，每当我捧读《出版史料》时，总有一种沉甸甸的感觉。

说起这本刊物的前世今生，令人感慨。20 年前，宋原放先生主编的《出版史料》在上海出版，内容丰富，为海内外称誉，后因故休刊。在新世纪开局之年，经过老出版家王仿子先生热情说项，多方呼吁，积极筹划，得到新闻出版总署、民进中央和中国出版工作者协会的大力支持，2001 年终于在北京重新出版。开明出版社明知这类刊物不赚钱，每年赔进十几万元慨然承诺出版，令人感佩。

《出版史料》以季刊形式面世，至今已出 12 期，它以刊载亲见、亲历、亲闻的重大事件和新发掘或新整理的出版史料为主，旁及掌故、佚闻，内容翔实丰富，有许多重要史料为首次刊发，更显珍贵。如邹韬奋先生挚友、生活书店创办人之一徐伯昕在 20 世纪 40 年代撰写了《韬奋先生的一生》，是一份极其难得的文稿，作者生前从未发表过。经过伯昕先生哲嗣徐敏整理后，交《出版史料》首次发表。在伯昕先生遗物中还发现了一篇与《邹韬奋先生遗嘱》不同的“遗嘱”。据邹韬奋之女邹嘉骊研究，

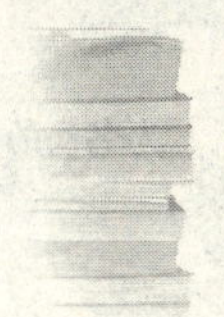

这是韬奋遗嘱的原始版，它让我们重温了韬奋对革命事业的不懈追求，对中国共产党的热情向往，以及为人民利益鞠躬尽瘁的伟大精神。

毛主席 1949 年 10 月为新华书店出版工作会议题词"认真作好出版工作"，人们耳熟能详。邓小平同志 1950 年 11 月任中共中央西南局书记时，为新华书店西南区分支店会议题词，知道的人就不多了。当年同时题词的还有刘伯承同志。《出版史料》详细披露了这段史实，并刊登了小平同志题词的手迹。黄涛写的《中国高层领导与〈星火燎原〉》，记述了小平同志和其他领导同志对军队出版工作的关怀。这套书的出版经历了二十六个年头，其间经过与"四人帮"的激烈斗争。重温历史，金戈铁马如闻其声，使人备受教育。

与中国版协学术委员会部分委员合影(2005 年 7 月)

新中国成立以后，在党的领导下，出版事业主流一直是健康向上，蓬勃发展的。但也走过一段曲折的道路，"大跃进"和"文革"就是一个严重的教训。在那段历史时期中，出版事业如何被殃及池鱼，今天人们已经相当模糊了，40 岁以下青年人更以为是天方夜谭。出版史专家方厚枢陆续整理、撰写了《"大跃进"年代的出版工作》、《"文革"时期古籍及研究专著出版纪事》、《邓小平关心出版工作的一件事》等文章，披露了许多鲜为人知的史实。其中讲到“大跃进”时，违反出版规律，废除书稿“三审制”，许多书稿初校后就付印，大批粗制滥造的书稿得以出版。如有一本书说：“过去只读过一年书的妇女，两天半的突击就认识了1 800字”，有一个女工“竟在一小时内学了363个字”等等。发行工作也大放“卫星”，福建某县出动了1 600名文教干部、教师，苦战十天，竟然发行和征订小册子180万册。这种浮夸的出版风造成了严重后果，1958年某大城市新华书店因盲目追求发行数量，积压的图书就达4 110万册。周恩来总理和中央宣传部为纠正“大跃进”中出版方面的严重偏差，作了指示。中共中央于1959年3月30日专门发出通知，指出：“一切出版物的出版和发行，必须有目的、有计划地进行，必须首先注意质量，考虑它的实际效果，决不要为出版而出版，为发行而发行。”这个“通知”提出出版物必须坚持质量第一的方针，有着深远的指导意义。

缅怀和学习老一辈出版家的崇高品德和敬业精神的文章比较多。其中老出版家王仿子和范用关于发扬韬奋精神的文章情理交融，尤为感人。叶老哲嗣叶至善怀念叶圣陶先生的系列文章，栩栩如生，如陈醅新酿，回味无穷。袁亮回忆包之静的文章，使人看到一个坚持真理的共产党员的风骨。老出版家王益《我的自述》一文，告诉人们什么叫生活书店优良传统，感人至深。长期担任出版界领导工作的宋木文，写了怀念陈原的文章，深情地回忆了陈原在拨乱反正这一特定历史时期以大智大勇的气概与极“左”思潮作斗争的史实，使人感受到学者陈原“书生意气挥斥方遒”的风貌。针对三联书店的蒙冤与昭雪，作者深有感触地说：“一个出版单位的命运，也常常同国家的大气候相联系”，道出了“国运盛则出版兴”的道理。

改革开放后，迎来了出版工作的春天。《出版史料》发表了巢峰的《〈辞海〉的编纂和修订》、金常政的《中国大百科全书的创建》、张静山的《盛世修典继往开来——〈续修四库全书〉编纂缘起》等等。这些文章翔实地记载了新时期出版工作的盛况，反映了出版人为建设先进文化所作的努力。

《出版史料》从2001年至2004年底已发表了三百多篇文章，在一篇短文中不可能详细介绍。仅从上述事例中就可以看出这刊物的史料价值，它以亲历、亲见、亲闻的手法，为读者描绘了出版史的长卷，记载了出

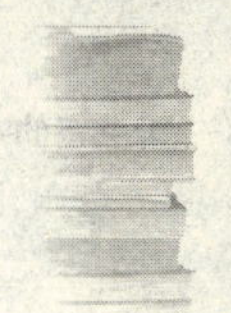

版人的光荣与梦想，奋斗与艰辛，成功与失误，这是一份值得珍视的文化遗产。它也是一口深井，清泉永无穷尽。

行文至此，忽然想起了鲁迅先生在《且介亭杂文》序言中所说的，他的文章“当然不敢说是诗史，其中有着时代的眉目，也决不是英雄们的八宝箱，一朝打开，便见光辉灿烂。我只在深夜的街头摆着一个地摊，所有的无非几个小钉，几个瓦碟，但也希望，并且相信有些人会从中寻出合乎他的用处的东西”。鲁迅先生的道德文章，高山仰止，《出版史料》当然不及，但文章求真务实，如瓦碟，如小钉，对人们有益，有用，这颗心是相通的。在静夜里，我仿佛见到《出版史料》执行主编吴道弘先生又在挑灯编稿，摆弄“瓦碟”，为了出版界灿烂的明天，吴老今夜无眠。

本文原载《光明日报》2005 年 2 月 24 日

一本刚破译的密电码

写下这个题目忽然又踌躇起来，既不是写惊险小说，又不是写战地通讯，何以用这个题目写书评？然而读了张志强副教授主编的《非法出版活动研究》这部专著后，感到这样命题才切题。

非法出版活动古已有之，于今为烈。这一方面自然由于印制手段的不断革新，一方面更由于发财欲望的空前膨胀，其背后也不乏有某种政治阴谋的黑影。技术＋财力＋阴谋使非法出版物如水银泻地，无孔不入，屡禁不绝。据有的专家估计，非法出版物侵占我国出版物市场的份额每年约有100亿元之巨，它对思想、文化方面造成的戕害更难以估计。因此，打击非法出版活动既是维护文化市场健康发展的重要举措，又是维护社会安定和政治稳定的重要举措。

翻开非法出版活动的案卷，犹如一部灰色的社会档案，形形色色的案犯，无奇不有的案例怵目惊心。其中有引发19个省、市、自治区部分穆斯林群众抗议的《性风俗》；有充斥淫秽、色情内容的《从面相看女人》、《玫瑰梦》；有丑化党和国家领导人、宣传错误的思想和政治观点的《毛泽东的儿子毛岸龙》、《十年改革怪现象》、《文革名人风云录》等等。非法光盘又成为传播淫秽、色情、暴力等内容危害最大的载体。据北京、浙江、山西省榆次市少管所调查，少年犯中的性犯罪罪犯，几乎百分之百是受“黄毒”影响而走上犯罪道路的。社会上有识之士强烈呼吁“救救孩子”！其声也烈！其情也迫！

新中国建立以后，从1950年开始，我国政府对非法出版活动就采取整治和打击的措施。改革开放以来，新闻出版管理部门加大了打击非法

出版活动的力度。

非法出版活动屡禁不绝的原因何在？就像一本密电码急需破译。张志强副教授从1996年3月开始，历时两年多，作为第一撰稿人完成了这个国家社会科学规划基金资助项目——非法出版活动及其对策研究，共同完成这个科研项目的还有林江、顾传彪、赵从旻、徐海等同志。这五位撰稿者，后四位都是新闻出版行政管理部门的工作人员，而且曾是“扫黄打非”行动的亲历者，他们既熟谙政策法规，又有实践经验，因而最终破译了非法出版活动的“密电码”，这个密电码的组成包括政治、文化、经济原因及国际反华势力和境外不法分子的介入以及我国相应的法律不健全等14个部分，如此详尽、透彻的分析，在同类著作中属于首创。掌握这些线索，对于深挖和打击非法出版活动有重要意义。在本书的最后部分，作者提出了强化“打非”活动的具体建议，从机构、制度、法治、联防、市场管理等14个方面提出可行性意见，对于加强今后工作具有指导意义。

本文原载《中华读书报》1998年12月23日

邂逅张中行先生

被称为未名湖畔三雅士、国学大师张中行先生已驾鹤西去。先生之风山高水长，无论对先生有无亲炙之人，都敬佩先生厚德之风、雅致之文。随着先生的远去，五四最后的遗韵也渐行渐远，令人有“无可奈何花落去”之感！

晚辈如我者，与先生素昧平生，我是看了《读书》杂志的介绍，才知道有这么一位大师的。但 1994 年 2 月 5 日，一次偶然的机会，竟使我有幸见到了张中行先生，并蒙他厚爱，亲笔题字送我一本他的新作《顺生论》。说起那次机遇，还是《中国新闻出版报》记者陈复尘给我提供的。彼时我还在报社供职，复尘兄告诉我说，北师大出版社有一个启功先生著作的新书发布会，问我愿不愿意去？并说可能见到张中行先生。我欣然表示愿意去。在会议开始前，门口进来一位衣着朴素的老人，气质儒雅，有一种内敛的力量。复尘兄介绍说，这位就是张中行先生。我马上趋前表示敬意，送上名片后向中行先生表示，不久前刚读了他的文章，感佩至极，又告诉他，为了买《负暄琐话》，我被北京外馆东街一家小书店的老板狠狠敲了一记竹杠，那个店主说这本书太紧俏，必须搭买五本杂志，我求书心切，只好接受这个条件。中行先生听后哈哈大笑说还有这样的事。随后他从自己一个挎包里拿出一本《顺生论》，并写了题签将书送给我。这时我心里的感念真有飞来福之感。当面谢过之后就开会了。

会上启功先生依然用谦逊幽默的语言讲自己的著作本不足道，承中行先生抬爱，大多由他写序，这书才有点看头。中行先生则像老小孩那样眯起眼睛嘿嘿一笑，说他的书大多请启老题署书名。这两位大师就这

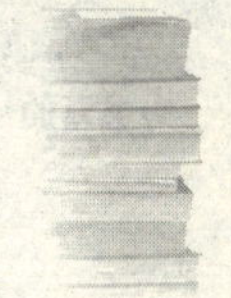

样亦庄亦谐地进行交流，没有豪言壮语，也没有故作惊人的作秀。作为晚辈的与会者在散谈中分明感到英气逼人。这是一种文化潜质的挥发，是一种潜移默化的力量。这一天，我还得到了启功先生的两本著作和一本郑板桥集，真可谓是满载而归。

大约过了一个多月，有一天傍晚，中行先生突然给我家里来了一个电话，说他有一部书稿，有一个朋友介绍他可用香港书号出书，问我这样做行不行？我告诉他在内地出书不能用香港书号，建议他老人家不要答应此事，还是找内地正规出版社出书才好。这是我唯一一次与中行先生电话联系。

之后，我在书店里一直注意有没有中行先生的新书面世，可以说见一本买一本。我感到印得最好的是内蒙古教育出版社 1995 年出版的那本《张中行选集》，至今所有版本中无出其右者。中行先生晚年名声越来越大，出版社约稿出他的书成为一种幸运，因此中行先生的作品逐渐为许多读者所熟悉。这是作者之幸，更是读者之幸，可惜的是，我们出版界发现中行先生这个知识宝库太晚了。

类似中行先生命运的老作家也许还有，出版界有心人应该留意挖掘，这在某种意义上说，也是一种文化抢救工作。比如说，有些老作家、老出版工作者有一肚子珍贵的史料和掌故，应当争取时间把他们发表出来，这是嘉惠后学功德无量的一件好事。

2006 年 3 月 7 日

本文原载《出版史料》2006 年第 3 期

雪 夜 乱 弹

雪夜迎客到，疑是彩云归。

近日，一位世兄来访，雪夜无事茶当酒，兴之所致，随意神聊。电视里正映着《割须弃袍》，于是从《三国演义》聊到《北京人在纽约》，从《炮打双灯》跳到《东归英雄传》，感到影视界这几年苦苦求索，出入于雅俗之间，小心翼翼地向老少爷们伺候着，又要“可口”，又要“可乐”，诚属不易。有些影视片出手不凡，比如几部重大革命题材影片，气势恢宏，人物传神，难能可贵，在世界电影史上，应有一席之地。

世兄生性诙谐，又好苛求，三杯碧螺春下肚，老毛病又犯了。他说，寻常看影视片，他有几样东西必备，我笑问何物？他屈指算来，一曰小眼罩，二曰老头乐，三曰老皮袄，四曰安眠药。此话怎讲？世兄款款道来：他家有个六岁的孙子，早慧而多问。影视中常有美女入浴和床上打滚的镜头。童心好奇，就问：“爷爷，阿姨干嘛洗完澡就打架呀？”没办法，这时只好让小孙子戴上眼罩歇会儿。“老头乐”是留着自个儿用的，有些相声枯燥无味，只好借助“老头乐”自个儿挠痒痒，以博一笑。老皮袄则用于小品专场，有些小品内容无聊，人物猥琐，看了浑身起鸡皮疙瘩，为防受寒，只好披上老皮袄。我问：那么安眠药给谁预备着？世兄长叹一声说：“有些港台影视片，纯属胡闹，爹不是爹，娘不像娘，看了这种片子气得睡不着，不吃安眠药能行吗？”

话是有点过头，权当是雪夜乱弹，反正也不上税。新春将至，总得说点好话，于是两个老头又凑了几句，作为“新春三愿”：

一愿多点生活，少点杜撰。柯灵先生有言：“无论多大的作家，如果

不幸陷于虚假，就必定导致在艺术上缴械。”(《遥寄张爱玲》)君不见众多大腕儿，尽管才高八斗，终因闭门造车，引来倒彩，殷鉴不远，不必多言。

二愿情趣高雅，眼光离开脐下三寸。须知大千世界，芸芸众生，可写之事多矣，除了男女关系，至要者还有生产关系，至亲者还有友情亲情关系。若专盯脐下一点，未免俗而滥矣！

三愿精心献艺，慎勿急功近利。精品永远是穿越历史的“绿卡”，只有淡泊名利、心存高远的人，才有希望攀登艺术的高峰。

祝愿已毕，曲终人散，权当是小小的贺年辞吧！

本文原载《戏剧电影报》1995 年 1 月 13 日

假 戏 假 做

写下这个题目，您一定认为这是超级废话。其实这确是有感而发，起因是看了《意大利式的战争》之后。

这部电影从头到尾透着一个“假”字，但却像有个鬼魂似的勾引着你，忍着眼皮打架，时近子夜时分，还非看完不可。这部片子情节荒诞，人物荒唐，也没有酥胸大腿之类，但却能紧紧抓住观众，让你在笑声中看到美国式的幽默。它把一场反法西斯战役演绎成一部闹剧，却把正义战胜邪恶这个严肃的主题留给观众自己思考。它的成功就在于构思的巧妙，在手法上坚持“假戏假做”，结果却达到了惊人的真实。这看似悖论，却道出了娱乐片创作的奥秘。这里用得上恩格斯的一句名言：“倾向性不要特别地说出。”

反观我们的许多影视片，为了演绎一个主题，明明是虚假的内容，却偏偏用一本正经的手法作声嘶力竭的说教，令人乏味。一说到娱乐片，又成了美女加武打的大杂烩，戏不够，“裸”来凑，令人倒胃。这些片子各有各的毛病，在表现手法上就是“假戏真做”，结果越做越不像，破绽百出，让观众想乐乐不起来，想哭哭不出来，能让人憋死。

假戏真做在其他剧种也有过尝试。比如唱《小放牛》，牵真牛上台，《徐策跑城》时，竟叫徐老太爷在长城中转圈儿，在《火烧红莲寺》中出现了机关布景。结果只留下了笑柄。

影视剧是一门空间艺术，应该让观众有自己想象的余地。除了纪录片和史诗式的正剧应忠实于历史外，艺术片、喜剧片都不妨放开手脚“假戏假做”。这个“假”是提炼生活之后的艺术创造，做到“意表之外，情理

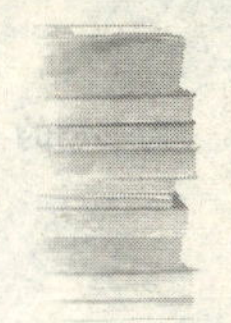

之中”，这才有“戏”。自然，它的情趣应该是高尚的，手法还须是个性化的。

作为娱乐片，《意大利式的战争》自然够不上经典之作，但它的表现手法也许可以给我们一些启示。

本文原载《戏剧电影报》1995 年 2 月 4 日

东亚武夫

中国功夫甚是了得。据说有一位中国留洋学子在纽约遇到劫匪，他急中生智，立刻作了一个骑马蹲裆式，口中大喝一声“呀呀呸”！吓得劫匪落荒而逃。其实这是挺危险的，幸亏劫匪没带勃朗宁，不然一枪打来，纵然不至于七窍流血，也得受点皮肉痛苦。

英雄总是所见略同。近些年来，凡是古装片，十有八九都是刀光剑影，筋斗入云，美其名曰中国功夫。英雄的编剧又碰上英雄的导演，于是复制出大同小异的武打片。其基本程式是：两个或几个结怨甚深的门派，或为夺艳，或为争宝，或为抢权，打得死去活来，不争气的仇家儿女却私订终身，双飞双宿，于是以情化仇，相逢一笑，观众也得到大团圆的喜悦。中国功夫无丽不臻，有美皆备，真可谓“武打是个万宝囊，各种剧情往里装”。六岁的小孙子看了《倚天屠龙记》，好奇地问：“爷爷，外国人说过去中国人是东亚病夫，咱们武功这么棒，为什么不叫东亚武夫呀?”是啊，这究竟是历史的错位还是影视的误导呢？

英雄的观众也不少。曾有一些观众感到看《三国演义》电视剧不过瘾，因为武打没有打出“花”来。殊不知在北宋以前，世界上只有冷兵器，无非是弓箭、刀、枪、长剑、大锤之类，本事再大，水陆攻战就这么一些套路。何况兵书上早就有言：“攻心为上，攻城为下”，在战术上还有“四两拨千斤”之说，并不是一味斗勇才算骁将。试看历史上几个著名战役，如官渡之战，淝水之战，哪个不是以斗智取胜？如把《三国演义》搞成武打片，火爆则火爆矣，难免会走火入魔。

武打片还有侵入现代戏的趋势，如《赌王》的功夫也甚是了得。作为

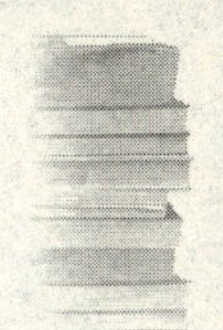

娱乐片，适当拍一点武打片自无不可，但一味打斗，屏幕上一片杀伐之声，暴戾之气，也非善举。

有什么样的剧目，就会培养什么样的观众。希望我们的编导先生开阔思路，多一点戏路，不必都奔“东亚武夫”这条路。

本文原载《戏剧电影报》1995 年 3 月 10 日

第三辑

文思飞絮

往事且付红尘

——图书实行计划分配制度忆往

从20世纪90年代开始，我国已跻身世界出版大国，现在每年出书近20万种，占当年全世界出书总品种将近1/4。营业面积超过1万平米、品种超过10万种的大书城在我国就有23座。“买书难”的问题，早已基本上得到解决。

很多人并不知道，在1962年～1985年左右，我国曾对大部分图书(除课本外)实行计划分配制度，就像粮、棉、油等物资一样，从上到下定量供应。在十年动乱中，买书更加困难。1972年9月中日两国会谈恢复邦交时，毛主席曾送一部《楚辞集注》给日本首相田中角荣。当时周总理也急要这部书，一直遍寻不得，只好派人到新华书店北京发行所(以下简称“京所”)书库去找。1974年邓小平同志办公室为买《红楼梦》，专门派秘书到京所，按“特需”才能买到。我国首任驻日、驻美外交使节买书也要到京所按内部现销才能解决。今天谈论这些事好像是天方夜谭，但这确实是真事。

图书实行分配办法的来由

1962年春天，笔者奉京所领导之命，随同靳占一同志到河南、陕西、山西、内蒙古进行图书市场专题调查。后来才知道这是上级主管部门下达的任务。早在1961年2月25日，文化部发出通知，由于造纸原料、电力不足等困难，经中央批准，1961年全国报纸和刊物用纸数量压缩35%，一般书籍压缩40%。同年10月15日，文化部党组向中央报告，提出为保证课本印刷，报刊、图书必须进一步压缩的建议。中央同意这个报告，并作出批示，今后出版书籍，种数要适当多一些，但数量必须严格控制。印数1万册以上的要报主管领导机关批准(以前印数均由出版社自行决定——引者注)，印10万册以上，中央级出版社要报中央文化部批准，地方出版社须经有关宣传部批准。同年12月11日，文化部针对图书供不应求的严重状况，又发出通知，要求合理分配图书。

跟随国家出版局边春光(左四)在东北检查工作(1986年8月)

为了落实中央批示和文化部通知精神，新华书店总店在1962年春天，要求北京发行所派出调查组对图书市场进行专题调查。当时我们到豫、陕、晋、内蒙调查时看到，一般县书店综合门市部只有三四千种书，且多为小册子，真正有分量的书很少，省会以上大城市也只有近万种书。图书内容千差万别，又不能完全像粮、棉、油那样按人口平均分配，根据什么进行分配？这个难题成为书店的"哥德巴赫猜想"(当然，这个名词是后来才安上去的)，调查组苦苦寻找解决的办法。当时我们深入到县、市书店、供销社、学校、机关、工矿企业，甚至到农户进行了为期两个月的调查，主要从四个方面摸清情况：(一)公费购书与自费购书的比例，当时公费购书比例高达70%。再分出公费购书中必保的是什么书，自费购书中最集中的有哪些品种；(二)购买力水平。经反复验证，我们发现县以下每年图书流转总额(即发行码洋)约占社会商品流转总额的5‰，大中城市为8‰，城乡平均为7‰。这是一个十分重要的数据，提示我们图书发行量任何时候都不能倾盆大雨，必须考虑购买力水平；(三)发行网点布局状况，即当地发行能力如何；(四)用什么方式分配？图书与其他商品最大的区别，就是存在不同的文化含量，要特别注意它的适用对象，分配时必须区分各地的经济、文化水平。但又不可能每种书定一个分配比例，只能划定几个比例，找出各类书的“最大公约数”。我们把调查结果如实作了汇报。新华书店总店综合各方面意见后，向文化部提出了可操作的分配方案。1962年5月14日，文化部发出《关于试行〈新华书店北京、上海发行所图书分配办法〉的通知》。“办法”中规定，根据图书的不同内容和城乡地区间不同需要，划分图书发行范围，京沪版图书共制订八个分配比例。其中常用的有三个比例，即(一)以城市为主，(二)以农村为主，(三)城乡并重比例。需要说明的是，在六七十年代，我只是京所的一名科员，上述几个重要文件是如何制订的，我并不知内情，当时也没有看到文件，只是按传达的精神去执行。试想一下，印1万册图书，按2 200个县分配，每个县仅得3本～4本，京、津、沪及省会城市也只有各50本～100本左右，实在是杯水车薪。在“文革”中，能发行的书就更少了，有的小学校连最必需的《新华字典》也严重不足，300个学生仅有7本。1978年3月，国家出版事业管理局为尽快扭转“四人帮”造成的严重书荒现象，决定组织重印35种中外文学名著，每种印30万册～50万册，仍由京所分配供应。许力以副局长代表国家出版局专门召开座谈会，对分配比例作了微调，决定对京、津、沪增加供应。这批书投放市场后，引起巨大反响，北京很多读者通宵排队，王府井书店玻璃柜被人挤破，最后不得不请警察维持秩序。外地有的读者为了买到渴望已久的书，不惜当场脱下“涤卡”上衣换钱买书。图书分配办法一直持续到1985年左右，随着短缺经济时代的结束，这种不得已的定量分配办法才彻底停止执行。

首长买书曾按特需供应

在20世纪70年代，首长想买什么书也不能随处买到。其中一部分书由于内容及印数限制，采取“内部发行”办法，分为省军级、县团级、一般内部发行三类，有一套特殊的供应办法。更有一个大字本专库，为毛主席供书。这是特需供应的另一种形式。内部发行工作笔者没有参与，希望知情者能够撰写。这种发行办法古今中外是独一份，很值得作为史料存真。

在图书计划分配中，又派生出一种“现销书”供应办法，实际上也是一种特需供应，即京所留存一部分畅销书，由经理特批才能出售。据京所原经理王鼎吉说，《马克思恩格斯全集》、《列宁全集》除分配以外都是这样供应的。《二十四史》标点本一直供不应求，京所专门留出 500 套以供特需。四部古典文学名著和国别史等书，现在随处可见，而在 70 年代也要经特批才能买到。笔者当时曾一度经办此事，深有感触。1974 年时，邓小平同志办公室派秘书王瑞林到京所，他提出要两部《红楼梦》，其中一部是首长的亲属要的，问能不能解决？我请示经理后同意售给。有一天，中国首任驻日本大使陈楚在商务印书馆负责人汝晓钟陪同下，到京所找有关日本的史料。在等候取书时，陈大使还信笔写下了《水浒》中宋江在浔阳楼题写的反诗一首：“心在山东身在吴，飘蓬江海漫嗟吁。他时若遂凌云志，敢笑黄巢不丈夫。”我们战战兢兢不知主何兆头(因当时已开始批《水浒》)。又有一次，中国驻美联络处外交官谢启美拿了联络处的介绍信到京所，他见我略有迟疑，就说：“请你看清楚了，我是中国驻美国联络处的，不是美国驻中国联络处的，到这里找几本书可以吧?”无奈当时有关美国方面的书太少，他很不满足地买了几本书走了。还有一件至今使我感到歉意的事是这样的：1973 年时，有一个小青年找到京所，拿着介绍信，说是中国驻非洲某国大使冯于九要买《战争风云》(一部美国小说)，我说这套书只有冯大使才能买，你买不行。他说自己是冯于九的儿子，当时我怕担责任，坚持不卖给。他很失望的样子，时隔三十多年我还记得。在“四人帮”肆虐期间，一个青年不去胡折腾，想办法找书来读，是一件多好的事情，而我却无情地撕碎了他的梦，每念及此，常怀歉意。这位青年如今已过天命之年，想必也有自己的叱咤风云了。

怀旧意在立新，往事且付红尘。让我们拂去历史的尘埃，以加倍的努力去书写出版史上新的一页。

本文原载《出版史料》2005 年第 1 期

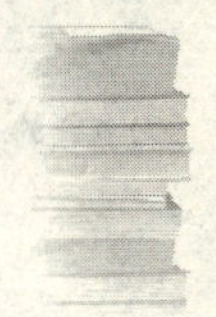

峥嵘岁月忆“新华”

2007 年 4 月 24 日，是新华书店成立 70 周年纪念日。为进一步继承新华书店优良的革命传统，弘扬延安精神，在新时期重塑“新华”形象，更好地为促进先进文化建设服务，新华书店总店决定在全店开展纪念新华书店成立 70 周年征文活动。作为一名曾在新华书店工作过 30 年的老职工，对店庆活动表示热烈的赞同。岁月无痕催人老，回忆在书店工作的情景，仍然十分激动，是书店哺育了我，使我在人生旅途上一直与知识为伴，从此一生与书结下了不解之缘。

1951 年 11 月，我由上海到北京，年方十六，考入了当时由三联、中华、商务、开明、联营书店共同组建的中国图书发行公司总管理处当练习生，1954 年 1 月，中图公司并入新华，成立新华书店北京发行所。在党的领导和教育下，我有幸参与了书店的多项活动，受到了锻炼和教育，在这里入团、入党，由一个不懂事的孩子成长为中层干部，直到 1985 年因组织调动，到国家出版局(新闻出版署前身)工作。回忆当年在书店有几件事至今印象深刻，教育良多，终身受益。

在调研中锤炼干部

在书店工作时，印象最深的是频繁出差，受组织委派，我跟着书店领导同志先后去过 25 个省、市、自治区一百多个县、市，深入到边境、牧区、农村、大漠深处和沿海城市，了解了许多第一手材料，不但改进了工作，而且受到了锻炼。记得 1955 年受国家民委和新华书店京所委派，我跟着刘广恩科长第一次去内蒙古几个旗、县调研，目的是要弄清为何主动派发给内蒙古的藏文画报销量大大高于新蒙文画报？经调查才知道当时蒙区刚推行新蒙文（类似俄文），而看画报的干部大多只识旧蒙文，寺庙僧众大多识藏文，而新蒙文主要在中小学推广，购买者很少。调研结果报告民委，书店随即调整了画报不同文种的发行布局。1961 年，受文化部和总店委托，我跟着靳占一科长带着总店拟订的图书分配比例方案（初稿）去四省两市调研，到山西万荣县时，了解到当地严重水荒，一担水竟要 8 角钱，使我看到在一些农村县生活的艰难，认识到分配图书必须慎之又慎。1962 年 5 月，文化部批准了经总店认真审核调整的《新华书店北京、上海发行所图书分配办法》。这项办法一直沿用到 20 世纪 80 年代末，是改革开放前书店分配紧俏图书最重要的文件。在 70 年代，西北某个书店大量订购高科技图书，还多次订购危险货物运输手册。京所领导敏感地认识到该地可能是一个重要的科研基地，要求我们认真从订货中进行分析，加强调研，确保供应（当时叫做订货审核工作）。后来证明那里是一个卫星发射基地，由于书店供应及时，保证了国防和科研的需要。

努力为农村读者服务

新华书店 85％的网点在农村，如何加强为农村读者服务，一直是书店工作的重点。1965 年 4 月，为适应图书发行面向农村的需要，在总店领导下，京所选定河北新城县（后改为山西洪洞县）新华书店为常年蹲点基地，书店职工分批到基地边劳动，边卖书，边调研。从 60 年代开始，京所就编印《农村书目》，与出版社一起选定适合农村需要的图书，专门供应农村，并协助当地书店建设农村图书室，这项工作一直坚持不辍。主要供应农村的年画发行工作，书店抓得非常紧，每年召开全国年画订货会议，“看样订货”就是从年画起步的，后来发展到其他图书，再后来发展到全国图书订货会，使订货质量大大提高，成为出版、发行体制改革中成果最显著的措施之一。在每年年画订货会上，书店对现实题材、古典题材、欣赏题材和城乡发行比例都作详细分析，并反馈给出版社作选题改进参考。笔者当年长期写会议简报，在这项工作中受到了锻炼，对以后的文字工作有很大帮助。

向出版社学习，在实践中提高

社会上流行一种说法，说书店工作人员文化低，什么都不懂，报上还登出说书店订货是“小辫子专政”的讥讽文章，这是一种以偏概全的意见。据笔者亲历，当年京所在提出重要图书订数前，都由进货人员登门向出版社求教，弄懂这本书的特色和作者的概况。我们曾多次到人民美术出版社，直接向责编了解中外名画的不同技法，亲眼看宣传画作家怎样作画，了解什么叫水粉画，什么叫彩墨画等等。看样回来，经书店领导审批后，提出订货 5 万张或 10 万张，从未发生积压的状况。搞科技书进货的同志，还常常请出版社编辑讲课，掌握科技基本知识。北京西单科技书店有两位先进工作者，一位叫黄腊荣，对科技书了如指掌，一位叫臧进敏，对中医书深有造诣，受到读者的热烈欢迎。这些基本功是常年学习和刻苦钻研的结果。

在新华书店总店领导下，1983 年 10 月，京所接受武汉大学图书馆系四位青年教师到书店培训和实习。高起成经理、宋金熹主任等亲自授课，笔者与李俊杰、严大中等同志一起参与编写教材并讲课。后来武汉大学在这个基础上建立了图书发行专业，其中有的教师现在已是博士。总店原总经理汪轶千还担任过武汉大学图书发行专业兼职教授。郑士德原副总经理撰写出版了我国第一部《中国图书发行史》，京所原经理王鼎吉已编著出版了九部有关出版、发行业务知识以及汉语语言文字的研究著作。这些事实都说明新华书店既注重向出版社学习，又注重理论研究。书店就是一所没有围墙的大学，既雪中送炭，又火暖自身，决不像某些人所传说的是没有知识的白丁。

从土技术革新到高科技装备

1959 年，被人看作是“土包子”的书店职工硬是争一口气，大搞技术革新取得了成功。在京所土专家伏政民、王大贞等同志苦心钻研下，创造了“开票不用笔”的奇迹，首创“配票法”，极大地提高了工效。王大贞因此被评为全国文教系统先进工作者，光荣地出席全国文教群英会。后来在有关单位合作下，储运公司又试制成功机械打包机和配书流水线，从此打包工作变轻松。在总店全力支持下，京所赵国良经理率团赴日本考察，伏政民率调查组在国内考察，之后经国家经委批准，从日立公司进口整套中型计算机。据了解，当时这样的先进电脑设备在全国民用系统只有七台。在各个行业中，书店在高科技设备上走在了前面。

浓浓的同志爱、战友情

新华书店职工的友爱和团结有着优良的传统。曾记得50年代京所就有“互助会”的组织，谁临时有困难在互助储金中马上解决。寒冬未到，工会就张罗给困难职工家中送寒衣。一听说要献血，大家马上抢着报名。更可贵的是，全国新华书店是一家，每次出差到外地新华书店，只要说一声“我是北京发行所来的”，再亮出工作证，就像《红灯记》里李玉和和地下党对上暗号一样，立马成了亲人，住宿、伙食、车票、会议安排，几句话就搞定。这种亲人般的相处使人永生难忘，几十年后回想当年情景依然禁不住热泪盈眶。每想起各地的书店战友总想再问一句：您现在还好吗？难能可贵的是，这种战友情怀在全国新华书店至今仍然保持着，一代一代传承，历久弥新。

与新华书店干部在一起(1980年10月)

在改革开放中再立新功

回忆在新华书店工作30年的经历，真有岳飞在《满江红》词中所吟诵的“三十功名尘与土，八千里路云和月”之感。在改革开放新时期，新华书店既面临着挑战，又面临着机遇。值此纪念新华书店成立70周年之际，我们要继续发扬优良的革命传统，又要与时俱进，以毛泽东思想、邓小平理论和“三个代表”重要思想为指导，以创新精神努力投身改革。书店工作的根本目的是坚持“两为方向”，努力把最好的精神食粮供应给广大读者，为先进文化建设提供理论指导和智力支持。为此，笔者建议，书店要主动密切与出版社的关系，以准确的市场反馈信息影响出版社的选题，使出版社编印出优质的适销对路的出版物；在社店关系上要采取有效措施结成“利益共同体”，少来“三岔口”，多唱“将相和”，达到双赢的目的。在与非公经济书店的竞争中，要树立新华书店品牌，以榜样的力量稳定和改进市场秩序，并要虚心学习他人所长。在服务方面要多方位、多角度为读者着想，把书店营造成一个和谐的文化家园。同时建议出版社充分利用新华书店现有的设备和人员力量，以节约成本。现在放着新华书店大批书库不利用，却出高价租民房存书，既不经济又不安全。如果利用书店代存代发，至少可节约发货费用三分之一以上。这些意见希望出版社的同志参考。

书店和出版社是亲兄弟，祝愿在改革开放的新时期携手并进，为建设和谐社会再立新功！

2006年12月18日

有为才能有位

关于书店该不该占据“黄金宝地”的讨论，多位贤者已有滔论，笔者想换一个角度谈谈“占位”与“作为”问题。

出版发行业属于“外效益”行业，即产品本身绝不可能成为厚利产业，但它对社会产生的效益却难以估算。20 万发行大军辛苦一年，售书 120 多亿元，创造的利润还不及北京几家大商场的利润。如果从企业本身效益而言，当然难以比肩。但图书辐射的社会效益和经济效益却是“无穷大”，且不说革命理论对推动历史的巨大作用，就以李四光的地质理论而言，书的单价仅值数元，但却使我国从此摘掉贫油国的帽子。爱因斯坦的《相对论》，法国的茹勒和荷兰的泰肯斯等人创立的《浑沌学》，则给人类打开了一个全新的认识世界。一本技术标准只值几角钱，却使工厂创造出千百万元的利润。从这个意义上讲，图书的作用，书店的贡献，岂止是黄金效益。因此在城市建设中，给书店安排到重要位置上，是国家的宏观利益所在，并不是给书店吃偏饭。

但问题还有另一个方面。读者对书店的意见主要不在“占位”上，而在“作为”上。比如，全国每年国家级、省级获奖图书在 1 000 种以上，在书店难见踪影；每次书市和展销会，都有上万种新书露面，但平时在书店很难买到；一本新书出版后，即使在北京市，除了少数重要的政治读物外，从入库到门市部出售，竟长达一个月；许多传统服务项目(如邮购、电话送书、大篷车下乡)大多已自动取消。书店对重要的文化活动似乎缺少敏感和预见性，如纪念文化名人的诞辰，书店几乎毫无动静。因此读者感叹：从书店里难见世界的广阔，历史的浩瀚，文化的深沉，占

了好地而效益不理想，太可惜了！

诚然，现在国营书店有许多困难，有些是体制问题，也有改革配套问题，这需要上级管理部门综合治理才能解决。但许多问题属于本身工作不到“位”所致，只能靠自己努力才能改变面貌。“有为才能有位”，你只有自尊自强，有所作为，才能得到社会的承认。自然，有了位置也能更有作为。愿与书店同志共勉！

本文原载《中华读书报》1995 年 3 月 8 日

阅读成本与“二手书”流通

读书人常常处于两难的境地：为了跟上时代的步伐，不管他拥有多高的学历，曾有多少丰富的阅历，都需要不断学习，以获取最新的科学文化知识，这样他就终生需要不断买书、看书(这里姑且不谈上网浏览，严格地说，靠上网是不能做学问的)。但由此也带来两大困难，一是囊中羞涩；二是居室不大，容不下越积越多的藏书。由于以上两种原因，实际上妨碍了读书人去买更多的新书。笔者虽然读书不多，但在新闻出版界工作几十年，多少有些藏书，也是此种窘境的亲历者之一，因此一直在苦苦思索解困之道，一个月白风清之夜，笔者忽然想到，能不能开辟一条“二手书”流通渠道，使许多人的藏书“活”起来，作为个人，通过“资产重组”达到知识更新的目的，让产、供、销、读各方面都能得到实惠。

有人也许会说：这件事早就有人做了，比如某某书店就在一折八扣地回收旧书；再不济也可以将书论斤卖给废品站。作为一名读书人，对目前这种旧书流通体制实在痛心，除非万不得已，决不肯让藏书得到这样的归宿。

那么出路何在？笔者认为，要使读者手中一部分用不上的藏书活起来，变成“二手书”再流通，可以考虑采取以下几种办法：

第一，在部分书店门市设立“二手书”专架。书店可以按质论价进行收购和降低折扣后再出售；也可以“以书易书”以一定的代价折成购书券(这需要有关部门批准)，只限在本店范围内换购新书。这样读者既可以较低的价格买到需要的书，又不影响新书的销售，因为他把藏书又转化为货币，有能力再买更多的新书。

第二，在建设社区阅览室时，大量收购“二手书”(包括尚有阅读价值的期刊)。这不仅可以节约购书费用，而且使书尽其用，扩大了阅读范围，嘉惠读者，功德无量。

第三，对珍本书采取特殊政策。有些老教授、老专家身后有大量藏书，他们的后代有的因专业不对口，或其他原因，对先辈的藏书已不再需要。这类藏书建议由专业书店按质论价予以收购，有的有特殊学术或版本价值的珍本书，应高出原价收购，或者进入拍卖市场，采取“高进高出”的办法，让这些书再流通。

第四，书店应编印可供书目(包括“二手书”的一部分特别有价值的珍稀图书)，供读者查阅，也可以通过网上传播可供书信息。现在许多书买不到，并不是没有出版，而是读者找不到信息，或甲地缺书，乙地过剩，需要沟通和调剂，书店应该做好中介服务工作。

中国即将加入WTO，其中将对外商有条件地开放图书发行领域。在可以预见的将来，国外书业零售商将进入中国，书店面临的竞争将更加激烈，如何用创新办法搞好服务，是值得考虑的一件事。目前我国每年销售的图书有三百多亿元，期刊有一百多亿元，如果有百分之一的“二手书”(包括期刊)进入再流通，等于增加购书经费四亿元，这笔大买卖谁来做？希望业内人士能抢得先机，既能“火暖自身”，又能为读者“雪中送炭”，何乐而不为？

本文原载《出版参考》2001年第17期

书名·色彩·位置

——关于图书营销的新视角

一本书能够流传下来，甚至千年不坠，当然主要决定于书的思想内涵和它的科学文化价值。但能否传播很广，与书名的简练、生动、准确很有关系。

笔者在接触大量图书之后，发现一个有趣的现象，这就是古今中外名著(主要指文学作品)，书名很少有超过七个字的，其中四个字的占多数。超过七个字的书名因不便记忆而影响销售及传播。这是不是人类记忆的阀门？现在还没有更多的科学依据。但从目前查到的资料看，这也许是一条规律。江曾培、郝铭鉴、孙颙主编的《文艺鉴赏大成》(上海文艺出版社 1988 年版)一书介绍的 100 部中外文学名著(名篇)中，书名在四个字以内的占 68 种，超过七个字的只有 5 种。再看王余光、徐雁主编的《中国读书大辞典》(南京大学出版社 1993 年版)中列举的 176 部古今中外文学三部曲(包含 528 种书)中有 94%的书名在七个字以内，其中有 62%的书名在四个字以内。但值得注意的是，近些年出版的文学书中，书名往往长而别扭，不易记忆。社科和科技书中，书名冗长者更屡见不鲜，有一本技术标准书，书名竟长达 64 个字，谁能记得住？当然，一些实用性书籍，书名不可能只用几个字概括，但也以简洁明快为宜。

书名应当喜气、祥和，符合中国人的阅读习惯，这才易为读者接受。前几年有一本内容不错的小说，却取了一个《非生理性癌扩散》的书名。还有一本短篇小说选，用《花脚王开棺》作书名，像这样的书名能招人喜欢吗？

“看书看皮”，曾经被人当作贬义词，但要给一本书做一个美观大方

的书衣(封面)并非易事。仅从色彩而言，最佳配色自然是明黄配黑字，这就可以明白为什么所有领袖著作都用此作封面的道理。最庄重的配色还可用白底配红字，这是党和国家政策文件常用的封面。作为一般图书，当然不能千书一面，而应百花齐放，按照不同内容设计封面和调配颜色。但目前相当多的封面色调有的失之灰暗，有的又太艳丽。有些书用黑色或赭色做书脊，再配上蓝字，放在书架上根本看不清书名。有的则大红大紫，再画上妖姬浪女，显得格调低俗。有些书封面常用灰色，使人有压抑感，或者图案混乱，毫无章法，缺乏美感，这些都影响营销。

书名和封面色彩，以及整体装帧设计，都关系到书的气质、品位。中国的出版家和读书人历来讲究“书品”，这个传统不能丢。

有了好书，摆在哪里卖？也大有学问。门市陈列方法需要研究。为何同样一本书在书市上比放在门市部里相对要好销一些？除了其他宣传手段外，在陈列上采取“集中、突出、鲜明”，可能是原因之一，这是一种有效的促销手段。在国外的一些书店里，常设有多种“专题书台”，其中必有“本月新书”专台，使人一目了然。对于好书(尤其是好的新书)，一定要“聚焦”，不要“散光”，这样才便于向读者推荐，这是一条重要的经验。

法国大艺术家罗丹说：“对于我们的眼睛，不是缺少美，而是缺少发现。”对于读者也是这样，许多书并不是他不要，而是没有发现。出版社和书店要千方百计让读者“发现”好书，这方面我们有许多工作可做。

本文原载《新闻出版报》1994 年 6 月 10 日

现在可以说了

——一个卖书人的回忆

写下这个题目，提出了一个悬念：什么事现在可以说了？国事？家事？还是拣亲历的事说吧！

1999年元月2日，旭日临窗，浮想联翩。穿过时光隧道，我仿佛回到了二十多年前，回眸当年买书也要“特批”甚至“走后门”的情况，这奇景着实使卖书人又风光又难受。

1974年，“四部古典文学”刚刚开禁，但市面上踪迹难寻。这年夏天，邓小平同志办公室一位负责同志到我供职的新华书店北京发行所(这个单位是中文书批发中心，曾兼管专供有关领导部门用书)，要求买两部《红楼梦》。当时买这类紧俏书都要书店经理特批，那位经理特别认真，让我问清楚究竟是谁要书？为什么是两部而不是一部？等我问明白了才特批了两部。

再上溯两年。1972年时，周总理要找书都很困难。这年9月，中日两国建交，毛主席送给来访的日本首相田中角荣一部线装本《楚辞集注》。周总理也要找这部书看看，但市面上根本没有。总理办公室专门派人到新华书店书库中借出这部书，几个月后又原物送还。1976年周总理逝世后，书店同志拿出这部总理看过的书，睹物思人，想到总理一生廉洁自律，借了书又还书，不禁痛哭失声。

二十多年前，要想买书真难啊！在中日建交数月后，我国第一任驻日本大使陈楚赴任之前，在商务印书馆汝晓钟经理陪同下，专门到不对外开放的书库中像觅宝那样查找中日交流史料和日本概况的书。在等待取书时，还信笔写下了《水浒》中宋江在浔阳楼写的诗一首，当时我们战战兢兢不知是何兆头。1973年2月，中美双方决定在双方首都建立一个联络处。在此之后，有一桩轶闻，大概是书店书库里藏有外边买不到的书走漏了风声，有一天来了一位衣冠楚楚的学者(当时很少见)，指名要找中美交往史料。他指着介绍信说："请你看清楚了，我们是中国驻美国联络处的，不是美国驻中国联络处的，到这里找几本书可以吧?"经过一番请示和一阵忙乱之后，他挟着屈指可数的几本书，很不满足地走了。当时中美关系刚刚解冻，有关美国的史料实在乏善可陈，难怪这位外交人士悻悻而去了。

粉碎"四人帮"以后，打破了文化禁锢主义，出版业开始复苏，但在十一届三中全会以前，出书难、买书难的呼声仍然十分强烈。1978年时，在笔者供职的书店，一年中收到读者要求购书的信件多达9 000封。西南某高校的教授为买一部工具书，竟给省委第一书记写信。这一年，国家出版局(新闻出版署的前身)决定重印《红楼梦》、《安娜·卡列尼娜》等35种中外文学名著，每种印30万至50万册仍供不应求，以至只能像花生米那样分省分配供应。这批书上市时，一些大城市真可谓万人空巷，北京王府井书店柜台被挤破，成都市读者为买《一千零一夜》，竟排了一天一宵的队！当时全国纸张供应紧张，为重印这批书，还请示中央分管出版的领导同志特批，动用了原先准备印制毛泽东著作的纸张。

抚今追昔，看看现在繁荣的图书市场，令人感慨万千！追忆往事，使我们更加珍惜改革开放以来取得的伟大成就。我们千千万万百姓人家正是从这一点一滴的变化中感受到邓小平理论的光辉，聆听着祖国坚定的前进步伐的！

本文原载《光明日报》1999年2月5日

明天我们怎样读书

规模空前的第十一届全国书市给读书人开了一场世纪的盛宴，为中国出版业勾画了一幅绚丽多彩的全景图像，若干年后，我们还将记得这个盛典。秦淮河畔草色新，弹冠皆是读书人，这实在是一件可喜可贺的大事。

回眸和展望图书的昨天、今天和明天，不禁浮想联翩。遥想两千多年前，“学富五车”是读书人的骄傲与梦想。细想起来，车载斗量的竹木简策，五车书不会超过 1 000 万字，只相当于今天三本《现代汉语词典》的含量。公元 300 年前后，开始出现纸本书，于是饱学之士又以汗牛充栋自炫。谁能想到如今一张光盘就能收录 3 亿个汉字，相当于两套《中国大百科全书》的容量。几克重的光盘知识含金量如此之多，真使人有“生命中不能承受之轻”的感觉。

在电子出版飞跃发展的时代，明天我们怎样读书？纸本书的前途如何？它和电子图书相比，优势与劣势如何？这关系到未来出版业的走向，不妨作一点探讨。

笔者认为，21 世纪将是纸本书和电子出版物并存并且相互竞争的新时期，但纸本书(以我国目前出版模式为参照系)绝对不能以旧的模式一成不变地沿袭下去，否则将被淘汰。纸本书的特点是兼具阅读与欣赏两种功能，除内容的实用性(这是第一位的)之外，版式与装帧艺术的形式美也是人们欣赏与收藏的一大动力，后者是电子出版物难以替代的。但纸本书的体量大，文字含量少，不能快速检索，又是它无法克服的缺陷。在科技日新月异、信息高度发达的新时代，人们要求以最少的时间获取最多的知识和信息，这就使电子出版物有了极大的发展余地。笔者大胆地设想，在未来的十年中，教科书以及以欣赏功能为主的图书将以传统的纸本书为主，以实用功能为主的图书将以电子出版物为主。目前市场上盛行的几卷、几十卷的百科全书、大型工具书、卷帙浩繁的古籍和资料性的纸本书将逐渐消失，相同内容的电子出版物将取而代之，因为后者更便于快速检索。在未来的新世纪，不大可能再产生像钱钟书先生那样整本阅读英文辞典和记录数以万计读书卡片的学者，只需点击鼠标就可在只读光盘和网上查到所需的资料。阅读方式的改变决定出版形式的命运，这是无法逆转的大趋势。教科书和以欣赏为主的精美画册、文艺读物、乐谱和需要特殊装帧的出版物仍将以纸本书为主。纸本书的阅读成本相对比较低，阅读时几乎不消耗能源，这也是纸本书将继续生产和流通的理由。但纸本书的出版必须求精、求快，改变目前那种粗放的生产方式和费工、费时的印刷模式。将来纸本书的出版可以考虑两种方式，一种是快餐式的，一种是宴会式的。前者适合快速阅读、即读即弃的需要，如小说、剧本、漫画、期刊、儿童读物之类的出版物，力求赶上流行的趋势，后者适合印制有长期欣赏与收藏价值的精美画册和需要特种装帧的读物。总之，出版方式必须按图书内容和阅读对象细分化，扬长避短，才能求生存、求发展。

十年以后假如还有全国书市，人们也许看不到今天那种十几万种纸本书共聚一堂的盛况，看到的将是像书画展那样更加精美的出版物，还有数以几十万计的电子出版物。人们很少甚至不再用纸袋装书，而是带着笔记本电脑去挑书，那将是另一个激动人心的场面！

每天的太阳都是新的，明天的出版物也都是新的！

本文原载《经济早报》2000 年 10 月 11 日

悲喜交集话藏书

“坐拥书城”是每个读书人的光荣与梦想。在下区区一介寒士，从书店练习生做起，有幸在新闻出版界工作了几十年，收藏了一批有价值的图书，并由此养成了读书的习惯。有时即使不读书，在书柜前转转，也有无穷的乐趣，因为几乎每本书的背后都有一个故事。

用心访求，多跑书店，要找奇书，窍门是多跑小书店，注意冷角落。1990年有一天，在北京新街口书店，我在一个尘封的书架边上，忽然发现一部上海古籍出版社影印的《乾隆抄本百廿回红楼梦稿》。据红学家范宁先生考证，这个抄本是程伟元、高鹗修改稿，但这部抄本的价值更在于提供给我们一个相当完整的80回脂砚斋的本子。这部抄本厚达1 367页，精装16开本，定价却只有11.45元，等于白捡。按现在的书价虽百金不易。1960年时，我出差去内蒙古伊克昭盟，在一个草原书店里，竟然见到一部阿庚(A·Agin)画的《死魂灵100图》。这是流传有绪的名著，当年鲁迅先生十分推崇，曾专门著文介绍。乍看到这本画册时我跳了起来，大叫一声：“啊！你怎么会在这里?”要在大城市书店，早被识货者捷足先登了！

买书首选是找有传世价值的书。如经典著作《鲁迅全集》、《莎士比亚全集》、《傅雷译文集》、《艾青全集》等等自然是必备之书，但单本书决不可错过。如巴金先生“文革”后写的《随想录》(两卷集)、夏衍先生的《懒寻旧梦录》都是极有价值的著作。每睹此书，常使人想起当年的浩劫，这些书不但文采斐然，而且具有相当的文史资料价值。

收藏当代作家的著作贵在处女作。这是由于处女作多为厚积薄发之

作，是作者多少年心血的结晶。曹禺的《雷雨》自不必说，即以贾平凹作品而言，20 世纪 80 年代写的静虚村纪事多么传神，他描写陕西婆姨打打闹闹的样子，用了一句“女子欢得像风里的旗”，多么灵动有趣，亏他想得出来。这些文字比他后来写的一些小说都略胜一筹。

与钟敬文教授(右二)、陈复尘(右一)合影(1993 年于北师大出版社)

我藏书中还有一些偶然幸得的好书，有的可称为“海内孤本”，试举两例：1984 年时，因工作关系，我曾跟随新华书店总店总经理汪轶千到丁玲在北京的寓所拜访，商谈大型文学刊物《中国》的发行问题。1985 年 2 月 12 日，这个刊物创刊号出版，丁玲等一批著名作家举行一个招待会，笔者有幸与会，并得到作家的签名本。其中有刘绍棠题了上款的签名，还有丁玲、陈明、牛汉、西虹诸位前辈在同一册刊物上的签名。现在丁玲、刘绍棠先生已仙逝，这个签字本成了有价值的珍本了！

又如在 1994 年 2 月 5 日，参加北师大出版社一个新书首发式，我不但亲自聆听了启功先生妙语连珠的讲话，还得了一本《启功絮语》。更巧的是，这一天张中行先生也到场，我向他老人家诉说，为买他的《负暄琐话》(1、2 集)，被书商狠宰了一刀，不但加价，还硬性搭配几本过期杂志。张老一听哈哈大笑，随后他从书包里拿出一本《顺生论》，并题了上款送给我，这真是好运气来了，门板都挡不住。这一天我是双喜临门，挟两本好书打道回府。

笔者还有一些特藏本，如檀香木简策装书、丝绸本书，只印装几本的样书等等，多来自友人赠予，属于“镇架”之宝，不想细说，以免有招摇之嫌。

上面讲的是买书之乐，藏书之喜，那么何来藏书之悲呢？这事说来话长，只能拣紧要的说两三件。记得50年代初期，笔者曾在北京东安市场书摊上见到一部明刻本线装《三国演义》，共20册，但其中缺佚一册，索价10元，当时因囊中羞涩未买。还见到有胡适亲笔签名的学术著作，大约有三十多本，有上款，像是送给某位学者而散失到社会上来的。当时对胡适的评价甚苛，因此翻了一下未买。等下周再去看，这两种书都杳如黄鹤了。还有的好书是已到手而又失去的。在60年代初，由于本人得浮肿病，为救命，只能将书架上值钱的古书陆续卖出，其中有康熙年间刻印的线装本《温飞卿李义山诗集》，有线装本《杜诗镜铨》，铜活字影印本《白氏长庆集》等等。这些书都是含着热泪送到中国书店的。在“文革”初期，为避祸，我曾主动上交一批图书和轴画，其中最可惜的有清末有正书局印的线装本《红楼梦》，每一回都有插图，人物栩栩如生。还有开明版《中国新文学选集》几十册，几乎收全了五四时期中国名作家的代表作。更有一部很稀见的1925年出版的《沫若全集》，当年郭老还是年轻人，不知何以将文集称之为“全集”？另外，还有几十本苏联文学名著。这些书都被称为“封资修毒草”，大概早进了造纸厂了。值得庆幸的是我当时偷偷藏起了一部1953年人民文学出版社布面精装本《钢铁是怎样炼成的》。这个版本现在存世的也屈指可数了。

行文至此，忽然想起徐悲鸿先生当年为《八十七神仙卷》失而复得所题写的一首诗：“得见神仙一面难，况与相对尽情看，人生本是葑菲味，换得金丹凡骨安。”抚今追昔，对于藏书的聚散无常，只能一声叹息了！幸逢盛世，如今又可以安心买书、读书了，只有加倍努力，才能弥补丢失的好时光！

本文原载《出版史料》2001年第一辑

学 会 休 闲

仅仅半个世纪之前，中国人还在为争取劳动权利和 8 小时工作制浴血奋斗，而今却能享受每周 44 小时的新工时制，这是一次历史性的飞跃。它标志着我国生产力的提高正在推动着整个社会的进步。

乍一实行新工时制，许多人面对闲暇，不知干点什么好。有的习惯于惰性休息，只想着“三饱一倒”和搓麻、侃大山，有的仍未脱离惯性，只想加班工作。

科学地利用闲暇，是一种能量的储蓄和增值，包括对智能、体能的调节，使人们能奏出更美好的生命交响曲。正如罗曼·罗兰说的：“生活是一首交响乐，生活的每一时刻，都是几重唱的结合。”

学会休闲，是一种艺术。闲暇是多维空间，可以多方面去拓展。

知识型休闲。可以利用休假日系统地学习一点知识或技能，如学习电脑，复习外语，读几本有益的书。这种“补血”，终身受用。

旅游型休闲。这可能是今后休闲的主要方式之一。旅游不一定都去名山大川。就许多久居北京的人来说，他们可能从未去看过“北京猿人”的山洞，从未见过举世无双的云居寺石经，没有领略过植物园的四季风光，更不知恐龙化石为何物。再远一点，龙庆峡、康西草原、密云度假村，可能只从电视里见过。如能亲身一游，寓教于乐，必能增智益身。

收藏型休闲。在假日期间，集邮、集币、集报、集票，藏瓷、藏石、藏书、藏画，是一种有益有趣的文化享受。收藏多了，“腹有诗书气自华”，自然能提高自己的文化修养。

体育型休闲。无论是健身还是技击，都是一种积极的休闲，还能起

与老同学刘同元(浙江省新闻出版局原局长)在杭州游览(2005 年 10 月)

到防身的作用。

娱乐型休闲。琴棋书画、钓鱼、养花、架鸟、歌舞，都是富有情趣的活动，这可能是最普及的休闲方式，是一种全民的文化操练。

随着闲暇时间的增多，文博部门，旅游部门，文化体育场馆，交通部门，可能形成热门。这些单位需要增加服务项目，调整开放时间，充分挖掘潜力，这样必能取得良好的社会效益和经济效益。

几亿人增加了体闲时间，而我们的生产力反而更能提高，国民素质也会有所提高，这是一件了不起的事。

本文原载《光明日报》1994 年 4 月 11 日

同在阳光下

“六一”儿童节将至，照例会有一批有关保护和教育儿童的文章。笔者想换个角度，议一下保护街头小商贩的子女问题。

近日，笔者在北京安华路看到一幕令人感慨和伤心的活剧。早晨七点多，一位外地的卖菜大嫂正忙着摆摊，她的身旁一堆破棉花上，放着一个不到周岁、极为可爱的小男孩。这个宝宝大概是饿了，正扯着破棉花往嘴里送。妈妈心疼孩子，只好一手拦腰把小孩抱住，一边仍忙着整理鲜菜。一边是生计有关的生意，一边是自己的心头肉，她实在很难两全。看到这情景，我忍不住流下热泪。有些人往往夸大个体户如何腰缠万贯，他们大概很少去了解这些人的艰辛。尤其是外地来京的小商小贩，往往居无定所，食无定时，日晒雨淋，辛苦异常。他们为活跃首都市场，方便人民生活作出了贡献，同时也付出了牺牲。像这个小宝宝同他妈妈一道整日经受风吹日晒，该受多少罪呀！再说，这些外来户子弟入学问题也无法解决，等到下个世纪，他们会成为什么样的人呢？对这类事情，政府不可能包下来。但我们的街道居委会能否想办法多做点好事，让这些孩子能临时入托，临时入伙，临时入学，使这些孩子更多地享受到社会的温暖，也使他们的父老兄弟更加集中精力参与有益的社会劳动。据报载，有的地方开办了“贵族学校”，其中的高消费令人侧目。笔者希望，我们还是少点“锦上添花”，多做点“雪中送炭”的事。作为新闻媒介，也应把视角更多地放到多数群众身上。同在阳光下，这些小商贩的孩子同样有生的权利，有受教育的权利。愿社会给予他们更多的爱心！

本文原载《光明日报》1993年5月28日

涓涓流水

亦真亦幻一段歌

悲欢离合总关情

——作者题记

“二月春风快如剪”。它裁制了柳丝千条，吹拂了骄杨潇潇，同时也播下了满地秋霜的种子。岁月的流逝更胜春风，它柔和而犀利地将印痕刻在每个人的额头上，名人、伟人、凡人，都无法躲避它的爱抚。

照相是时光的印版，因此每一个明智的人都不愿翻旧的照相册，懒寻旧梦，怕见旧痕。

病中无聊，难读书报，只能翻照相册解闷。不料打开了“潘朵拉魔盒”，一发不可收拾。

时光倒流到四十多年前……

50年代初，一个少年飘泊者，家庭贫寒，求学不能，求职不成，从江南跑到北京，投奔一个亲戚。这个少年就是我。长期吃闲饭究竟不是办法，于是找门路报考一家图书发行公司，作为备取生，先接受两个月的培训。这个培训班像工农速成中学，三十多人中既有年未弱冠的青年，也有可称为叔叔、阿姨的中年人。解放初期，各单位大量招人，那时号召各地来人支援北京，不像现在要落户北京比领护照还难。

年青人总爱扎堆。开学头一天，我的邻座是一位大辫子的姑娘。偶一回头，使我惊呆了，姑娘娥眉淡扫，未曾开口先含笑，也就是十七八岁模样。她的美貌酷似美国影星波姬·小丝(这当然是现在的回想，50年代波姬还没有出生)。她发现我穿了一身灰色的列宁装，回眸一笑，原

来她也是这身打扮，只是我反而束了一条腰带。她说："你怎么穿一身女孩子的服装。"这样就认识了。

姑娘叫小咪，嗓子有点沙哑，因此她从不高声说话，这更使喁喁细语有了理由。也许是刚出校门不久，因此每次课堂提问，我总能拔头筹，她常问我功课。课间休息时，从断断续续的话语中，我知道姑娘家里成分比较高(这在当年是很要命的)，只有一位母亲，没有工作，她是靠一位远房哥哥供养，所以急着要找工作。同窗两个月，全班百分之九十的学员都被录用，而最巧的是我和小咪分在一个科室，但不在一个组。她端庄矜持，不苟言笑，我，一个不到20岁的孩子也找不到话茬，只在开会时，眼睛过一下电。

春节很快到了。那天，我亲戚家的电话铃响了，姑妈说有一个姑娘找我。原来是小咪从工会里刚分到两张首都电影院的电影票，问我去不去？我慌乱得不知所措，只是胡乱地说等一会儿再说吧，姑妈得知原委后，严加训斥，说刚挣上钱就想交朋友，小孩子不要胡思乱想。这是哪儿跟哪儿啊？我心里委屈得慌。约会当然是吹了。

有了上次的"钉子"，本来没事儿反而心里有鬼似的互相躲着。但是漂亮姑娘半是天使，半是妖魔，又像是磁场，旁边总有一批崇拜者围着。看到这情景，不由得你不想冲进去，即使心里没想干什么，却也不甘心当旁观者。为了找个理由说上话，曾求她打一个毛围脖，还补过一只绒手套，她大大方方地答应了。围巾一角还绣了一朵金色的小茶花。茶花的梗是一个M形，这分明是小咪名字的缩写。但发现这个秘密已是多年之后，我正坐在2 000里外"四清"工作队的土屋里，一切都晚了。

那时候，在机关食堂打饭，是年青人起哄的好时光。一天，我心血来潮，在饭票背后抄了两句诗："同是天涯沦落人，相逢何必曾相识"，送给小咪。第二天，假装找零钱，她把一张饭票塞给我，上面画了一个挺神气的男孩，面孔有点像扑克牌上的老K。这样玩笑开了头，就没完没了，近一年时间里，她"找"给我的饭票几乎可以凑成一副扑克牌。有一次，她在饭票上写着问我借《少年维特的烦恼》。可是那会儿我只读鲁迅，竟不知道有这本书。书找来之后，随手就交给了她。等还来的时候，她问我："维特为什么要自杀?"我茫然没有解读这句话的含意。是啊！好好的干嘛要自杀？

这种若即若离的关系说不清楚是什么滋味。一年后，由于机构调整，小咪调出公司系统。临走时，那温馨的握手突然像触电一样直震心脏。她的眼神似有责备，也有失落。没等我回过神来，她已姗姗地走了，连电话都没有留。

三年后，在一次游园会上，我听人说她已嫁给一个“小开”(资本家的儿子)。这时，我无端地想到，她已变成了冬妮亚，此刻正过着布尔乔亚的生活。这在50年代，是不大体面的事情。不久，我读从维熙的小说《在悬崖上》，那个加里亚的形象总和小咪叠印在一起，直到加里亚的石膏像被粉碎，小咪的形象也逐渐淡化了。

又是两年过去，我也成家了。孩子出世后，二岁之后要送幼儿园，那是北京一家区级幼儿园，有许多小孩。一天，我爱人回家说了一件奇怪的事情，说有一个穿着体面的少妇在幼儿园里痴痴地看着我们的孩子，又打听孩子的父母是谁？之后，还轻轻地抱起我们的孩子。这时，我猛地一震，猜出了这位少妇是谁，更有意思的是：小咪的孩子是个可爱的女孩，和我们的儿子在一个班。阿姨怕小孩子掉下床来，有时把他俩绑在有栏杆的小床上。他们可以玩耍哭闹，却彼此总也够不着，因为各自绑在一个角上。小咪几次出现后，爱人回家念叨，我忍不住把往事吞吞吐吐地讲了，只留着互相换饭票的事儿没有说。我妻是个很豁达的人，不疑有假，再不追问。

也许是应了一句老话：“捆绑不成夫妻”，我儿子虽然和小咪的女儿常绑在一起，但从6岁离开幼儿园以后再没与小咪女儿见过面，我曾痴想，假如他们小一辈成了一对儿，这老亲家见面时是什么感觉呢？

几十年过去了，凭我的第六感觉，小咪还在北京。假如在人流里，即使有一万人，我也能马上认出她，但奇怪的是我从未遇见过她。也许从电视里，她曾看见过我。

照相册一页页从手中流过，仿佛是电影中一幕幕蒙太奇在切换。在北海，在陶然亭，在长城，照片上都有她的身影。那时候集体活动真多，照相时年青人尽管又打又闹，但心地明净得像玻璃板似的。即使心里有一种朦朦胧胧的说不清的感觉，那层窗户纸也从不捅破。

小咪现在也该当姥姥了。也许有一天会突然见到她。小轩窗，巧梳妆，佳人两鬓已成霜。这么一想，还是不见的好，永远保留一个两小无

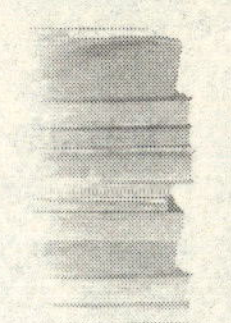

猜的青春偶像，是一种慰藉，也是一种憧憬。

合上照相册，在怀旧中的细细品味，说不清是恋情，是亲情，是友情……

思绪已随风飘去，似远去的风筝，渐远渐高，无可挽回地飞走了。

（这篇短篇小说有我初恋时的影子——作者注）

本文原载《爱情婚姻家庭》1995 年第 3 期

退休症候群

皇冠假日酒店大堂总是熙熙攘攘，各种肤色的客人川流不息。这并不奇怪，因为这是北京市区前往机场相对比较方便的宾馆。林珊珊直到住进客房的一刻，再次查看护照、签证和机票，才真真切切感到这下去布鲁塞尔是真的了。她静一静心，打开了手提电脑，一篇六千多字的论文《北京社区银发族原生态及生存抉择》显现出来，这是她准备在国际学术交流会上宣读的论文。面对这篇文章，她想起了毕业三年来的种种经历，许多鲜活的人物像蒙太奇那样闪回，枯燥的文字变成一个个有血有肉的形象。

小林来自上海郊区，被上海人称为“下只角”的崇明岛。这里是沙积地，没有什么致富的行当。乡下人都知道，只有读好书走出这个穷乡才能改变命运，因此从这个岛上考取大学的孩子比例很高。小林以一分之差没能考上北大、清华，却误打误撞地进了北京一所中医药大学，读完研究生已年近“三张”，大龄而偏偏又是高学历，这使她在婚姻和就业两方面都面临艰难的选择。在10万大军过独木桥的就业形势下，她选择了进北京一个社区工作，被分配在社区医院药房。这项工作使她有机会接触各式人等。人一上岁数，不管他原来职务多高，本真的秉性脾气都显露无遗。面对形态各异的老年人，小林半是怜悯，半是好奇，总想探究一下他们是如何生活的？想些什么？做些什么？无巧不成书，内科大夫是一位年近花甲的资深女主治医生，小林在北京没有亲人，遇上洪大夫自然就亲近起来。

一天，药房门口一个穿着羊绒大衣的老先生和一个“朋克”青年吵起来了。原来小青年是为他老爸拿药，急急忙忙就想加塞儿。穿羊绒大衣的老头儿气得大骂小青年没教养，接着又说出更难听的话来。洪大夫好容易调解完矛盾，小林说就为这么点事吵架值当吗？洪大夫说，你不了解，这个老头儿是刚退休的，原来是中央某机关一个局长。他骂街不是冲着小青年，而是感到一种失落，一种“十三不靠”的感觉。这个局长原来就在一区住，在职时每天有小车接送，自己从来不记路。有一次开会回家，司机因故没及时去接，他竟然不知道自己住在哪儿，打电话到机关值班室，才问出来自己住在哪儿。就这么一个主儿，现在车没了，秘书没了，自己来拿药，感到没着没落，这是退休老人刚回家的焦躁综合征，相当普遍。

午休的时候，小林和洪大夫接着聊老人的话题。小林说，她在小区体育场里常看到一帮大妈在跳健身舞。她知道其中不少人是外事口退下来的，气质高雅，衣着得体，这些人干点什么不好，为什么不怕露丑在街上扭来扭去？洪大夫说，这些大多是空巢老人，她们不愁吃穿，只是太寂寞，所以老太太们每天要聚在一起活动。这是退休老人度过焦躁期以后，进入了自娱自乐期。

退休老人回家以后，收入减少两成，社会活动几乎归零，如何生活，是一大问题。小林向洪大夫聊起她见到的邻居大妈的生活。大妈和老伴原来都是出版社的编辑，过去与作者及同行们往来密切，热热闹闹。退休几年后，好像换了一个人。老两口有糖尿病，这要怪过去公费吃喝太多落下的职业病。退休以后，一切应酬没有了，老两口俭省得令人可怜，常常只买两块老豆腐泡在水里，这就是一天的菜式。邻居怀疑他们是否生活困难？老太太要面子，常甩出一句话，她儿子在外资银行工作，常给她美元，这大概是真的。老头儿却很达观，对邻居说，“来去空空，要这么多钱有什么用?”和这对老夫妻相似，有一位女高知，吃喝不愁，却出奇地节约，身上穿的衣服都是街边小摊上买的，从未超过50元一件。洪大夫说，这也不奇怪，一些老人一辈子穷怕了，宁可把钱存在银行里，决不多花一分钱，这叫存钱自虐型。这些人的特点是有点不致命的慢性病，攒了钱为存钱保命，不过生活质量就谈不上了。

社区里头一个买私家车的不是高知，也不是老局长，而是一个老工人，这是个传奇性的人物，人们都叫他秦大爷。要说秦大爷，过去的生活可好不了哪儿去。他是开龙门吊的师傅，在70年代有这副手艺的全北京不到100个，秦师傅在圈里算一份，由于子女多，日子总是紧巴巴的。开龙门吊可不是好活儿，这个大家伙开动起来就停不下，秦师傅非到实在扛不住才关机去厕所，一来二去得了前列腺肿胀病。退休后秦师傅没闲着，到处有人请他去当技术指导，他虽然没什么文化，技术上是独门，不服不行，正应了一句老话："一招鲜，吃遍天。"不过有车不等于有素质，这一天秦大爷开着本田小车刚进小区，突然内急，他转来转去找到一个僻静地，刚刚站稳，墙角那边一个保安正抄近道赶着去换岗，突然撞见老头儿，问他干什么呐？秦大爷猛然一机灵，忙说没干什么，急急忙忙跳上车走了。秦大妈很知足，她常对人说，当官的不如有手艺的，当官的十有七八人一走茶就凉，手艺人反倒有后福。秦大爷前半辈子卖命养家，后半辈子挣钱享福，也算没白活。

不过，有钱不等于有福。有的老头儿有两钱就烧包。这一天，社区医院急诊室抬进来一位昏迷不醒的老头儿。洪大夫一看，认出来这是一个老股民，退休几年来不甘寂寞，一直忙于炒股，天天做着一夜暴富的美梦。春节过后，几支绩优股一路飙红，他兴奋得血压升到二百二，不料隔了一夜，股票忽然一路下滑二百多点，老头儿不堪忍受，突然发生脑卒中。这是玩命投机型，这种性格是老人最忌讳的，也是儿女们最担心的。

与这位倒霉的股民相比，另一位老江湖可是幸运多了。他的"股龄"可以上溯到40年代末的香港。90年代内地恢复股市以后，他自己从不下本，只帮助金主当业余操盘手。这位"股神"深谙《易经》，常以九阴一阳之道判断行情，多有斩获，他由此分得的干股已有六位数。不过人算不如天算，有一次为一个大金主做参谋，操之过急，不料连续三周跌停板，金主损失惨重。要不是及早躲起来，早被金主手下的保镖打得满地找牙了。"股神"从此收山，这叫金盆洗手型。现在这位老先生优哉游哉，是昆仑饭店和凯宾斯基的常客。由于平时喝"路易十三"太多，常找洪大夫开点胃药。这些故事都是他亲口对洪大夫所说，也许多少有点吹牛。

说话间，急诊室又闯进一个满脸挂花的老头儿，这是一个最爱给人支招的棋迷，还好下一点小赌，在小区里小有名气。小林知道这位老人挨揍已不止一次了，从她手里拿云南白药就有两次。这回伤得不轻，八成又与人打架了。老头儿原来是电工，膀大腰圆，上房爬杆都浑不吝，只是下棋太臭，又好悔棋，有一次输了一着棋，竟把对方一只马含在嘴里，这叫没事找抽型。这个老头儿好喝一口小酒，每天“小二”不离口，喝了酒就骂大街，满处找人下棋，又找人赌牌，他不喝酒不下棋不赌牌的时候实在是个好老头，谁家电器坏了，他常常去当义工，一修就灵。有人说他一半是天使一半是魔鬼，这也是一种活法。

有一回，小林正值夜班，来了一个瘦高个老头，由洪大夫亲自带着到药房，这可是新鲜事儿。洪大夫对谁都不哈着，管你是什么处长、局长、老总、老板，在她眼里，都是看病的人，公事公办。瘦老头儿只是要一点眼药。洪大夫说他得的是飞蚊症，眼底血管出了毛病，其实上眼药没有用，嘱咐他少看书，多休息。老头儿走后，洪大夫说，这个老头儿可是一肚子学问，他原先是一家古籍出版社的编辑，一辈子只评上一个中级职称，心情郁闷。退休后谁请都不去，为躲应酬，他干脆白天睡觉，晚上看书，生生地把眼睛熬坏了，这叫退休自闭症。

俗话说，人上一百，各形各式，小区住着几万居民，光退休老头老太就有三千多，性情脾气都不一样。这不，有一个胖老头儿，整天乐呵呵，除了三九天，他出来遛弯手里总捧着紫砂壶，嘴里哼着“我本是卧龙岗上散淡的人……”，永远就这一句，逮谁跟谁侃大山。街坊知道这个老头儿从前是某单位行政科的小头儿，路子野，人脉广。倒退30年那时候谁家要买个大立柜或飞鸽自行车，都托他弄出票来，现而今票证不要了，人情还在。老头儿钱不多却活得自在。

春节前两天，社区活动室里来了个老先生，忙着给人写春联，这是社区有名的秀才王大爷。他是大学的高材生，却半生坎坷，未能尽展其才，究竟有什么问题，他从来没说过。人们还知道他是老年大学里最受人欢迎的语文教员。他一上讲坛就像换了一个人，口若悬河，学问和口才堪比易中天。下课以后，他把自己包得很紧，从不惹是生非。他已编写出版了多部著作，一杯清茶，一本新书，不断学习，不忘发挥余热，这叫老有所为型。

2004年1月7日，北京下了一场纷纷扬扬的大雪。社区医院里来了一个气质高雅的老太太，一头银发也没掩盖住她依然俏丽的面颊。小林很奇怪，这样的天气谁会赶到医院就诊呢？洪大夫说这个人她认识，原来是某个大剧团的艺术指导，老伴去世多年，她得了抑郁症。年轻时，她是剧团里的“五朵金花”之一，老伴不在以后，追求她的人很多，有作家，有高工，有老总，她依然如众星捧月一般生活在众人的追捧中。她年过花甲，嫁与不嫁？这是个问题。思来想去，高不成低不就，就这样耽误了一年又一年。人们依然钟情她，呵护她，但她始终下不了决心。这是典型的蹉跎岁月型，看来抑郁症将伴随她未来的岁月。面对这位老大姐，小林轻声细语地和她说话，把药片轻轻地送到她的手中，眼看她离开医院，不禁一声叹息。老太太的银狐披肩还是留苏时带回来的，几十年了，依然银光闪闪，在雪地里显得那么和谐，那么高雅。小林忽然感到，这个老太太像是苏联电影中的安娜·卡列尼娜。

雪地里，孩子们打着雪仗，小脸小手冻得通红，老太太依然慢慢地走着，青春和白发交叉着在活动，活泼和宁静一刹那在这里定格。小林呆呆地想着这些小孩子几十年后会是怎样？自己又会怎样？想着想着不禁掉下了热泪。

小林从遐想中回到现实。此刻是 2007 年 3 月 12 日晚上 7 点 12 分，她从电视里听到“两会”报道，其中有一条消息引起了她的特别注意。有报道说，目前中国 60 岁以上老龄人口已有 1.44 亿，占全国总人口的 11%。中国面临“先老后富”的态势，党和政府正在采取积极措施着手解决这个世界性的难题，千方百计要改善银发族的生活质量。小林很兴奋，她赶忙把这条最新信息打进电脑，在国际学术会议上又多了一条权威性诠释。

夜深了，姗姗望着北京的星空，久久无法入睡。她回忆往事，在社区医院工作两年以后，她把听到、看到的退休老人的生活原生态写进了她的笔记本电脑，还根据这些老人的原型写了一个研究报告，有典型，有数据，发表在一个学术刊物上。这篇文章从此改变了她的工作和生活，不久后，她被调入北京市一所三甲医院当上了心理咨询大夫，主治退休老人综合征。又一年之后，被比利时一家著名医学院聘为客座教授，医院领导又批准她去出席国际学术会议。她知足，她感恩机遇的突然降临。

明天，她马上要去布鲁塞尔，她放心不下的还是中国一亿多的银发族，因为这是使她改变命运的研究文本。路正长，她的研究还刚刚开始……

（这篇短篇小说有我退休后的心态——作者注）

2007 年 3 月 14 日

十二种朋友不可深交

于丹教授在“百家讲坛”上讲授孔子《论语》心得之五：交友之道。她说：“要了解一个人，你只要观察他的社交圈子就够了，从中可以看到他的价值取向。”她讲了孔子交友中的“三要三不要”，即“益者三友”：友直，友谅，友多闻。相反的是“损者三友”：友便辟，友善柔，友便佞。这些忠言值得我们深思。

笔者在新闻出版界工作了几十年，与国内外人士交往，可以说阅人无数，其中与一些人成为真诚的师友，但从切身体会中，认为另有 12 种朋友不可深交。

一是好为人师型。我曾供职于一家报社，报社安排的办公室很宽敞，单人间还带卫生间。有一位素未谋面的来访者，坐下没过三分钟，就挑办公室的毛病，又指出花架摆放的位置不好，到处指点。这是典型的领袖欲极强的人，如果深交，必受制于他。我只好端茶送客。

二是高枝孤鸟型。有些人唯我独尊，官不大，架子不小，他的意见不容讨论，不容置疑。你真诚与他握手，他蜻蜓点水，环顾左右而言它。对于这种“孤鸟型”的领导只能敬而远之。

三是城府太深型。有些朋友韬光养晦，把自己包得很紧，相处几十年从不讲自己的想法，也很难挑出他的毛病。与这样的人相处，使人害怕他的真意何在。

四是奉承谄媚型。这样的朋友表面上十分热络，处处投你所好，骨子里另有所图，必须看清这类人的真面目。

五是唯利是图型。这类朋友是“万能胶”，粘上很麻烦，这种人占便宜没够，吃亏难受，占不到便宜，立马不理你。

六是搬弄是非型。有些人本事不大，搬弄是非的能量很大，好传闲话，甚至无中生有。一个团队如果有一二个这类人物，很难保持团结。

七是口蜜腹剑型。这比搬弄是非型更可怕。他当面把你当作挚友，只要有损于他的一根毫毛，可能马上翻脸。

八是轻诺寡信型。有些人当面大包大揽，过后啥事不办，毫无诚信，对这种人不可托付办事。

九是言不及义型。这类朋友兴之所至，高谈阔论，东拉西扯，言不及义，与这种人相处，毫无进益可言。

十是人走茶凉型。在职时，他会百般奉承你，一旦退休，立马不认账，又去找新的靠山。

十一是过分亲密型。有些朋友好奇心太盛，对别人的事情总要问个底朝天。与这种朋友相处，使人感到太累。

十二是过分冷淡型。有些人生性孤僻，不愿与人交际。你热情相交，他爱答不理。对这样的朋友还是相忘于江湖吧！

积几十年之经验，我认为交友应该交诤友，交直友，交才识胜过自己的朋友，互相尊重，取长补短，各自保持独立的人格，要远离12种损友，这也是建设和谐社会中应该注意的问题。

2007年4月17日

反对伪科学要警钟长鸣

——由《转法轮》一书引出的话题

1992年前后，一批宣传封建迷信和伪科学的图书流入市场，破坏了正常的图书出版秩序，对人民群众的精神生活产生了消极影响。这种现象引起了有关管理部门和社会各界的高度重视，人大代表和政协委员就此撰写提案，专家和学者就此发表文章，新闻出版管理部门就此严肃查处，正确的舆论引导和有效的措施产生了明显的效果。特别是在中共中央、国务院颁发《关于加强科学技术普及工作的若干意见》和全国科学大会提出“科教兴国”战略之后，普及科技知识，宣传科学思想、科学精神、科学态度和科学方法的好书籍、好文章、好节目层出不穷。

科学和伪科学是一对冤家，几乎从人类诞生那天起，这对冤家就开始了争斗。一部人类文明史，从某种意义上讲，也就是一部科学和迷信、真科学和伪科学的斗争史。科学对迷信、科学对伪科学斗争的一次次胜利，带来了人类社会的一次次进步。因此，提倡科学精神，反对封建迷信和伪科学的任务是长期的，应该警钟长鸣、坚持不懈。就拿目前的图书市场来说，尽管健康的科普读物唱主旋律，但噪音并未完全消失，有关风水、算卦、看相等宣传封建迷信的图书仍然时有所见，伪科学图书也在变换形式登台亮相。最近一段时间摆在大街小巷书摊上的《转法轮》，就是一部宣传封建迷信的伪科学图书。

与以往的伪科学图书相比，《转法轮》一书具有较强的意识形态色彩，作者也正是在这一点上“自高身份”。该书认为，现行的各种门派的气功都处在祛病健身的低层次，而“法轮功”是在高层次上传功，是“真正往高层次上带人”。那么，“法轮功”究竟高到什么程度？请看作者呓语式的自我吹嘘：释迦牟尼和老子充其量只能研究到银河系的问题，而他的“法轮功”讲的是一个庞大的宇宙的理；“法轮功”在这一次人类文明时期从来没有公开传出过，但是在史前一个时期广泛度过人；作者“有一次仔细地查了一查”，发现人类共有 81 次完全处于毁灭状态，只有少数人活了下来，遗留下一点原来的史前文明，过着原始生活，进入了下一个时期，繁衍得多了，最后又出现了文明。因此，作者在末劫的最后时期再一次把“法轮功”弘传出来，是千年不遇、万年不遇的。“法轮功”在理论上“至高无上”，那么练起来效果又如何呢？我们再来看作者的胡吹：作者在弟子小腹处下了“法轮”后，弟子与汽车相撞，弟子没事，“可那轿车被撞进一个大坑去”；某某国有企业集体练“法轮功”后，职工的人际关系融洽了，精神面貌变好了，经济效益也上去了。在我读过的书中，《转法轮》的狂妄胡吹可谓空前。该书还胡说什么，人生了病不应该去医院，因为人生了病是前世造了孽，今世要还债，如果去医院看病，就是欠债不还，就要破坏常人社会的正常秩序。再比如，作者说，《转法轮》一书在“开了天目”的人“看起来五光十色，金光闪闪，每个字都是我法身的形象”。简直比神话还神！

我们说《转法轮》一书值得注意，是因为这样一本书居然得以正式出版，而且出版后确实迷惑了一些人。《转法轮》的出版和流行再一次提醒我们，在当前，反对封建迷信和伪科学仍然有许多工作要做，普及科技知识，加强唯物主义宣传教育的任务仍很艰巨。一位哲人说过，伪科学的流行，是骗子和傻子共同造成的。希望我们的出版工作者能进一步提高自身的科学文化素质，增强社会责任感，以保证将骗人的伪科学图书拒之门外；也希望读者提高辨别能力，在伪科学面前不上当，使其越来越没有市场。

本文原载《光明日报》1996 年 6 月 17 日

学好政策　掌握信息　多看范文 做好文秘工作

——在新闻出版署直属机关培训班上的发言

为了提高公文质量，新中国建立以来，党和政府对公文格式作过多次规定和改革。进入90年代后，中共中央办公厅印发了《中国共产党各级领导机关文件处理条例(试行)》，国务院办公厅于1993年再次修订印发了《国家行政机关公文处理办法》，对公文格式都作了具体规定。今天我们不可能详细讨论怎样写各种公文，只能重点讲几种常用的公文。我想讲两个问题，第一是怎样写请示、报告和简报；第二是怎样搜集和运用信息为工作服务。

第一部分　怎样写请示、报告和简报

按照行文关系公文分为三类，即：①上行文，②平行文，③下行文。上行文是指下级对上级的发文，如请示、报告等；平行文是平行机关或互不隶属的单位之间的发文；下行文是指上级对下级的发文，如指示、决定、通报、批复等等。平常用得最多的是上行文，即下级对上级的发文，通常是写请示，写报告，这里先讲一下这两种文体怎么写才准确、得体。

“请示”与“报告”是两种不同的文体，不能笼统写成“请示报告”。

“请示”是向上级机关请示某件事和请求批复某个事项时使用的公文。

需要写“请示”的一般有以下几种情况：

①上级机关明确规定必须请示批准才能办理的事项；

②对某些政策、法令不清楚，需要上级明确答复的问题；

③工作中有重大的新情况、新问题，过去没有文件规定的，需要请求上级给予指示；

④因本单位有特殊情况，难以执行上级的统一规定，是否可以变通处理？需要请示；

⑤工作中遇到较大困难，请求上级帮助解决的问题；

⑥本单位对重大问题产生分歧，难以解决，要求上级裁决的问题；

⑦本单位职权范围内不能决定的事情，需要请示上级批示。

"请示"要严格执行一文一事的制度，一般只报送一个上级机关，不能多头主送。"请示"的文件主体分三大部分，一是情况(就是指发生了什么事情)；二是什么事情拿不准，需要请示(要求上级明确批复什么问题)；三是本单位可以提出一种或几种处理意见，供上级决策时参考。为了使"请示"的内容重点突出，简单明了，在文件正文开头，可以写一段类似"新闻导语"的文字，比如说一个基层单位要成立一个集团，在"请示"的第一段就要用最简明的文字提出我单位拟组建一个什么经济形态叫什么名字的集团。第二部分再详细写为何要组建这个集团，都由什么单位参加，产权如何解决，负责人是谁等等。第三段再明确提出要求上级批复什么事情。

我们试看一篇范文。邓小平同志 1989 年 9 月 4 日写了《致中共中央政治局的信》。开头第一段只有一句话："我向中央请求辞去现在担任的中共中央军事委员会主席职务。"第二段讲了 1980 年他就提出要废除干部领导职务终身制，希望尽早完成新老交替。第三段讲了党的十三届四中全会选出了以江泽民同志为首的领导核心，现已卓有成效地开展工作。他想趁现在身体还健康的时候辞去现任职务，实现夙愿。恳切希望中央批准他的要求。第四段表示退下来以后，将继续忠于党和国家的事业。(详见《邓小平文选》第三卷第 322 页～323 页)这么一件大事，只用了 650 字，写得言简意赅，非常感人。

"报告"是下级单位向上级机关汇报工作、反映重要情况、提出意见或建议，或者是答复上级查询的问题时使用的公文。"报告"通常分综合性报告和专题性报告两种。

写"报告"要注意把握好以下几点：

①要认真贯彻党的方针政策，坚持实事求是的原则。写"报告"是为

了向上级机关汇报工作，总结经验教训，并取得上级的指导和支持，因此“报告”一定要用马列主义、毛泽东思想、邓小平理论和“三个代表”重要思想作指导，以党的方针、政策衡量是非，坚持实事求是的态度，反对报喜不报忧的浮夸作风。

②要围绕中心，突出重点，抓住几个重点问题写清楚。

③观点和材料要统一，数字要真实可靠。

④胸中有全局，手中有典型。“报告”要有本单位全局的情况，让人看到主流是什么，还要有典型事例，少用或不用“大家认为”，“干部群众都认为”这类语言。重要的情节一定要有具体事实，包括人物的身份、典型语言、必要的数据、今昔对比等等，这样“报告”才能立得起来。

公务文书中，还有一种“会议纪要”。其基本格式是：①标题，写明是什么性质的会议。例如：“中共××党委第×次纪律检查委员会会议纪要”。②正文，依次写明会议的时间、地点、主持人、出席者、列席者、缺席人数及原因。接下去是“纪要”的正文，要写明本次会议讨论了什么问题，如讨论中有不同意见，应简要地归纳不同观点予以反映，但要点出最后决议事项是什么。“纪要”常常反映某个阶段、某一项工作的重要进展或重大决定，因此应保证纪实性。“纪要”应该编号保存。

“简报”是机关、团体和企事业单位为了汇报工作、反映情况、交流经验而编发的内部文件。关于编发“简报”的问题，国务院在 1955 年 6 月 9 日曾专门发过一个文件。文件名称叫《关于所属各部门工作报告制度的规定》。其中要求中央有关部门“每两月向总理写一次工作简报，明白、扼要地报告所掌握的范围内重大问题的处理、工作中的主要情况和经验”。这是新中国建立后正式对简报作出的规定。

“简报”的名称有多种多样，常见的有工作简报、会议简报、工作动态、情况反映、工作通报、内部参考、快报、要情等等。随着工作任务的增多，各单位差不多都编简报，时间也有长有短，一般不定期编印。

需要注意的是：简报的基本作用是向上级汇报工作或反映问题，或向下级通告情况，它不能代替正式公文向上级请示问题，也不能用简报向下级作指示、布置任务。

简报一般应包括以下内容：

①报头。应有固定的简报名称，有连续性的期号，当年用流水号，

下一行写总期数，再往下左边写编发单位，右边写编印日期。

②标题。相当于公文的摘由，要画龙点睛地写出本期的主题。

③正文。要注意掌握四个要领：

体现政策要“准确”。如会议简报摘发领导讲话要点或代表们的典型发言，都有一个政策导向问题，要突出什么？选择什么样的典型发言？都要体现政策。这就要求胸中有全局，知道领导部门在抓什么。

选登材料要“真实”。一项中心工作铺开以后，领导部门为了掌握全局动态，需要尽快了解下属单位民情、民意，基层领导的真实想法和具体做法，这里来不得半点虚假。在报告重大事件的简报中，除了反映本部门、群众基本态度(如坚决拥护)外，还要如实反映有什么不同认识？是哪部分人(党内党外，干部群众，中层干部还是离退休干部，等等)？是多数还是少数？有什么典型人物和言论？要用事实说话，力戒空话、套话。更不要以代言人身份出现，比如用“我们认为怎样怎样”，这种语言很难恰如其分地反映真实的思想动态。

文风要“朴实”。简报主要靠理论概括和逻辑思维，不能用形象思维去作合理想象。文字一定要精练，一般以千字文为宜。

时间上要打“短平快”。简报必须讲求时效，发现苗头(好的或坏的)必须及时上报，以有利于领导及时作出决策，把问题解决在萌芽状态。

④报尾。应列出本期印数和报送、抄送单位名称。

编写“简报”中常见的毛病，主要有这么几种：

一种是内容空泛，只是大段引用上级下达的文件，却不联系本单位实际，只有几句一般性的表态文字。这种简报上级拿到以后看不到下边的真实动态，这就失去了下情上报的作用。

一种是缺乏定性、定量分析，有些简报只是流水账，哪天开了什么会，哪个人怎么说，会议主席又怎么说，把简报变成了会议原始记录。简报一定要提炼出观点，可以一段用一句话概括出一个观点，然后带出事例和人物。如党委是怎么贯彻的？采取哪几项具体措施？干部群众都有哪几种反映？赞成的约占多少？有不同意见的又有多少？各类人物中典型语言是什么？都要有定性、定量的分析，有些还得有名有姓地写出谁是怎么讲的？这样上级机关才知道下边是如何动作的，干部群众的真实思想如何？才好下决心采取措施，推动下一步的工作。

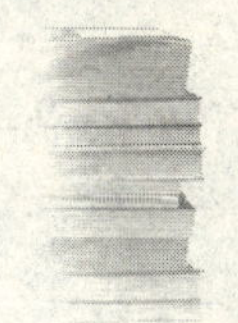

还有一种是缺乏政治敏锐性，有情况报不上来，或者上报不及时。这种情况容易误事，应尽量避免。应该有专人负责简报工作，建立责任制度。每期简报编报单位都要建立专门档案，长期保存。这既是推动当前工作的需要，也为将来工作总结提供基础材料。

第二部分 怎样搜集信息，怎样运用信息为工作服务

"信息"作为日常用语是指音信、消息。人们正是通过从社会和自然界获取不同信息来区别不同的事物，才得以认识世界和改造世界。信息这个概念已被广泛应用于各个领域，除电信通讯外，遗传密码是一种生物信息，市场是一种社会信息，计算机程序是一种技术信息。信息同材料、能源一起，被称为现代科学技术的三大支柱。有人预测未来的社会将是信息社会，其最终影响将比 19 世纪由农业社会转向工业社会更为深刻。搜集和运用信息的能力如何，体现出一个单位的社会活动能力。

党的十一届三中全会以后，全党的工作重点转到以经济建设为中心的轨道上来，我们工作必须服从和服务于这个工作大局。在信息工作上也不能局限于党的日常思想政治教育和宣传、组织、纪检工作方面，而要扩大到对全局工作和业务工作有关的各个方面。搜集信息的范围既有共性，又要有特性。共性就是必须搜集和掌握有关党的基本路线、方针、政策的文件，以及国家有关的法律、法令，如宪法、党章、党代会文件、中共中央和国务院文件、人民日报等中央报纸资料等，这是各单位必备的。还要注意搜集具有新闻出版特性的信息，按照工作需要，结合各单位不同情况要注意搜集、保存相关的信息，例如：①党和政府发布的有关新闻、出版政策、法规。新闻出版总署每年编印的文件汇编是必备资料；②已经国务院正式批准的全国性奖项(包括评选优秀图书的五个一工程奖、国家图书奖、中国图书奖以及评选先进人物的中国韬奋新闻奖、中国新闻奖、中国韬奋出版奖等等)。还有人事部、新闻出版总署联合评选的全国先进工作者、劳动模范等。这对培养、选拔干部有重要参考作用。这些资料在《中国新闻年鉴》、《中国出版年鉴》上都有详细记载；③本单位和兄弟单位工作总结、简报等；④有关新闻、出版的专业性报刊资料；⑤出国访问报告，可以了解世界上的动态。

人们常说："书到用时方知少"，对于信息资料也是这样，必须随时搜集积累，分类整理存档，有计算机的可以录入存档，这样用的时候才能做到政策引用准确，背景资料丰富，国内外动态心中有数，再加上本单位当前发生的事件，写出的简报或总结就有深度，有见解，不至于临时抓瞎。

这里我想结合自身的体会介绍一个"窍门"。我是1985年从新华书店调到国家出版局工作的，原先多少也做过一些文字工作，到了政府机关，刚开始起草文件时，经领导批改后，我写的文字往往只剩下标点符号了，这使我很纳闷，不知错在哪里？后来有关领导同志点拨我，说基层工作和政府机关工作不同，过去微观多，行文是下对上的口气，现在是宏观多，行文大多是上对下，又面向全国，一个文件往往就涉及政策性问题，所以写法上就有很大不同。他让我好好学习每年的出版工作文件汇编，这些文件都是经领导部门批准公布的，从政策运用、语气、结构都有讲究。经过这么一点拨，使我比较快地掌握了办公文的要领。后来又在《新闻出版报》工作了三年，使我多少懂得一点新闻的特点，明白了文章要简洁、明快。这件事使我联想起一个故事，有人问发明家爱迪生，你为什么有这么多发明？他说："我的窍门是懂得如何站在巨人的肩上。"这就是要善于利用别人的成功经验。请你们多注意看看有些经典性的文件和言简意赅的简报是怎么写的，多看些范文，分析一下它的结构和语言，它们的导语是如何切入主题的？多看多练就可以提高驾驭文字的能力，当然，从根本上讲，还要提高自己的政策水平和理论水平才行。

我前边讲的怎样写公文的这部分内容，很多并不是我的创见。写公文有一定的规律，有固定的程式，这是必须遵循的。大家有时间的话，还可以找些专业书看看，我看到一本上海文化出版社出版的《中国实用文体大全》，内容就比较实用，但这本书内容太多，包括法律文书、经济文书、礼仪文书等等，共有778页，我们用不了这么多。我参考吸收了其中常用的一些内容，结合自己的体会讲了这么一番话，和大家一起研讨，很可能有不妥当和错误的地方，请同志们批评指正。

2000年4月

第四辑

芒鞋万里

西 藏 纪 行

回到北京已经半个多月，但是优美的藏族民歌依然在我耳边回响：

我爱拉萨夜色美，万山丛中镶翡翠；
龙王潭中船儿摇，罗布林卡歌声飞；
月儿从我身边过，星星在我耳边垂；
高原古城多迷人，明天更比今天美！

这是畅想曲，也是真实的写照。

1994 年 9 月下旬，笔者有幸作为新闻出版署代表团成员，跟随于永湛副署长一行，向驻藏部队和筹建中的自治区图书馆捐赠百万册图书。在圆满完成赠书任务和对新闻出版单位进行调研之后，代表团从拉萨经日喀则到中尼边境口岸樟木镇，慰问边防部队并考察拟新建的图书发行网点，往返一千多公里，沿途所见所闻终生难忘。

繁荣美丽的拉萨

拉萨古城已有 1 300 年的历史。公元 7 世纪，藏王松赞干布在拉萨河谷建大昭寺，供奉文成公主从长安带来的释迦牟尼像。一千多年来，渐渐形成了以大昭寺为中心的八廓街。

拉萨市既有巍峨壮丽的布达拉宫和大昭寺、罗布林卡等寺庙建筑，又有西藏人民会堂、西藏大学、自治区人民医院、西藏宾馆等一大批新建的具有民族特色和现代风格的建筑。八廓街的商店和露天市场一片繁荣景象，从瑰丽的“唐卡”到镀银刀鞘的藏刀，从瑞士金表到巴黎香水，从珍宝古玩到绸缎绫罗，你能想象到的东西这里都有。藏胞手摇转经筒正在安详地逛街，雪域名城一片“扎西德勒”(吉祥如意)。

但是昨夜星辰并不辉煌。在西藏和平解放前，拉萨到处是荒凉的土地和沼泽，市内和全藏没有一条公路，市区面积不到三平方公里。而现在拉萨市区已扩展到近五十平方公里，公路四通八达，贡嘎机场可以起降大型客机。

富有民族特色的八廓街，使人大开眼界。东西太多了，容易挑花眼。在那里有两件太大和太小的东西，我仔细观赏了一番，最后还是没有买。太大的东西是 1.2 米高黄铜打成的“灵塔”，做工十分精致，价格仅1 500元，如果带回北京，没准是独一份。太小的东西是一对铁质小印章，从铭文看，这是旧时西藏官僚的印信，有一定的文物价值。我不敢买，是因为上面肯定沾有昔日农奴的斑斑血迹。

布达拉宫当然是必去的。“布达拉”是梵语音译，又译作“普陀罗”或“普陀”，原来是指观世音菩萨所居之岛。布达拉宫主楼高 117 米，共 13 层，建筑面积 13 万多平方米，是当今世界上海拔最高(3 700 多米)、规模最大的宫堡式建筑群。今年刚维修竣工的布达拉宫壮丽辉煌，近千座佛塔、上万座塑像以及稀古珍宝贝叶经、甘珠尔经等经文典籍和唐卡、壁画，令人神驰目眩。而夏宫罗布林卡，则富有园林之胜，其中竟有在露天栽种的南方竹林，令人称奇。

穿越“生命禁区”

刚到拉萨，我们就被告知，在此地行走要走“太空步”，说话要少，行动要缓，以减轻高原反应。初进拉萨，笔者还一腔英雄气概，好像没啥异常感觉。三小时以后，开始头疼、胸闷、气短，接着发高烧。床边一只近两米高的氧气瓶好像长征 2 号火箭矗立着，提醒你此地是高原缺氧区，不可造次。

据有关资料表明，我们呼吸的空气存在于地球表面至高空数百公里的范围内，其重量约为 6 000 万亿吨，95％集中在距地球十几公里的对流层里。随着地平线高度的升高，空气逐渐稀薄。据说，拉萨的空气含氧量约比北京少 50％，因此初次进藏的人或轻或重地都会有缺氧引起的

高山反应。

代表团由拉萨出发，在日喀则休息一夜后，即穿越珠穆朗玛峰与希夏邦马峰之间的山麓公路，从海拔 4 000 米→5 000 米→5 200 米，一路攀高，一路颠簸。到海拔 5 000 米时，已清楚地看到终年积雪的喜马拉雅山群峰，远处就是世界第一高峰——珠穆朗玛峰。据说，到了海拔 5 000米已是“生命的禁区”。果然，不仅人感到憋闷难耐，附近茫茫大山也不见一棵树。

也许是应了一句古诗：“相见时难别亦难”。从樟木返回日喀则途中，是一段艰难的历程。在最后 30 公里的途中，我们车上配备的氧气已快耗尽，笔者再次发生较重的高山反应，头疼欲裂，欲吐不能。这时同在这辆车上的王岩镔、徐凤君同志，硬把救命的氧气瓶让给我，而他们自己本来身体不适，却硬撑着。到了住地，于副署长等领导，不顾旅途劳累，亲自照料病号。这种种同志深情使人难忘。

敬礼！共和国卫士

参加这次代表团的，还有总政宣传部的黄顺森同志，武警总部的黄宝根同志。成都军区政治部宣传部郭正新部长专程陪同代表团一行进藏活动。由于各级部队负责同志的周到安排，使代表团顺利进入樟木口岸的边防驻地。

樟木镇位于喜马拉雅山南坡，是中尼友谊公路的起点。历史上即为西藏通往尼泊尔的要道，现在是中尼间一个繁忙的通商口岸。此地三面环山，风景雄奇。既有黄山之险，又有庐山之秀，是很有潜力的旅游胜地。目前的缺陷是交通和通讯不便。

樟木镇驻扎着一支英雄部队。边防军主官(由于可以理解的原因，不好写出他的军衔和名字)是一位英俊干练的军官。我们应邀参观了战士的住地，整个营区井然有序，内务工作非常出色，战士们个个英气勃勃。在这里，我们听到许多边防战士的英雄事迹。某年，有一位连长亲自背着 50 公斤的冻猪肉爬山给某部队送给养，刚进营房，就累死在门口。这里有半年因大雪封山交通不便，干部战士在极端困难的条件下坚守祖国神圣领土。

第二天，晨曦微明，为了赶路，我们清早 6 点就要离开部队驻地，干部、战士列队相送。这时，我真想跪倒在地，吻一吻共和国的边境热土，再看一眼可敬可爱的边防战士。我虽然不是军人，但走出营房大门时，返身向干部、战士们致了一个崇高的军礼！

在藏期间，自治区党政军有关领导，文化厅和新闻出版界的负责同志，给予代表团周到安排和热情接待，使我们顺利完成了各项任务。

当我回到北京，观看国庆焰火之时，心里深深地想念在西藏生活和工作的同志们。他们中的许多人，为了建设边疆，保卫边疆，克服了种种常人难以想象的困难，有些同志是“献了青春献终生，献了终生献子孙”。生活在京城的朋友，当你漫步在长安街时，请想象一下西藏筑路工人的艰辛；当你在公园里轻歌曼舞时，请想象一下高原建设者的喘息；当你的孩子安详地背着书包上学时，请想象一下边防战士被冰雪打透的征衣。想到这些，我们的责任感会加重些，我们的心灵会更纯净些……

朋友，此生你不想去一次西藏吗？

本文原载《新闻出版报》1994 年 10 月 22 日

雪域情思

去过西藏一次，不由自主地就把神魂留给那洁白无瑕的雪域了。岁月悠悠，情思悠悠。

1999年3月，北京正在举办“雪域明珠——中国西藏文化展”，西藏那博大精深的文化底蕴以及与祖国母亲的血缘之情深深地震撼了人们的心灵。见多识广的北京人很少俯首，这一回瞪圆了眼睛；城府很深的老外记者对西藏的美景和巨变相见恨晚，纷纷表示要打点行装，尽早会一会雪域女神。啊！西藏，你以惊世骇俗的美丽震动了京城！

1994年9月，笔者以《新闻出版报》记者的身份，有幸随同新闻出版署副署长于永湛、副司长王岩镔以及总政和武警总队的同志一起进藏，完成一项赠书、赠款和慰问边防部队的任务，受到西藏军区和政府部门的热情接待。岁月匆匆，抹不掉对雪域的深深怀念，一幕幕美景如蒙太奇闪回，使人永生难忘。

飞机徐徐降落在拉萨贡嘎机场。要问对西藏第一印象是什么？恐怕要数湛蓝湛蓝的晴空。久居北京，习惯于空气质量三四级的环境，一到西藏，仿佛进入了太空，虽然由于氧气稀薄，有失重的感觉，但眼前一片蓝天白云，给人一种圣洁的印象。在此后的十天中，无论是在日喀则，或是在边陲小镇樟木口岸，天空永远是那样的澄清明丽。这里是地球上仅存的少数未被污染的土地，格外令人珍爱。

巍峨壮丽的布达拉宫矗立在拉萨市西北的红山。7世纪时文成公主入藏与吐蕃松赞干布联姻，始建此宫居住。1645年五世达赖喇嘛进行扩建。1990年8月后重修。我们到达时恰逢布达拉宫刚刚重修完成，整座寺院金碧辉煌，处处是黄金珍宝镶嵌的佛像和灵塔，彩色壁画连起来足有数公里长，令人目不暇接。这里自然是梵贝佛号，钟鸣鼎食，迷漫着浓厚的宗教气氛，但给人的教诲却是要一心向善，以求同登极乐世界。我们是无神论者，身在宝殿，感受到的是历代工匠们的精工奇巧，在佛的金身上塑造着他们对美好生活的向往。

著名的罗布林卡藏语意为“宝贝园林”，是历代达赖喇嘛的夏宫，在拉萨市西郊。园内有宫殿佛堂，亭台水榭，各种奇花异木郁郁葱葱。令人称奇的是园中有一片青翠欲滴的竹林，仿佛处在潇湘馆里，黛玉刚刚离去，令人遐想不已，这在海拔三千多米的高原上是一处奇景。

不看八廓街不算到过西藏。这个露天市场的多姿多彩令人神往。你能想象得到的东西这里几乎都能见到，从法国香水到日本相机，从绚丽的唐卡到精致的藏刀，从神奇的藏药到各种古玩应有尽有，就看你的钱包和眼光了。最有意思的是高约一米多的铜制灵塔，虽然比不上扎什伦布寺里的雄伟壮丽，但也十分壮观，售价仅人民币 1 500 元。我们一行中的朋友劝我买一座带回北京，绝对是独一份。这当然是玩笑话，作为工艺品请一个回来可真够酷了！

樟木口岸是中尼边境的一个仅有 2 000 人的小镇，却是边防重地。我们一行在于署长率领下从日喀则乘坐“陆地巡洋舰”越野车一路颠簸到达驻军营地。此地山高坡陡，给养十分困难，由于缺少新鲜蔬菜，不少战士嘴唇都干裂了。在这种困难的状况下，部队首长和战士尽其所有，热情招待我们。营房对面就是喜马拉雅山麓，山下青松翠柏，山顶白雪皑皑，景色的壮丽难以形容。离开营房，部队列队相送，执手之间，笔者和许多人都热泪盈眶。看到这些可敬的战士为了保卫祖国神圣领土，长年驻守在此。一位部队首长动情地说：“我们这里许多人献了青春献终生，献了终生献子孙。”此情此景，怎不令人动情。

雪域之美美在景，更美在坚毅淳朴的人民。西藏人民在中国共产党的领导下，在金珠玛米的帮助下，摧毁了农奴制度，正在进行翻天覆地的建设。在拉萨市，我们到处见到现代化的建设，繁荣的商业不亚于内地中等城市，亲眼看到了有五星级水平的拉萨宾馆，还目送着藏族姑娘骑着摩托在街上飞驰而过。在八廓街上，老阿妈正悠闲地摇着转经筒。在海拔 5 000 米的牧场上，牧民在悠闲地放牧，在蓝天白云下，你若高

喊一声，高山也会跳跃，于是人们也有着大山一样的胸怀。现代与古风就这样奇妙地并存，在这块神奇的土地上繁衍、生长着。为了把现代文明更快地传送给人民，西藏的党政军和新闻出版界的同志们，正作着加倍的努力，中央和各省、市支援的建设工程正改变着西藏的面貌，为雪域明珠更增加一分光彩。春风雨露，明天的西藏将更美好！

回京以后，我一遍又一遍地聆听西藏歌曲，其中有一首歌格外动人：

洁白的雪莲含笑开放，矫健的雄鹰自由飞翔，喜马拉雅巍峨屹立，雅鲁藏布奔腾激荡，啊，美丽的西藏，可爱的家乡，我为你放声歌唱，四化的春风心中荡漾，美好的理想闪耀光芒……

每当听着这美妙的歌声，总要回想起美丽的西藏，不由得默诵艾青的诗篇：“为什么你总是热泪盈眶，因为你对这片土地爱得太深！”

啊！神牵梦萦的雪域明珠，让我道一声“扎西德勒”！

本文原载《新闻出版报》1999 年 4 月 5 日

港 澳 履 痕

回归后的香港、澳门是什么样子？那颗“东方明珠”是否更加熠熠生辉？那个号称“东方蒙地卡罗”的地方是否“马照跑，舞照跳”？笔者有幸在2000年11月下旬受新闻出版署派遣，同北京、重庆、山东、山西、河南、河北七位出版界同行到港、澳特别行政区进行出版业务交流，受到香港联合出版集团、澳门文化广场有限公司热情周到的接待。通过参观、访问，我们看到了这两个出版机构在特殊的环境下，经过艰苦卓绝的努力，在港、澳地区树立了冰清玉洁的文化形象，令人可敬可佩。本文不是业务考察报告，只就笔者观察所及，以一个记者的身份记下港、澳的一鳞半爪，按照平头百姓感兴趣的衣、食、住、行几个方面聊点家长里短，聊供谈资。

衣　款式随意　讲究品位

从描写港、澳生活为题材的电影和电视剧中，人们看到那里的人无不衣香鬓影，风度翩翩，仿佛随时准备出席高级派对似的，我们亲眼所见，满不是那么一回事，现在北京、上海白领或准白领阶层绝对比港澳人还穿着入时。也许港、澳市民早就经历过繁华梦，如今由绚烂复归于平淡，就像富家子弟，不论他穿着什么，人们都不会低看他。除了特殊的礼仪场合，港、澳人士穿着都比较随意，一件棉质T恤，一条休闲裤就是日常的打扮，接过名片一看，他没准就是一个大公司的总裁。只有天天奔命的上班族才需要穿深色西服或女式套装。此地人士的服装色彩偏向中间色，不像欧美人那样大紫大红。但不论贫富，衣着都很整洁、合体。衣着和手袋(皮包)讲究品牌，不是鳄鱼，就是佐丹奴。遗憾的是，我们从港、澳大小商店里没有见到内地的名牌服装，其实内地有些品牌的西服比意大利名牌西服并不差多少。不知是港澳人不认，还是咱们内地服装商人过于谦虚，所以内地服装打不进港、澳市场。

随同沈仁干(前排左二)参加香港书展(1991年8月)

我们对服装的价格与内地作了比较，感到此地的衣服实在便宜，比如意大利名牌男西服约为4 000元(都指港币，以下同)，女式纯毛套装约为600元～800元，高档皮衣约为1 500元～2 000元，名牌T恤100元可买2件～3件，等于白送。目前正值圣诞节前夕，港、澳大小商店张灯结彩，进行优惠大减价。有的商品便宜到令人怀疑的程度，比如意大利真皮皮鞋只售140元，在内地在这个价码后边大概要加一个0。多数商店还可以侃价，从标价到实际成交价有的可差三倍，使你的钱包顿时鼓了三倍，真是其乐无穷，不也快哉！

食 以吃为纲 美食多多

港、澳居民胃口之好，令人惊叹。他们好像一睁眼就上茶馆、酒楼。据说香港600万居民就有3万多家酒楼，生意都十分红火。即使下午3点多钟，餐馆里也有人在大吃大喝，也不知是吃午饭还是进午后茶(这里喝茶并非光喝茶，而是吃各种点心)。茶式之丰富，令人咋舌，仅海鲜就有几十种，从一寸长的小干鱼到一米多长的大海鱼都敢吃。还有些形状怪异的海产品，名字怪怪的，使外江佬(内地人)不敢下嘴。活吃猴脑之事则未见到，也许在禁吃之列。香港人吃龙虾和北京人吃带鱼那样稀松平常，所以本地人并不以此待客。

澳门的葡国菜风味独特，笔者有幸品尝了葡国鸡、烧牛尾、腌猪蹄，都是葡式名菜，果然风味独特。细品之下，原料都是普通的肉类，只是佐料特别，几次想开口打听里边加了些什么？后来想到这是人家的知识产权，不可能白告诉你。这些名菜如果搬到北京来，肯定能大火一把，不知有没有人想在皇城根下开个葡式菜馆？只要原料齐备，笔者可以当大厨。

餐饮价格同内地比，当然相当贵。比如普通的早茶每件点心平均 8 元，一盅(茶)三件(点心)是每晨必不可少的，至少要花 30 元，内地人如果天天吃，支撑不了几天。但香港居民凡是有固定职业的，月收入约为 2 万港币，他可以吃 666 顿早茶，所以花 30 元港币实在是“湿湿碎”(小意思)啦!

那末钱包鼓鼓的香港人把大笔的钱花到哪里去了呢？不说不知道，说了吓一跳!

住　安得广厦千万间　天下寒士尽开颜

“香港居，大不易”。这是香港居民和所有访港客人共同的感觉。除了少数豪门大款之外，香港居民心头最大的痛就是筹款买房。笔者在市面上看了几家楼市的广告，极普通的塔楼，60 平方米(香港均采用英尺制，为便于了解，此处已换算为公尺制)售价约为 300 万港币(1.09 元人民币折合港币 1 元，但银行比率与市价略有上下)，地段好的公寓式楼房，200 平方米竟要 2 500 万元，还有 3 000 万元～4 000 万元的郊区别墅，据说上亿元的也有。一个香港居民辛苦一辈子能买上 60 平方米二房一厅的小二居就是最大的心愿了。香港特区政府为了解决居民住房问题，做了很大努力，建了一大批廉租房，但只限全家月收入在 4 000 元以下的居民居住，如果你收入超过这一界线，只好请你另迁高价屋。如租一套 60 平方米的二居室，每月租金要 12 000 元左右，真是吓人一跟头!改革开放以来，毗邻香港的深圳发展很快，当地房价相对比较低，因此已有不少香港居民在深圳买房，每天往返深、港两地，一清早就有许多

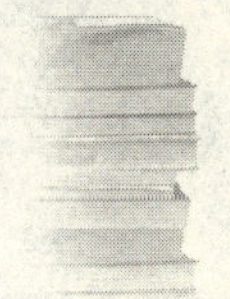

在香港上班的人冲关，近几年来更出现香港居民带着 6 岁～7 岁儿童冲关回香港上班和上学，这是深、港之间的一道景观。

由于香港住房狭窄，因此当地居民几乎没有人在家里待客，这也是造成当地餐饮业高度发达的一大原因。京城的老少爷们想发财，手头又有点闲钱，快去香港开个酒楼吧！

行　车如流水马如龙　万车从中难从容

港、澳是世界上人口最密集的地区之一，又是商业高度发达的地区，因此快速便捷的交通是必备的条件。当地居民走道像上了弦一样，步履匆匆，各种汽车都以 100 公里的时速飞驰而过。加上港、澳都是左行道，因此从内地访港、澳的旅客坐在车上似乎都有一种随时会撞车的感觉，尤其在经过隧道时，使人时时想起黛安娜的车祸，好在每次都有惊无险，心中念一声“阿门”而已！

我们代表团一行多次坐过“公巴”(小公共)，感到车内整洁、安静，司机本人兼售票员，态度平和，票价大体上 1 公里 1 元。但计程车(出租小卧车)票价比较贵，半个小时的路程大约要花 100 元，计价器的跳字比心跳还快。

港、澳同胞遵守交通规则的自觉性比较强，即使红灯亮后没有车辆，市民也耐性等待，当然也有少数不自觉的人，据说外国人在香港有时也闯红灯。这里的规矩是，假如你闯红灯发生交通事故，撞了白撞，所以很少有人去赌命。

市容管理　管理也是效益

严格执法，严格管理，处处讲究效率，这是我们在港、澳地区亲眼所见的事实。在香港，从马路到公园见不到一张废纸，看不到一堆露天的垃圾，餐饮桌上摸不到油渍。尤其值得称道的是，走进任何一个公厕都没有一点异味，并且不收费，在清洁程度上绝不比欧洲和日本差。香港大屿山一座豪华公厕竟花了几百万港元建造，当地人认为值得，因为这是城市文明程度的一个标志，这一点非常值得内地人学习。

在香港行车途中，正巧遇到一辆小车漏油，几分钟后，一辆清洁车快速赶到，几个女工一边撒药粉，一边用水冲刷，马路顿时一尘不染。这种管理水平和敬业精神令人敬佩。

白璧之瑕　好的加差的，才是事物的全貌

就像世界上任何地方一样，港、澳有先进的一面，也有落后的一面。长期的殖民统治，给当地留下了不少伤痕，特区政府正花大力气治理黑(帮派恶势力)、黄(色情业)、白(贩毒吸毒)，取得了很大成绩。在人们的心理健康方面则不是一朝一夕能治好的，比如迷信盛行是港、澳地区一大特色，求神拜佛，占卜问卦到处可见。香港黄大仙庙终年香火鼎盛，拜佛求神的不但有老太太(很奇怪的是没有老头儿)，更有穿着入时的青年男女。供品中除了鲜花、香烛，还有点心，甚至有整只的盐焗鸡。有趣的是，肥嫩的热鸡并不上供桌，只摆在自己的脚跟前，也许信徒们拜完佛以后，回家就把肥鸡当作下酒菜了！

在澳门一个寺庙里，更有“做七”的佛事，庙里供着丧主的遗像，桌子上除了供品，有的还放着一部纸糊的手机，不知丧主在阴间还要给谁打电话？不过比起香港的骨灰堂前，既有纸糊的金色奔驰车和劳斯莱斯，还有纸扎的三陪小姐，这个纸糊的手机就太小儿科了！

除了迷信，就是赌风了。一掷千金的大有人在。可悲的是，近几年来内地有的贪官竟以公款到此豪赌，已有输掉4 600万元而被枪毙的案例。我们问了澳门人对赌场的看法，当地人说他们从不进赌场，但不反对外地人来玩一把，澳门每年的赌博税收就有50亿澳币！

香港商店有没有假货？据笔者亲历，肯定是有的，概率有多少不得而知。十年前笔者就在香港当了一回大头，花500港币买回一块假的英纳格自动表，掉包只在包装的一瞬间！这次在香港北角一家超市内，见到一把商标为日本制造的小刀，售价仅十元，令人起疑，买后打开包装原来是一分不值的铁片，但商场不允退货，只肯换一把开罐头的刀。据香港接待单位告诉我们：如果买大件商品，一定要到信誉好的大店去买，质量才有保证。

在港、澳匆匆一瞥，连走马观花都数不上，只能留下一点履痕，一

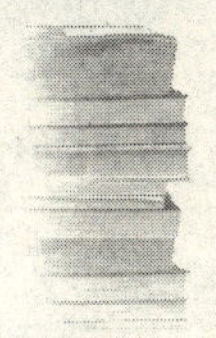

抹印象。香港、澳门回归祖国以后，特区政府治理有方，荡涤了历史的污浊，抗击了经济风暴，取得了令世人瞩目的成就，目前虽然还有一些暂时性的困难，但人们普遍相信明天将会更好！

遥望南天，思绪万千，衷心祝愿港、澳同胞万事如意，为中国人争气！

本文原载《中华读书报》2000 年 12 月 15 日

澳门与祖国出版业的渊源

在喜迎澳门回归的日子里，我查阅有关史料，惊喜地发现：小小的澳门与祖国母亲的出版业还有一段历史渊源，新式汉字铅字就是在1844年经澳门传入祖国大陆的。

远在15世纪，德国人谷登堡改进活字印刷术后，用铅、锌、锑合金铸字，于明万历十八年(1590年)，由传教士带入我国，但当时并未广泛应用。清嘉庆二十年间，英国传教士马礼逊在澳门、马六甲等地铸造汉文铅字，开设印刷所。当时字模就是在澳门镌刻的，于1819年印成铅活字本《新旧约圣经》，这是最早的汉字新式铅印本之一，至今我国尚有样本存世。1844年美国长老会柯尔在澳门创立长老会书馆，除印书外，还出售铅字，“是时他处印书购用华文铅字，悉于此取给。”(《装订源流和补遗》)1845年7月，该馆由澳门迁至浙江宁波，改名为花华圣经书房，排印《新旧约全书》。1860年12月，又迁到上海，改名美华书馆。当时该馆还给铅字编定名称，一号叫显字，二号叫明字，三号叫中字，四号叫行字，五号叫解字，六号叫注字，七号叫珍字。这家书馆是当时我国规模最大的印刷厂，以出版《圣经》和传教书刊为主，兼印自然科学书籍、商业簿册报表和教科书，直到1928年停业。

这段史实告诉我们，澳门地处中西文化交汇之处，为引进西方铅印技术发挥了桥梁作用。1844年澳门长老会书馆以一定规模出售新式铅字并用它印书，在我国尚属首次。虽然该书馆印制的是宗教用书，但它对新式铅字的引进却很有意义。

本文原载《北京晚报》1999年12月11日

风雨宝岛行

人生旅途中常常有意料不到的“际遇”。1997 年 8 月下旬，笔者随同 1997 祖国大陆书展团一行 97 人赴台湾公干。在台期间，受到台湾出版界同行热情友好的接待，书展和第二届华文图书联谊会议都取得了成功，有关情况已有正式报道。笔者想换个角度谈点轻松的话题，围绕在台湾的见闻和衣食住行情况用广角镜扫描一下。

台湾号称“亚洲四小龙”之一，60 年代中期以后经济发展较快。据了解，目前一般上班族月薪约为 3 万元新台币(约为人民币 1 万元)，但物价高得惊人，书价比祖国内地高 10 倍左右，其他物价比率也大体如此，如熨一件西服上衣要 200 元，一顿简便的午餐每人要 250 元，一盒“凤梨酥”点心，大约 500 克，竟要 1 500 元(相当于人民币 500 元)。在这种高收入、高消费的社会里，老百姓的衣食住行是什么模样呢?

衣　美上美淡妆成自然　错中错老陆变“老美”

台湾人的衣着比较随便，除正式礼仪场合男子着西装外，通常只穿衬衫或 T 恤衫。最能体现服装潮流的小姐们服装也很简朴，大部分穿化纤类便装，很少见纯毛或真丝类服装，但穿着都很合体，显得朴素、自然。笔者还发现一个有趣的现象，在各种场合，小姐们都不穿中裙(一种过膝的裙子)，而流行穿质地较厚的超短裙或飘逸的长裙，显得玉树临风、婀娜多姿。此地为何无中裙?直到笔者在台风中上街才顿悟穿中裙打伞实在无法兼顾。女士们都穿大方跟和坡底鞋，从未见有穿尖跟高跟鞋的，这可能与台湾的生活节奏快有关系。即使在高级礼仪场合，小姐们也是淡妆素裹，显得高雅自然。只有街头卖槟榔和小工艺品的女孩才涂得满嘴鲜红。

从内地去台湾的客人自然讲究穿着和仪表。笔者在台北还遇到一件趣事，有一天从书展会场出来，我陪同陆本瑞老师(《出版参考》主编，中国出版科研所原常务副所长)到一家玉器行观赏，店中一位小姐热情地介绍各种宝玉，问我们："两位先生是从美国来的吧?"我们掩面大笑，想不到堂堂华夏人在台北当了一回"老美"！这也许是我们的仪表再加上老陆一头银发，颇有学者风度，使这位小姐以为我们来自美国。当我们告诉她来自北京时，她很惊讶，随后又热情地希望我们赏光，能买些宝玉带回北京去。最有意思的是有一块一米多高的天然宝玉，外形酷似台湾岛，真是鬼斧神工，令人不可思议，一看标价要上千万元台币。如果有谁腰缠万贯，把"台湾"带到内地，一定引起轰动!

出了店门，不免感慨一番。作为礼仪之邦的中国人为什么穿着、仪表好一点，就要被当作美国人呢？我们多么希望祖国更快地强盛起来，无论走到哪里，最光彩照人的必定是中国人！想到这里，热泪就在眼眶打转，我的祖国母亲，您能理解吗？

食　一掷千金未为喜　终日宴饮何时休

台湾人大概把省下的置装费都化缘给了"五脏庙"(肚子)了。您能想象得到的中西美味这里都能找到。承蒙台湾出版界友人的盛情款待，在台十来天，几乎顿顿有宴请，比起当年关云长受曹操的厚待要高得多了。从高档的鱼翅席、海鲜席、铁板烧、日本料理到闽粤菜，式式俱全。我们下榻的康华大酒店，欧式自助早餐各种菜式、点心、水果就有三十多种。台湾人喝法国干邑葡萄酒和 XO 人头马就像喝水那样，令人吃惊。但有些以高级餐馆标榜的浙江菜却完全走样，从口味到形状变成了不中不西的菜式。只有盐渍小萝卜最有味，胜过韩国泡菜。

台湾人宴席桌面之大前所未见。笔者曾参加两次大型宴会，每桌坐 24 人，蔚为壮观。一面喝着酒一面忽然想起梁实秋先生的一篇妙文。他说有些外国人到中国来，看到圆桌这么大，夹菜多不方便。主人告诉他，

这好办，每人发一双一米长的筷子。外国人问那怎么夹菜呢？中国人说："你夹菜喂我，我夹菜喂你，不就结了！"这当然是笑话。

台湾一些机关、团体、商店，工作人员午餐非常简单。笔者亲眼看到一些小姐们只啃几块面包(没有菜)，加一大杯饮料，或者泡上一大碗速食面，就在办公桌上匆匆进餐。但速食面佐料比较丰富，真有几只虾米或几片牛肉，还有一撮青菜，面条却是粗粗的，想来挺有咬劲儿。台湾人下班后社交活动很多，一天的美食常常从晚餐开始，从街面上看，各种档次的餐厅鳞次栉比，生意红火，说明此地吃风甚盛。

住　安得广厦千万间　庇得寒士尽开颜

安居是人们最起码的生存需要，自从人类从树上下来以后终得找个窝。在居住这方面，台湾贫富差距悬殊。

笔者与几位同事曾应邀到一位台湾出版业少东家的豪宅去做客。那里是一座中西合璧的别墅，室内陈设的华丽自不必说，特别的是这家主人同五个邻居合伙买下一座山，作为自家的后院，在山下自有的庭院里竟有瀑布。据说这座别墅价值1亿新台币。

普通老百姓就没有那么幸运了。为了有一个安身之地，他们要两代人终生劳碌才能买一套房。台湾买房以"坪"(每坪相当于3平方米)计价，普通楼房每坪要25万～30万台币，即每平方米相当于人民币3万元。街面上挂着售房贷款广告，写着"三世同堂，两代还款"。说明一般老百姓一辈子还不清买房款。

台湾地少人多，地皮金贵。在台北市买一个停汽车的车位就要200万台币，相当于买三辆丰田车的价格。因此这里有"买得起车买不起停车位"之说。一次一位台北友人请我们吃饭，车到餐厅后找不到临时停车的地方，只好将车开到六层楼的停车场。回家的时候，汽车在楼里一层一层转下坡，转得人脑袋都晕了。

台北处在丘陵区，一些楼房建在山坡下，由于台风侵袭，加上建房时偷工减料，以至新建十几层楼房竟然被山洪和泥石流冲倒，居民被活埋，惨状不忍卒睹。1997年8月中旬，受强台风吹袭和暴雨冲击，台北县汐止林肯大郡楼宇倒塌，死亡28人，伤51人，引起岛内对任意开发山区的一片责难声。

行　摩托横行成公害　百姓痛感行路难

台北市交通比较发达，同时也带来了堵车的苦恼。尤其令人头疼的是成群结队的摩托车飞驰而过，堵车时，摩托车不管三七二十一，竟然成群地开上人行便道，行人侧目，视摩托车为一大公害。台湾摩托车手有意同杂技演员一比高低，常见一家几口人同骑一辆车，前边踏板上竟站着几岁的孩子，令人捏一把汗。

酒后开车在台湾好像不算一回事。在台北市碰到一些有相当身份的出版业老板，刚喝完大量的酒，其中有一位喝了一百多杯(真正的一百多杯酒！每杯约 2 钱，酒精含量 33 度)照开小卧车不误！坐在“酒仙”开的小卧车里，主人一边驾车一边谈笑风生，我们却紧张得如坐“过山车”。

台北的出租车车况整洁，司机很有礼貌，知道我们从北京来，更显得亲切。坐过几次出租车，都未发现有宰客现象，也不要小费。

台湾路窄、人多、红灯多，人们过马路像赶集那样一拨一拨往前涌，使人感到此地生活紧张，节奏很快，看着让人眼晕。

玩　上山下海求清闲　文明“娼”盛令人叹

台湾多数单位一周休息一天，少数单位一周休息一天半。每逢休息日，辛劳一周的员工和家属往往倾家出动，或者上山洗温泉，或者下海作逍遥游。在台北市郊，洗海水浴的地方人多得像下饺子。这里海浴的人情调一点不浪漫，没有人穿比基尼泳衣，也没有只展览不下水的旱鸭。这次我们书展团里有两位男士，一位是河北省出版协会主席徐征，一位是中国旅游出版社社长常振国，踏浪下海畅游，据台湾友人说，这是大陆来访客人中头一批下海游泳的人，值得一记。

台湾名胜古迹很多，阿里山的三大奇观(森林、云海和日出)，日月潭的如画风姿，台北县的野柳海岸公园等都闻名于世。因访台期间正遇台风，不利于行，只能在台风过后到野柳去观海。在野柳海岸公园内，地层由砂岩堆积而成，因受海浪长期侵蚀和风化作用，形成形形色色的岩床，怪石密布，有“女王头”、“仙女鞋”、“梅花石”等48景。最著名的是“女王头”，从某个角度看，真是惟妙惟肖，从其他角度看只是平常的一堆石头。在夕阳下，眺望波光粼粼的海水，再回眸留在海滩上的“女王”，使人有沧海桑田之感。

台湾盛行打麻将(当地叫雀牌)，马路上有挂着“雀局”招牌的地方就是打牌的场所。扑克牌在台湾似乎不大流行，在工作场所或游览地区从未见人打扑克。这一点不如内地人勤快，我们这里地无分南北，人无分老幼，常常随身带着“54号文件”，一有空就认真“学”起来。

台湾某些人当然有他自己的玩法。街头上夜总会、按摩院之类的霓虹灯不停地在闪烁。近些时候，台湾地方当局对要不要取缔“公娼”争论不休，因为涉及几万人的“生计”问题。面对治安恶化、世风日下，台湾新闻媒体感叹说：“这个社会真正有病!”

迷信　迷信盛行为哪般　泥胎岂能保平安

释迦牟尼倡行佛法时，大概没有想到在神州大地会香火鼎盛。一般民众除了宗教信仰之外，在礼佛活动中多少带有迷信色彩。在台湾到处见庙，除了供奉释迦牟尼、观世音菩萨外，还供奉关公。在台北市康华大酒店不远处就有一座很大的关帝庙，香火很旺。只见善男信女们边磕头边念念有词。笔者曾贴近去听他念叨什么，却始终没听清他念的那本经。遥想关公英名赫赫，生前连自己的脑袋都没保住，怎么能够保佑苍生？令人纳闷。在台北、基隆等地，凡有名胜之处，都有大大小小的寺庙，真应了一句古话：“天下名胜僧占多。”但我们所到的寺庙，却不见一个和尚，不知庙产如何管理？佛事如何进行？这倒是一个谜。

台湾的迷信还传染到商业和名人墓地，许多餐厅都供奉福禄寿三星。就连生前不断提倡科学的胡适(这里撇开他的政见不谈)，下葬的墓地也由风水先生择定，这大概是适之先生所始料不及的吧!

书香　书香绵绵继世长　两岸交流情谊增

我们书展团一行是在资深出版家许力以、卢玉忆担任顾问，年轻有为的吴江江团长率领下赴台的，是继宋木文、刘杲两位出版界领导人访台之后第三个大型访问团。在台期间，受到台湾出版界热情友好的接待。当我们了解到台湾现有 5 313 家出版社(经常出书的约有 500 家)，每年出书二万余种时，就想实地看一看出版社和书店的情况。有些出版社是前店后社，门市在楼下，编辑部在楼上，产销直接见面，市场信息准确、灵通，使所出的图书比较适销对路。选题注重实用性，分类极细密，很少纯理论性著作。从总体上评估，台湾图书品位还有待提高。台北市重庆南路号称“书店一条街”，那里真可谓书山书海。我们看了一个小书店，大约只有 80 平方米的店堂，却有 15 000 种书，这是笔者按书架一个一个计算出来的实数。有的大型书店还在店堂里设立专门培训班，培训电脑、美术、音乐爱好者。有的书店专门辟出儿童乐园，在一排排色彩缤纷的书架旁，一群可爱的儿童趴在书架上自由翻阅。书店注意培养未来的读者，这是很有远见的做法。

通过十来天的访问交流，两岸出版界增加了友谊，增进了了解。访台归来，我们深深地感到，台湾是祖国的宝岛，台湾人民是我们的血肉同胞，在“和平统一、一国两制”的大政方针指引下，祖国一定要统一。神州岂容金瓯缺，企盼宝岛彩云归，一个强盛的统一的中国必将屹立在世界东方！

本文原载《中华周末报》1997 年 9 月 26 日

台湾书业掠影

从1987年至今，两岸出版与版权交流已进行了十年，但直到1997年8月下旬笔者才有机会随1997祖国大陆书展团赴台湾一行。在商言商，了解台湾出版界的状况自然成为此行的目的之一。

台湾很小。如果坐计程车绕台岛一圈儿，只需17个小时。但台湾的出版业却相当发达，按1996年底统计，已核准而未注销的出版社竟有5 313家(经常出书的约有500家)，年出书约二万余种。50年来，台湾出版业走过了曲折的道路。1945年抗日战争胜利时，台湾出版社规模极小，数量很少，全台湾地区图书出版社仅一百三十余家，且以出版日文书为主。60年代后台湾出版业有所发展，出版社增至一千三百多家，年出书平均近5 000种；70年代达到9 000种；80年代达到16 000种；90年代达到20 000种。按此匡算，每十年出书品种平均增加5 000种。图书内容也不断扩展，由最初以出版教材、教参、文学书、社科书、史地书为主，扩大到科技、理财、经营、电脑、健康、儿童、漫画、休闲及各种实用类图书。从图书选题看，分类极细密，注重实用性，纯理论性著作很少。

台湾出版业仍以中小规模为主流。从资本额计算，有52.09%的出版社资本低于50万元新台币(折合人民币约17万元)。按此推算，这样的出版社一年只能出一二种书。资本超过1 000万元新台币者仅296家。

从发行渠道看，主要有店销、邮购、直销及学校销售四大通道。店销通道中，大型连锁店日益增多，对出版界经营与行销方向的影响将愈来愈大(有关台湾出版业概况根据《台湾地区大众传播事业概况》一书资料，台湾光华传播事业总公司编印，1997年6月出版）。

在台访问期间，笔者参观了台北“何嘉仁文教机构”主办的大型书店，这家书店图书品种丰富多彩，尤具特色的是：在店堂一角举办电脑培训班，有十几位读者正坐着等待上课。在另一侧有一个儿童乐园，一些天真活泼的学龄前儿童趴在书架上随意翻书。书店注意培养未来的读者，这是很有远见的做法。笔者又专门到台北重庆南路“书店一条街”上参观，那里正可谓书山书海，大大小小几十家书店各有特色，从品种到店堂陈设决不雷同。最有名的是金石堂，气势宏伟的店堂相当于北京著名的“三联韬奋图书中心”，浓浓的书香令人心旷神怡。老字号另有一番风光，在台湾商务印书馆门市部里，王云五先生的半身铜像凝视着读者，商务版的图书以严肃见称，封面的简朴仍保持着30年代的特色。世界书局门市部内则是大红灯笼高高挂，陈列的整套精装书典雅、凝重，走进此地有进入大户人家书房的感觉。即使门脸很小的书店也有自己的特色。笔者曾到一家专卖儿童书的门市部，只见白绿相间的书架上陈列着五彩缤纷的儿童读物，卡通人物触手可及，逗引得小读者流连忘返。

台湾图书无论从内容到印装质量，都呈现“两极分化”的态势。其中有相当一部分书内容比较严肃，印装讲究，质量上乘；也有相当一部分书内容无聊，多是声色犬马、封建迷信之类，印装质量很差。在一些书店陈列着“不雅出版物”，封面是全裸体女性照片，多为八开画报或期刊，从文字看是日文和朝鲜文，可能是从日本和韩国进口的书刊。这类书刊都用透明塑料纸包封，不能随便打开，笔者转了多家书店，未见有人取阅。

十年来，海峡两岸出版交流和版权贸易不断增加。据国家版权局对25个省、自治区、直辖市的统计，1991年～1996年底，祖国大陆出版社向台湾出版社已输出图书版权（不包括作者直接授权）2 395项。在这次1997年祖国大陆书展团赴台期间，双方又达成版权贸易协议90项，达成版权贸易意向书140项，买卖兴隆，这是可喜的现象。

访台期间，书展团受到台湾出版界朋友热情友好的接待，双方增加了友谊，增进了了解。台湾是祖国的宝岛，在“和平统一、一国两制”大政方针指引下，祖国一定要统一，两岸出版界必将携起手来为弘扬中华优秀文化，共创美好的明天！

本文原载《读书人报》1997年10月18日

台北落日

从台北回来已近半年，一直欠着这份笔债。笔者两次因公赴台，到过台北、基隆、云林、嘉义和澎湖列岛，前后相隔七年，星移斗转，时空变换，这就有了一点比较。如果说1997年8月初次访台，看到的台湾还像是下午4点多钟的夕阳，那么2004年10月的再访，看到的只有落日余晖了。

2004年10月31日离开台北市的前夕，中国版协代表团一行在市内观光，刚离开号称世界第一高楼的台北101大楼，又驱车去欣赏淡水河大桥。只见夕阳西下，暮云四合，此情此景联想起此次在台湾所见所闻大不如前，真有“台北落日”的沧桑之感。

由盛转衰的台湾出版业

台湾出版业走了一个“马鞍形”。20世纪50年代初，台湾只有138家出版社，年出书2 700多种。进入60年代后台湾经济有较大发展，出版业借势而上，出版社有1 300家左右，年出书约5 000种。90年代是台湾出版业鼎盛时期，有6 000家出版社，年出书2万多种。从1987年开始，两岸出版界有了交流，台湾五南、锦绣、淑馨、光复、联经、晓园、儒林、建宏、成文、百通等出版公司先后与祖国大陆进行版权贸易。锦绣出版社曾取得《中国大百科全书》、《中国美术全集》、《中国民间美术全集》等大型套书在台湾出版繁体字本的版权，在岛内引起轰动。台湾风云时代出版社和唐山出版社还各自出版了《鲁迅全集》。汉光文化事业公司与祖国大陆出版社合作出版的中英文对照《中国十大古典文学名著画集》，参加了法兰克福书展。台湾媒体对两岸出版交流极为关注，像《民生报》记者就撰写了《跨海找回文化遗产》等多篇论述两岸出版与文化交流的文章。从1995年开始，由祖国大陆出版界创议，每年一次轮流举办“两岸三地华文出版联谊会议”(2003年起澳门加入，成为两岸四地)，使内地和港、澳、台出版界有了常规交流的机会。两岸多次互办书展，并举行版权洽谈会、出版研讨会等等。这些史实都由祖国大陆台湾出版史专家辛广伟写入专著内，记载了两岸出版交流中的一段佳话。

进入21世纪后，由于台湾政治形势变化，陈水扁加紧推行“台独”活动，其中“文化台独”更直接冲击到台湾出版业，有相当一批台湾出版商遭受重创，处境艰难。这次见到的几十位台湾出版界朋友，每谈及此，都有切肤之痛，听到祖国大陆出版业繁荣发展，更是羡慕不已。台湾出版业低迷，也反映在接待工作上，笔者亲历的两件小事可以略见一二。1997年访台时，有一位台湾出版社小老板，专门邀请代表团一行十多人到他的别墅去茶叙。这座豪宅位于台北郊区半山腰上，据主人讲，他和邻居合买了一座山作为他们的后花园，在山上建了这座别墅。他的事业和家产自然不在话下。另一位比他更大的出版商，专诚邀请代表团到台北最有名的一家餐厅请客吃“铁板烧”，那天他在餐厅出手的小费就有新台币5位数之多。2004年我们再访台北时，这两位朋友都不见了。其实君子之交不在席面，重在信义，内地出版界同行一直很挂念这些老朋友，希望他们事业有成，为两岸出版交流再添薪火。

物价高昂　市面萧条

新台币不值钱，与人民币汇率大体上是4∶1，与美元是34∶1。大陆客人到了台湾地区换了新台币后，顿时有腰缠万贯之感。台湾物价奇昂，我们买了一点小东西就深有感触。在澎湖马公市，笔者和代表团几位出版社老总各自买了一个带红珊瑚的铁质领带夹，标价新台币2500元，折合人民币约600元。到了香港，发现24K金质领带夹才卖港币350元。在台北买一条带玉石的工艺品挂饰，要新台币600元，到了北京只要人民币30元。在台北101大楼内，一些品牌商品价格更高得离

谱，一个坤包要3万新台币，一件普通皮夹克要5万新台币。在101大楼里，我们参观了新加坡人开的著名的Page One书店，原版外文书比内地要贵十倍，台湾本版书比内地贵五倍。二千多平方米的书店里冷冷清清，店员比读者还多。由于两岸书价差别很大，所以有些台湾学者和学生乘到祖国大陆访问之便，尽可能多地购买内地图书。台湾出版业者对大陆简体版图书入台销售，可谓“一则以喜，一则以忧”。喜的是生意来了，忧的是内地版图书质优价廉，读者纷纷抢购，台湾本版书更卖不动了。

在台湾参观购物时，还遇到一件有趣的事情。代表团所有成员都是衣着光鲜，气度轩昂，在澎湖机场售品部挑选商品时出手不凡。售货员小姐问我们是不是日本人？笔者马上告诉她，我们这一行人都来自北京。售货员态度很亲切，介绍了很多特产，并说很想看看人民币是什么样子？可惜当时我们把人民币都放在箱子里，没法让她们看。在飞往台北途中，我们行李里又增添了分量，其中有澎湖的特产，更有一份浓浓的台湾同胞的亲情。

“反独促统”　人心所向

近几年来，由于台湾当局加紧推行“台独”，使台湾经济不断下滑，从市面上看大不如前。代表团一行到澎湖列岛，途经几个旅游点，在就餐的饭店里，偌大的店堂有时竟然只有我们一桌饭。代表团下榻的台北康华大酒店对面有一家24小时营业的商店，笔者经过几天的观察，发现顾客比店员都少，尤其是晚上九点以后，店堂只见灯光没有一个顾客。从接触的岛内人士看，表情凝重，有一种惶惶然的神态。

在突如其来的灾情面前，祖国大陆和台湾岛内更有完全不同的境遇。1998年7月，长江爆发了1954年以来最大的洪水，在危急时刻，江泽民、朱镕基、温家宝等党和国家领导人亲临前线指挥抗洪救灾。在台湾则是另一幅景象。笔者两次访台，都遇到台风过境。1997年8月，大台风把我们堵在了基隆。2004年10月24日晚至25日，大台风横扫台湾东北部，致使台北等九个县、市停课、停市。10月25日据称有一个“台独”头面人物要下乡视察灾情，一名电视台记者提前赶去，结果被山洪冲入山涧淹死，而那个昏官根本没有去。台风过后，岛内一些地方居民流离失所，污泥满街，“官员”们只会空喊，根本不管人民死活。这些事引起岛内大哗，报纸和电视台纷纷痛斥在灾害临头时，这帮昏官只会作秀。10月26日，笔者在台北市街头，看到不少碗口粗的大树被台风拦腰刮断，一片狼藉。联想到这几年“台独”邪风一波又一波地刮向广大台湾民众，台胞遭受精神上和物质上的戕害更是苛政猛于台风。“树犹如此，人何以堪?”

台北市街头在光天化日之下，更有人不怕压，不怕死，在大马路旁边公共坐凳上用粗号炭水笔写着“陈水扁是杀人犯”的大字，地点就在举办2004祖国大陆书展大楼前的人行道上。这是笔者亲眼所见，可见陈水扁在台湾老百姓眼中是何形象。

台湾出版界同行对于“台独”的倒行逆施更是深恶痛绝。他们对中国版协代表团团长陈为江、中国书展代表团团长吴江江以及与代表团成员座谈中，都真诚地表示，中华文化的根在祖国大陆，两岸血浓于水，内地有丰富的出版资源和人才，只有进一步加强两岸出版交流和合作，台湾出版业才有出路。台湾省出版协会历任负责人始终坚持一个中国原则，16年来克服重重困难，坚持与祖国大陆出版界友好往来。他们表示，2005年5月将组团前往北京，参加第三届两岸杰出青年出版专业人才研讨会，10月份借北京国际图书博览会之机，将组团参加第十届两岸四地华文出版联谊会议。祖国大陆出版界同仁将热烈欢迎台湾同行的到访。

2005年3月4日，胡锦涛主席发表了关于新形势下发展两岸关系的重要讲话，充分反映了中国政府坚定的原则立场，以及实现和平统一的极大诚意和善意，引起了包括台湾地区在内的海内外的强烈反响。2005年3月14日，十届人大以高票通过了《反分裂国家法》，以庄严的法律宣示了反“台独”，反分裂，努力争取和平统一的坚强决心和力量。台湾局势具有严峻性和复杂性，但祖国大陆有遏止“台独”的战略优势。在以胡锦涛同志为总书记的党中央领导下，我们有充分的信心，通过努力做好对台工作，用党的方针政策影响台湾人民，以优秀的中华文化为纽带，从各个方面争取台湾人心，宝岛台湾一定能早日回到祖国的怀抱。

2005年3月25日

巴黎履痕

1993年5月中旬，中国新闻代表团取道巴黎，前往也门共和国访问。在巴黎逗留三天，使我有机会初识这个世界闻名的花都。凯旋门的庄严，埃菲尔铁塔的雄伟，卢浮宫的艺术瑰宝，塞纳河的旖旎风光，都使人无限神往，引起无数遐想；然而，街头艺术家的沦落，地铁里的卖唱者，红灯区的皮条客，使我看到了巴黎的另一面。啊！巴黎，你这个又圣洁又妖冶的美女，让我怎么写你呢？

惊鸿卢浮宫

“不看卢浮宫，就不算到过巴黎。”这是某华文报驻巴黎记者对我们的忠告。于是，我们代表团一行四人决定立即驱车去卢浮宫。卢浮宫外观古朴庄重，几乎占一个街区，数不清有多少房间。进得大门，院中是一座玻璃金字塔，这就是著名华裔建筑师贝聿铭的杰作。80年代刚建成时，曾受到不少批评，认为这样一个现代化的构筑，放在古典主义的宫殿群中实在不伦不类，但后来人们终于接受了它，这被看作是法兰西多元文化的一种象征。现在这座金字塔是卢浮宫的入口，进去之后才能下到售票大厅，参观票价是35法郎(大约与35元人民币等值)，据称每逢星期日免费参观，但我们没能赶上。只要能看到“蒙娜丽莎”的真迹，票价再贵也忍了。

卢浮宫真是一座无与伦比的艺术宫殿，里边收藏着数以万计的艺术品，有史前文化遗迹，有雕塑，有壁画，有油画……当陪同人员告诉我们，如果仔细看，至少要一星期，而我们仅有几小时时间可以观赏。只能惊鸿一瞥，做匆匆的过客。史前馆只好割爱，匆匆奔向雕塑馆。只见“维纳斯”正含羞迎接仰望的游客，依然从容出浴，裸体的三女神似乎正在凝神谛听圆舞曲，全不顾四周的红男绿女。有一尊塑像很特别，骏马的身子却有着一个健美的男子汉的上身，马背上还骑着一个小天使。这象征着什么？谁也没猜着。到了油画馆，成百上千名游客都拥向一处，无疑这里就是“蒙娜丽莎”的真容了。我们赶紧挤进去一看，果然是的。只见这位美人露出永恒的微笑，注视着永无止境的人流。令人奇怪的是，无论你从哪个角度看，她的双眸都注视着你。在画像前边，照相机劈劈啪啪的快门声不断。宫内规定不许使用闪光灯，以免损坏艺术品。但忘情的观众似乎顾不上这么多，只要管理人员稍走远，马上照拍不误。在这种情况下，我也从不同角度拍摄了这幅举世无双的画像。当我离开这幅画像时，心中默念着，何日才能再见？“蒙娜丽莎”原画不大，只有竖全开大小，镶在一个朴素的木质画框里，外边也没有玻璃框。虽然近在咫尺，但没有谁敢于摸一下原作，因为那是绝对禁止的。看过“蒙娜丽莎”，面对其他精美绝伦的油画，似乎不那么惊心动魄了。只是过去从名画集中才得一见的佳作，现在都真真切切地呈现在你的眼前，使人如梦如幻，感到说不出的亲切，此时此刻，人们的精神仿佛一下子升华了。我们在许多名画前摄影留念，暂时做了一回“画中人”。卢浮宫不但藏品丰富，而且宫殿本身就是一座美轮美奂的艺术之宫，许多藻井壁画和装饰性雕塑，就是一件件稀世之珍。我不禁深深感佩法兰西文化的光辉灿烂。

这时，我向陪同人员提了一个问题：这里为什么没看到从中国掠去的《永乐大典》和敦煌壁画？这些宝物现在放在哪里？据告，这些东方瑰宝另外陈列在别处宫殿中，离此很远，所以没看到。从卢浮宫出来，心中交织着复杂的感情，“梁园虽好，不是久恋之地”。心底不免卷起一阵百年历史的风云。想想一百多年来，由于半封建半殖民地的旧中国衰败无能，致使国运式微，列强乘机掠夺去无数宝藏。现在藏在西方许多博物馆里的宝物，有很多就是从中国抢去的，心中一阵阵隐痛。遥想1 300年前的唐朝和500多年前的明朝曾经有过光辉灿烂的物质文明和精神文明。今天，历史又给了我们最好的机遇，我们一定要抓住这千载难逢的

机会，重振国威，把国家建设好！

当我重新站在玻璃金字塔的门口，回首卢浮宫，想到我们是作为中国的文化使节来到此地的，我拂拂两袖，不带走一片浮云。

巴黎圣母院前的奇遇

穆青同志1987年3月间在美国旧金山街头曾拍到一个镜头，画面是模拟机器人的美国黑人。起初，他以为是一个广告模特儿，走近一看，才发现是一个活人。有人往这个黑人身边币盒里丢点钱，他就像上了发条一样动起来。不料这样的奇景，我们在巴黎圣母院门口也碰到了。只见一个穿着西服的黑人一动不动地站在街心里。起初我们以为是一座塑像，后来有人往他手上持的花瓶里扔进一枚法郎，这个人马上动起来，原来竟是一个大活人。他为了生计，只能用这种方式行乞。刚走两步，又看到圣母院门口一个年老的盲人正在托钵求助，他的神态恰似雨果笔下那个“卡西摩多”，只是多一分丑陋和苦相。我们再看大门上边众多的祭司塑像依然妙相庄严，似乎正以悲天悯人的目光注视着众生，但对于眼皮底下可怜的“卡西摩多”何以无动于衷呢？看来，圣母和祭司都无回天之力。

出访法国在巴黎凯旋门前
（1993年5月）

在巴黎，我们两次驱车去瞻仰埃菲尔铁塔和凯旋门的雄姿。前者代表着资本主义上升时期的雄心和伟力，显示着生气勃勃的力量；后者则记载着拿破仑的武功和韬略。这两座著名建筑物代表着法兰西的历史，给人以深刻的印象。法国十分注意保护文物古迹，充满了文化气息，但现代文明也给古迹带来许多麻烦。凯旋门周围交通混乱，塞车严重。据陪同我们的同志相告，巴黎市政府拟出高价征求治理这段交通的方案，但至今没有良策。我们曾下车实地考察一番，认为有办法治理，如果再给一点时间，我们敢揭这个“皇榜”。治大国如烹小鲜，办法总是有的。

卖唱者和皮条客

离开凯旋门，我们乘坐已有100年历史的地铁，这条钢铁巨龙在巴黎四通八达，尤为别致的是：有几站地铁车从地下钻出来通过地面，变成有轨电车照样行驶。地铁车里人流汹涌，在一个大站忽然上来一个年青人，在车厢里拉起手风琴。开始我们还以为他是音乐爱好者，不料一曲终了就伸手要钱，原来是卖唱的。他大概看出我们是“老外”，所以没有过来讨钱。

在巴黎接待我们的某华文报“老总”，要我们到夜总会和“红灯区”去走一走，认识一下巴黎的另一副面孔。我们一行七人信步走到一个名叫“红磨房”的夜总会门口，据说这个地方的演出还不算太出格，还有更“高级”的，就演出有脱衣舞之类的玩艺儿，票价高达500法郎，我们看看“红磨房”的海报就走。周围就是有名的“红灯区”，妓院门口犹如电影院，用大幅真人裸体照片勾引行人，内容不堪入目。一家挨着一家的妓院门口站着黑人，有的竟动手拉人，他们开始用英语，后来又用日语，最后竟用上海话喊我们“进来白相白相”。我们立即摆脱纠缠，快步离开这可怕的魔窟之门。据陪同人员讲，还有些更低级的妓院，妓女直接站到街头巷尾拉客。我们生怕遇到麻烦，赶紧离开这是非之地。这个“红灯区”像喧闹的杂耍场，刺耳的音乐声不断鼓噪，霓虹灯闪着鬼眼，仿佛交织成一张硕大无朋的吃人的网，要把过往行人拖进网去。面对这一场景，巴尔扎克笔下许多人物似乎都在夜幕下出来了，那个妖艳的“贝姨”好像正从街口走来。那一刻，巴黎给我们的美感一下子消失了。回到我们下榻的新华社巴黎分社，好半天才缓过劲来，仿佛刚从地狱回到人间。

在“文化街”挨宰

承某华文报“老总”的好意，陪我们雨中乘游艇畅游塞纳河，在风景如画的两岸，欣赏着无数精美的建筑。在河中看到亚历山大桥过去了，

巴黎圣母院过去了，这时，我们又看到了法兰西文化庄严的一面。之后，舍舟登岸，到了一条文化街，只见许多街头艺术家正在出售自己的作品，价格不菲，略微有点艺术水平的，标价都在 1 000 法郎以上。这时斜刺里杀出一个艺术家，拉住我们的翻译小姐要给她剪影。未等她本人同意，一剪刀就下去了，两分钟之后，剪影完成了，这时竟索价 100 法郎(约为人民币 100 元)。翻译大呼上当，只好付了“学费”。我们几个议论说：“这样宰人也太黑了！这算什么艺术家！”

我们眼中的巴黎，就像是一个变幻莫测的万花筒，看到千变万化的景象，时好时坏。怪不得有人说：巴黎有 1 000 副面孔，这个美人变脸也太快了！

本文原载《中国旅客报》1993 年 6 月 23 日～30 日

也门风情

在我的客厅里，悬挂着也门共和国新闻部次长赠送的腰刀，还有一幅也门古城堡的壁挂，使我时时想念这个慓悍的国家和热情的人民。一个月以前，我作为中国新闻代表团的成员，刚刚访问过这个国家。

在红海与阿拉伯海的交汇处，横卧着一个元宝形的国家，国土面积虽不大，但她兼有山区的险峻和海滩的妩媚；人口1 610万。这个国家除了空气、水和粮食，几乎所有产品都是进口的。在二十多个伊斯兰国家中，它是最正统的国家之一，严格遵守着伊斯兰的教规、教仪，从这里可以领略到阿拉伯的古老风韵；同时，在古朴的“包装”下，又可以享受到现代文明的一切成果，从超豪华的办公设备到随处可见的奔驰汽车，从最新款式的法国时装到各式各样的日本电器，从中国的白猫洗衣粉到各种玩具，你能想象到的东西，这里应有尽有，进了商店，仿佛是参观万国博览会。笔者有幸在这个国家生活了九天，访问了首都萨那，又穿过大山和沙漠，来到中部重镇塔孜，最后到了南部滨海城市亚丁港(号称“小香港”)，经历了一次多姿多彩的旅行。这里试以衣、食、住、行四个方面对这个国家的风土人情作一番素描。

我们是从法国巴黎飞到也门首都萨那的。从世界花都一下子到了古老的阿拉伯国家，不但时差不适应，对突然变化的风情也不适应。刚到萨那市，仿佛进入了《一千零一夜》神话中的世界，有一种梦幻般的感觉。尤其是看到街上满处是佩带腰刀的男子和从头到脚裹着黑纱的女子款款而行，更有一种神秘莫测的感觉。咱们的话题就从“穿衣”开始吧！

黑纱和大袍

也门男子的衣装已经分成两种潮流，一种是讲究的西装，主要是政府官员和其他公职人员穿着。西服绝对是高档进口货，我们曾在一家商店看到一套混纺料子法国缝制的西服，标价500美元，这还不算最贵的。在休闲服装中，阿迪达斯、鳄鱼、花花公子等名牌服装随处可见。一般行人的服装，往往是西服上衣加一条男式长裙，倒也宽松自在，只有年长者才穿阿拉伯长袍，样子和阿凡提大叔差不多。也门女子从十来岁开始，从头到脚裹着黑色长袍和黑纱面巾，只露出一对美丽的大眼睛。但是我们访问电台、电视台时，看到播音员和电脑操作员都不披黑纱面巾，落落大方地接待我们。无论在街上或办公室里，我们从未见到有也门女子穿着其他鲜艳色彩或其他样式的服装。只有一个地方是例外，在我们下榻的亚丁港“黄金海岸”宾馆，有两位年轻的女服务员穿着超短裙和开胸很低的服装，使我们大为惊奇，这与也门南方比较开放和天气过于炎热可能有关系。

我们曾私下问过熟悉也门风情的人士，这些身披黑袍的女子，回家以后穿什么？回答使我们感到十分意外，原来阿拉伯女子也天生爱美，回家以后就换上各种色彩鲜艳的服装，包括最时髦的法国、意大利时装。但按照伊斯兰风俗，外人不得进入他人香闺，因此究竟如何，就不能细问了。

在服装穿着上，萨那古城要求最严格，不允许抛头露面和穿短裙的女子(哪怕是外宾)进入城内瞎逛。也门新闻部公共关系处一位女处长陪同我们参观古城，这一天她也特别换上正规的阿拉伯女服，蒙上了一块大大的头巾。我们新闻代表团的翻译张小姐，虽然带了不少漂亮时装，但入乡随俗，这一天她也换上长裤，还特意蒙上一块大头巾，立时成了一位阿拉伯姑娘。

也门是有着三十多年历史的文明古国，他们古代的服装是什么样的呢？我们有幸参观了也门国家历史博物馆，看到了古代皇帝和皇后的服装。令人惊奇的是：也门皇帝(不知哪朝哪代)的“龙袍”竟然和中国京剧中大官的服装极为相似，料子是丝绸的，式样似清朝的官服，皇后的服装则近似中国维吾尔族的盛装。据说，早在2 000年前，通过丝绸之路，中国和也门就有友好往来，因此“东服西渐”不是没有可能的。但博物馆里挂着的皇帝盔甲则与中国不同，比较接近罗马帝国时代的装束。至于古代平民百姓穿什么？博物馆里看不到实物。只看到一种盛新娘子嫁妆的银箱，长约一米，高50公分，雕刻十分精致。我们猜想这大概不会是普通老百姓的用品，可能是哪个王公贵族的公主出嫁时用的，但讲解员到了也没有说明白究竟是什么人用的。我们只好礼貌地说一声“爱由哇”(阿拉伯语“好的”意思)，就告辞了。

阿拉伯姑娘喜欢穿金戴银，阿拉伯的首饰举世闻名。我们在街面上看到许多金银首饰店，入夜一片辉煌。除了传统的金首饰外，还有用白银和龙涎香(一种名贵的鱼胆结石)镶制的项链,据说只有也门才有。龙涎香轻轻一擦,能闻见一种特殊的香气,十分珍贵。这些首饰戴在阿拉伯少女身上,把她们打扮得分外妖娆。俗话说:“若要俏,一身皂。”(皂是黑色的意思。)这种黑色绸子或毛料长袍确实把阿拉伯女子打扮得分外俏丽。只见美目流盼,却看不见庐山真面目,更使人留下许多美好的遐想。

下面，我将介绍阿拉伯的饮食习惯，在饮食礼节上有什么特别之处？在也门能吃到中国饭吗？中国人，有了“莼鲈之思”，怎样解乡愁呢……

在北京生活了四十多年，有幸品尝过许多清真菜，诸如东来顺的涮羊肉，月盛斋的酱牛肉，鸿宾楼的罐闷羊肉等，都是无上的美味。至于脍炙人口的北京小吃，做得最好的都是回民小点心，那叫地道。但出国去一个伊斯兰国家，每天三顿吃清真菜，这次去也门共和国是头一回。

为了熟悉和尊重当地的风俗习惯，去也门之前，我查阅了有关资料，翻阅了清真菜谱，并学习伊斯兰的饮食礼仪。据一本书上说：在一些伊斯兰国家里，不管是在吃饭时间或什么场合，只要时间一到，他们就会做礼拜，一天做五次，时间很长。实际情况究竟怎样？在吃饭前客人是否也要跟着做礼拜？他们的餐具用什么？是刀叉还是用手抓饭？这一切都像谜一样……

有特色的清真大宴会

到达也门首都萨那的第二天，热情好客的主人——也门新闻部就举行正式的欢迎午宴。宴会地点设在一座富丽堂皇的原先老王爷的官邸里。现在这里成了一座有名的大饭店。12点整，街上正放着诵经做礼拜的广

会见也门共和国新闻部官员(1993年5月)

播声，但这个大宴会厅里却放着热情奔放的阿拉伯民歌，这使我们明白，在这个地方，饭前不必诵经做礼拜。环顾大宴会桌上，排列许多刀叉、小碟，这意味着不必用手抓饭。和中国宴会不同，席上没有六碟八盘的凉菜，而是各种口味的奶油和奶酪。我们新闻代表团一行都没有参加清真大宴会的经验，只好“傻子过年看街坊——别人咋过咱咋过”，有样学样准保没错。头一道菜是阿拉伯浓汤，用鸡汁加番茄沙司，鲜美可口。早就听说煮羊肉是也门一绝，尝了这道主菜后，果然名不虚传。如果和我国内蒙古的煮羊肉相比，内蒙古是大块吃肉，大碗喝酒；而也门因是伊斯兰国家，按教规必须禁酒，因此煮羊肉时都带汤汁，以便一边吃肉，一边喝汤，奇怪的是，这里的羊肉没有一点膻味儿。接着是上烤鸡、烤鱼、烤羊肉串，这些食品一律烤成焦黄，但除羊肉串外，不加任何佐料，淡而无味。后来我们才弄明白，大多数西菜都是这种做法，由客人自己随意加作料。要调配得恰到好处并不容易，因为很难分清哪是白椒粉，哪是盐，在大宴会上你总不能去闻调料瓶子。我们猜想主食一定是阿拉伯“馕”，结果上来的却是中国式的烙饼，而且也切成三角块。所不同的是在一个瓦钵里用烙饼蘸浓汤吃，这种浓汤是什么东西做的，我们到了也没有研究出来。接着上甜点心，主人介绍说这是一道埃及点心，品尝之下，原来是面粉加鸡蛋烙成的饼，只是浸泡在蜜糖里，虽然很香甜，但未免太腻。最后是水果——木瓜、香蕉和进口的大苹果。

这是也门政府的正式宴会，我注意与中国传统宴会做一比较，有几个特点：第一，主人、客人都不必讲话，吃饭就是吃饭，不搞什么“工作午餐”之类的花样；第二，主人不向客人劝饮(伊斯兰国家禁酒，席上只备饮料)或劝菜，一切尊重客人自便；第三，菜式丰俭适当，采取分餐制，浪费很少。以后我们应邀参加的另两次正式宴会也是如此。这些做法可供我们参考学习。据报载，我国目前每年公费宴请费用高达 1 000 亿元左右。姑且不说不该这么铺张，就从宴会为摆谱而大量剩菜一项估算，至少白白浪费 200 多亿元，这种惊人的浪费实在该下决心改革了。至于私人宴请浪费也不在少数，也应提倡节俭之风。

潇洒签账单　尴尬独徘徊

在我们下榻的也门首都“萨那宾馆”和亚丁市的“黄金海岸大饭店”，都有精美的阿拉伯饭菜。承主人的热情关照，每次吃饭都由我们自己点菜，各人分餐吃饭，饭后只需签账单。翻译张小姐是开罗大学留学生，点菜、签账单就拜托她负责。她说：“每次签账单，感觉特潇洒，真像当了‘大款’。”

就这样潇洒了九天，到临行最后一顿晚餐，却出现了一件尴尬事。当天下午，代表团程先生和翻译张小姐因事外出，事先他们用阿拉伯文为我们写了晚餐的菜单。剩下一位耿先生和我都不懂外语，除了能说一句“哈罗”和“爱由哇”(阿拉伯语“好啊”之意)之外，就张不开口了。晚上八点多，两位外出的同志办事尚未回来，剩下的一对，大眼瞪小眼，在餐厅门口溜达，不敢进去(另外，也有一件公事上的原因)。直到九点多，救星回来了，这才共进晚餐。这时，我更深切地感到，搞外事工作应该掌握一门以上外语，至少能说几句生活用语，以便应急。回北京后赶紧补课，但面对天书一般的阿拉伯语，仍是两眼发白，能记起来的只有一句“爱由哇”！

昂贵的“卡特”

也门普通老百姓的饮食情况如何？因没有亲见，不敢随便言语。但我们在萨那市和塔孜市，却看到也门老百姓每天下午在街头上嚼着“卡特”，每个成年男子，嘴里都鼓起一个乒乓球大小的鼓包。“卡特”是也门特有的一种药用(有兴奋作用)植物，状如嫩杨树叶。只见人们一边捋叶子，一边放在嘴里嚼。据说还有“卡特”集会，每天下午(通常在一点以后)由一家牵头，若干个朋友自带“卡特”在一起聚会聊天，上至朝政，下至里井传闻，都可以评论一番。“卡特”相当贵，据了解每人每天最少要嚼5美元的“卡特”；有钱人要嚼50美元的“卡特”。“卡特”的质量不等，越是嫩叶越贵。在也门南边城市亚丁市则少见有这种习惯。由于长期养成嚼“卡特”的习惯，因此也门人民下午基本上不工作，直到傍晚提起了精神，再干一会儿工作。

仅次于“卡特”的高消费，大概要数喝水了。因也门山区缺水，饮用水多靠雨水，南边亚丁湾是天然良港，但海水只有淡化后才能饮用。不少城里人差不多都喝进口的矿泉水。我们在也门九天，每天都喝着从法国进口的昂贵的矿泉水。真想喝一杯龙井茶，可惜没有热水。每到一个新闻单位，请我们喝的多为浓香醇厚的也门咖啡和矿泉水，如要喝热茶，需要特别说明，送来的茶是加了糖的红茶。

我们在亚丁市参观一个中国援建的冷藏库时，几位中国专家告诉我们：他们为帮助解决海水淡化问题，特地将一项新技术带到也门，在冷藏库里建起了一座淡化水过滤锅炉，此举受到也门有关方面的热烈欢迎。我们参观中看到中国专家帮助也门人民又办了一件好事，感到非常高兴和自豪。据中国专家组的同志告诉我们，也门人民对于中国专家和工人非常友好，当一批中国人完成工程任务将要回国时，也门工人竟禁食一天，为中国人祈祷，请求安拉保佑中国兄弟平安回家。这个动人的故事说明中也两国人民的友谊已深入人心！

也门的住房和商店也是很有特色的，处处体现出伊斯兰的风格。我们既看到昔日王爷府的宏丽，也看到了新建合资饭店的辉煌，更多的是看到在朴素的外表里藏着相当现代化的办公设施。遗憾的是没能到居民区拜访，不知普通老百姓居住情况如何？在这一篇里，笔者想说说也门公共建筑和街景的印象。

首都萨那是一座正在建设中的城市，分为老城、新城两大区。老城房屋多为两三层土石结构的房屋，一律平顶，可见常年雨量很小。老城区街道曲曲弯弯，商店鳞次栉比，多为工艺品(银器、铜器、弯刀等)和日用品商店，没有现代化的大百货商店。这里有一座已有1 000年历史的古清真寺，庄严肃穆，但外国旅游者不得擅入。最有趣的是老城有一处加油站，站内躺着一匹骆驼，有一个老大爷守着，他的旁边摆着每个十公升的塑料汽油桶。这种形式的加油站可能是全世界独一无二的(在新城区另有现代化的加油站)。

新城区大多为三至五层的建筑，伊斯兰风格十分突出。外墙几乎一律都刷成棕、白相间的颜色，玻璃都是彩色的，在阳光下熠熠发光。有许多建筑物一楼的门面房早就办公或营业，但顶上仍露出未竣工的钢筋，这样的房子几乎到处可见。我们在塔孜住进一座宾馆，主楼门厅还是施工中的毛坯，但餐厅已开始营业了，装饰得富丽堂皇。我们问为何要这样处理？据有一种说法是可以免税。

我们下榻的萨那宾馆，是一座现代化的三星级宾馆，带有游泳池和一个后花园。但大厅的装饰保持了浓郁的民族风格，正中陈列着足有一人高的大铜壶，笔者见所未见，到萨那宾馆后，马上和这个大家伙合了一张影。在南方城市亚丁市则另是一幅景象，从街头建筑风格看，更接近于西方大城市。我们下榻的“黄金海岸大饭店”，大厅里放着的是一架大钢琴，楼梯都是大理石的，宾馆所有设备全用进口货，连床单都是MADE IN U.S.A。

给我们留下深刻印象的是：政府机关和新闻出版单位，公共建筑物外观都很朴素，一般是三层楼土石建筑，但里边陈设相当现代化，宽敞的办公室里都配备了讲究的办公桌椅和沙发，多数还有空调和电脑。在自己的办公室里就有条件接待外宾，显得亲切、自然。

到了一个新地方，总得去逛逛商店，看看街景。也门的商店太特别了，它的特别是门面惊人的一致性。除少数几家高级时装店和大百货商店有现代化的门面外，其余所有商店门脸都刷成天蓝色，大多为两开间，很少有三间的。除首饰、手表、音像设备外，其余全是开架售货，服务态度很好，而且可以砍价。有趣的是，这里还有私人办的小“钱庄”，专

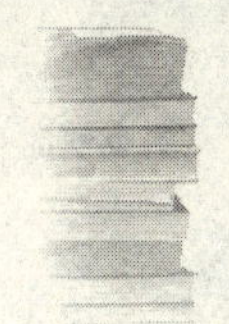

门兑换外币，我们到萨那的几天中，一美元可换45个里亚尔，后来里亚尔略有升值。所有商品几乎全是进口货，从6 000美元一只的雷达永不磨损石英表到20美元一件的阿迪达斯运动服，应有尽有。我们注意了一下，中国商品中最常见的只有白猫洗衣粉，据说也门人试用过很多国家的洗衣粉，认准只有白猫牌顶好，一用就是十几年。再就是中国的玩具了。在各种高中低档衣服和鞋子中，就没有中国货的影子。我们感到很纳闷，因为中国服装是世界上数得着的，也门有广阔的市场，我们为什么不去呢？据也门新闻部一位女处长说，早在一千多年前，通过丝绸之路，中国货就源源不断到了也门，她本人1992年曾访问过北京、杭州，对中国丝绸和其他日用品都非常喜欢。在亚丁机场免税商店里，我们转悠了大半天，只看到一架红梅牌半导体收音机躺在橱窗里，面对着日本、德国许许多多的家用电器，心里很不是滋味。

据中国驻也门大使馆的同志告诉我们，也门街上店铺只准有两种颜色，商店为蓝色，药店为白色。我们到过的萨那、塔孜、亚丁三个城市，所有商店果然如此，这也是也门一景。

在临近回国的前一天，正巧是也门共和国国庆日(即南北也门统一纪念日，时间是5月22日)，首都萨那街头处处张灯结彩，一派节日气氛。入夜，彩灯闪烁，非常漂亮。据说这样的彩灯要亮好几天。

5月23日深夜，我们告别了也门飞往德国，汽车以每小时100公里的速度向机场飞驰。据主人介绍，也门全国有70%的公路是中国人帮助修建或援建的，至今还有一千多名中国专家和工人在也门工作，与也门人民结下了深厚的友谊。

别看也门国民经济收入不高，但却是一个“装在轮子上的国家”，汽车拥有量接近中等发达国家的水平。也门共和国现有1 400万人口，拥有汽车110万辆，已达到中等发达国家的水平。而30年前，中国首任驻也门大使呈递国书时，竟是骑着毛驴去的，这说明当时也门的交通状况十分落后。今年5月中旬，我们访问也门时，到过首都萨那，中部重镇塔孜以及南部亚丁市，乘坐过海、陆、空多种交通工具，对也门的交通情况有一个立体的了解。

承主人的热情接待，专门调了一辆总统府礼宾车给代表团使用，三排座大“奔驰”车，豪华舒适。我们原以为这种车一定很少，后来在街上走一遭，满世界是名牌车，“奔驰”、“林肯”、“丰田”、“马自达”、“雪佛莱”、“菲亚特”到处可见。可能这里的汽车售价相对来说比较低，真正是代步的工具，所以在汽车的保养上不太经心，在遵守交通规则上也有较大的随意性。常见到好端端的一辆轿车撞得缺鼻子少眼的，也照开不误。这里车速都非常快，我们的车时速都开到100公里以上，司机技术高超，在城市潮水般的车流中像玩魔术似的穿行，坐在车里有玩“过山车”的感觉，好在有惊无险。

也门的轿车车牌分成多种颜色，政府用车、非政府用车、外国大使馆用车、出租汽车；车牌颜色都不同，很容易识别，也便于管理。

这里的公共汽车都是“中巴”，乘客不多，大家有秩序地上下，从无前呼后拥的状况。值得称道的是，每个公共汽车站都有铁皮制作的遮阳篷，乘客不必担心日晒雨淋。

笔者曾注意观察，政府官员是否都坐高级车，结果很出人意料。有一天，新闻部一位司长陪同我们来郊区参观一座有1 000年历史的水库，他把随行的两名摄影记者让进一辆小轿车，自己亲自驾驶一辆运货用的小货车(北京叫“半截美”)上路。这辆破车除了铃儿不响哪儿都响，但司长却安之若素。这个情况使我很受感动。

在也门访问期间，主人告诉我们，这个国家有70%的公路都是中国援建或是中标后在这里帮助修建的。由于修通了公路，对也门发展经济起了很大作用，也门人民将世世代代铭记中国人民的情谊。我们到达亚丁市的时候，温度达到36度以上，看到一批中国专家和筑路工人头顶烈日，正在紧张地施工。据介绍，目前还有一千多名中国专家和工人在也门工作，包括筑路和冷库专家、教师和医疗队的同志。对这些不远万里到异国他乡传授技术、传播友谊的使者，我们表示深深的敬意!

代表团有机会乘坐也门国内航班的飞机，从亚丁市飞回首都萨那，航程仅40分钟，机型是波音737型。与众不同的是，虽然有登机牌，但所有乘客都不必对号入座，像看通宵电影似的，谁先到就可以坐好位置，这样乘飞机也是生平第一遭。但登机前安全检查工作十分认真，飞机驾驶技术也很好，起飞和降落干净利索，非常平稳。原先我们暗自担心，萨那四周是山，飞机像降落在一只盘子里，不知是否安全？事实证明这种担心全属多余。据说，也门国内航班至今保持安全无事故的良好记录。

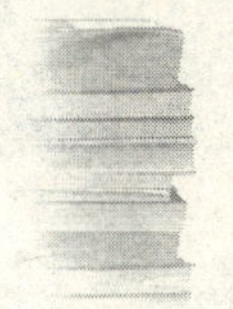

在红海上遨游，一直是我们的梦想。原先，我们想象当中红海可能呈红颜色，结果完全不是那么回事。亚丁湾是和香港齐名的深水良港，海水能见度很高，近海滩几米处海水瓦蓝清澈，远处碧波荡漾，十分壮观。主人特意安排我们乘游艇在红海上游玩一个多小时。亚丁港是个繁忙的国际大港，停泊着好多国家的大船。我们看到近海处正泊着一艘中国万吨级货轮，代表团的同志立即欢呼招手，货船上的水手也招手还礼。出海不久，我们又意外地见到一艘巨大的中国破冰船，据说是亚洲第二，我们忙不迭地照相留念。

据主人介绍，加拿大的一家石油公司近年在也门南部的哈德拉茅地区发现了大油田，这个新油田的储藏量超过2.3亿桶，目前日产石油约19万桶。此外，也门还有丰富的天然气，据说储量仅次于俄罗斯。现在也门正筑巢引凤，积极引进外资进行合作开发。尽管目前也门还暂时有困难，相信也门人民一定能有光明的未来。

短短九天的也门之行很快就过去了。但也门人民对中国人民真诚的友谊，他们建设自己祖国的顽强意志以及把古老文明与现代化建设结合起来的雄伟蓝图，都给我们留下深刻的印象。

分别的时刻到了，我们同前来送行的新闻部官员、中国大使馆官员以及朝夕相处的也门总统府车队的司机紧紧拥抱，相约在北京再见！

回京已一个多月，但我时时寻找有关也门的消息，常常翻看在也门访问的照片，怀念那些热情真诚的也门朋友。啊！亲爱的朋友，什么时候再向你们说一声“爱由哇”呢？

本文原载《中国旅客报》1993年7月7日、14日、21日、28日

前进中的也门新闻业

在红海与阿拉伯海交汇处，有一个文明古国——也门共和国。她地扼亚、非两洲，战略地位十分重要。现有人口 1 400 万，国土面积 55 万平方公里。境内既有高山、沙漠之壮美，又有港湾、沙滩之妩媚。

早在一千多年前，驼铃声声，通过丝绸之路，中国曾向也门人民送去丝绸和瓷器。

1962 年也门革命后，中也两国人民的友好往来更加密切。中国专家和工人帮助也门修建了占全国 70％的公路，至今还有一千多名中国土建专家和医疗队、教师在也门工作。

应也门共和国新闻部的邀请，中国新闻代表团一行四人于今年 5 月中旬对也门新闻界进行了友好访问。这是改革开放以来，中国新闻界首次派团访问也门。代表团受到也门新闻界热情友好的接待。我们先后会见了新闻部次长穆特海尔、新闻部亚丁分部次长萨利姆等，并访问了《革命报》、《共和国报》、《十月十四日报》，以及萨巴通讯社和电台、电视台，与上述新闻机构的负责人进行了座谈。在访问中，代表团获得以下印象：

报纸申办采取登记制　根据也门颁布的《新闻法》，也门对申办报纸实行登记制，不实行审批制，各党派都可以出版自己的报纸。目前全国有一百五十多家报纸，其中四家为官方报纸。

大报都用电脑照排　也门报界所有设备都从国外进口，起点比较高。如《十月十四日报》从 1987 年开始用激光照排，技术较先进，报社印刷厂的规模在中东地区数第一。该报除印自己的报纸外，还承印 16 种周报和

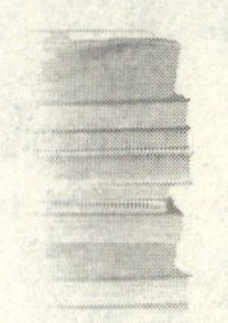

5种月刊，每年还印刷100多种书籍和全国使用的各类课本(也门没有专门的出版社)。其他两个报社也都有自己的电脑编辑及照排设备。只是有些设备已经老化，需要更新换代。

发行方式以零售为主　如《共和国报》期发数为8 000至10 000份，是也门发行量最大的报纸，全部零售，在全国发行。我们在首都萨那街头，不时看见报童举着几种报纸兜售，但街头不设报摊。

亏损有政府补贴　上述三家官方报纸，除出版本报外，还承揽外活，如给也门财政部和海关印制各种表格。在经营管理方面如发生亏损，由政府给予补贴。

自制新闻节目增多　萨那电台几年前本国制作的节目只占5%，95%都是外国节目；现在自制节目已达50%。

萨巴通讯社是也门唯一的官方通讯社，现有150多名编辑、记者，每天向报社、电台、电视台发稿100条至120条。

编播人员文化素质高　我们参观过的几个新闻单位，人员的文化素质都很高，普遍有高等教育的学历，有的还是开罗大学的留学生。《十月十四日报》印刷厂的总工程师是清华大学留学生，讲得一口流利的汉语，对中国充满了友好感情。

欢迎与中国交流节目　也门新闻界对中国的改革情况，风土人情以及影视和音乐节目都有兴趣，希望和中国同行交流节目，并进行技术合作。

本文原载《新闻出版报》1993年8月6日

不识地图的旅人

——走马日本

人生常有意想不到的际遇，1999 年 4 月下旬，笔者受中国出版工作者协会主席宋木文的委派，以中国著作权代表团团长的身份东渡扶桑，参加第四届中日著作权研讨会，随后又参加东京国际书展活动，在东京、奈良、京都、大阪作十天考察访问。本人只会一句日语“萨哟那拉”，英语口语不超过十句，但凭着一张日本交通图居然能自己乘坐地铁找到东京银座，又到一些地方和日本营业员砍价，向警察问路，然后全须全尾地摸回到宾馆。萧乾先生曾以《未带地图的旅人》为名叙述他传奇的一生，我在这里袭用他的书名，以不识地图的旅人自况，写一点走马日本的印象。

Japan Doctor

此处可作双解，意译可称之为“日本博士”，音译可作“日本都看透”。我在这里偏重于后者。一个国家的强弱，经济力量是表征，国民性是根本。日本的“国民性”可以概括为一句话：可敬又可憎。日本自 1868 年开始明治维新以来，只用了 130 年，就使闭关锁国的岛国一跃成为世界一流的经济强国，除了其他因素外，最主要的就是靠敬业爱业精益求精的精神。刚踏上日本国土，在东京成田机场立即感受到井然的秩序和高效率的工作作风，再看看光可鉴人的地面，令人感慨。日本人民强烈的求知欲耳听为虚，眼见为实。4 月 24 日东京正下着中雨，但成百上千的读者冒雨赶到东京国际书展买书、看书，其中有白发的老者，有四五岁的幼童，还有残疾人。在前往书市的过道前，许多人嫌电动快速步道还不够快，竟然跑步前进。在地铁车厢里手不释卷的读者更时时可见。日本的国民素质普遍较高，以工人为例，掌握高技能的工人约占25%，而我国仅占3%，因此同样一种产品，在装配工艺上就显出差距。在日本乘任何车辆，绝对听不到玻璃窗的抖动声，进任何一个公厕，都闻不到异味。这些细微处都体现了一种认真负责的精神，人们力求做到尽善尽美，这种国民性的优点令人肃然起敬。但从另一方面看，正如媒体披露的那样，有相当一部分日本人患了政治上的弱视症，少数军国主义分子更口出狂言，时不时地发出反华的叫嚣，令人可憎。笔者在日本东京一个有名的超市购物时，见到一条告示，令人气愤。在一个门上有一张用日语、英语、汉语、朝鲜语四种文字书写的告示，其中日语、英语的意思是“请勿入内”，而用汉语写的内容却是“如果随意拿走商品将报警处理”。矛头指向十分明白。我和同行的一位中国国家版权局的官员看后都感到明显有歧视华人的意思，令人可恨。就凭这一条使我看到了日本国民性的另一面。

在东京时，一天晚上看电视，内容是回顾日本明治维新以来社会的变迁和进步，有不少镜头表现了日本人民艰苦创业的精神，但其中也出现了反华的镜头，如有一处描写日军攻陷太原，一群日本人在本土狂热地游行庆祝的情景。现在重放这样的镜头，只能说明日本有些人是不肯正视历史的人。

市容与古迹

日本几个城市的市容好比刚出屉的馒头，热气腾腾而洁净可爱。商品的丰盈处处可见，市容的整洁、有序令人钦佩。但坦诚地说，鼎鼎大名的东京银座大街(相当于北京的王府井)，在实地观察之后，有美人迟暮之感，除了高档商品高档定价这一特色之外，从商店的橱窗到整条街道的气氛比不上上海的南京路，高雅的情调更比不上淮海中路。相比之下，更感到中国改革开放以来变化之大，有些地方绝对可与世界一流城市比肩。

日本人对文化古迹的保护令人敬佩，不论是东京的浅草寺，还是奈良的东大寺、清水寺，古迹都得到极好的保护。尤其值得称道的是：学校老师带领学生(有小学和中学的)正儿八经地集体参观寺庙古迹，作为校外教学的一部分。实际上寺庙也是一种文化，我们往往忽视这一点。修旧如旧，这是古迹保护的基本原则，在日本得到很好的体现，这个经验值得认真思考。

收入与物价

刚到日本，兑换了日元，顿时有腰缠万贯穷得就剩下钱的感觉。按4月下旬日本的外汇牌价，1美元可兑换119日元，而1元人民币大体上合日元69元(目前人民币尚不能自由兑换外币)。虽然怀揣几万日元，但实际上不值几个钱。日本物价之高(东京是世界上物价最高的城市)举世闻名。比如一套混纺女装就要9万日元(相当于人民币6 200元)，二两肉片面条，就要650日元(约合人民币45元)。

据日本导游小姐介绍，一个日本大学毕业生刚参加工作时，月薪仅

在日本富士山半山上(1999年4月)

20 万日元，其中要扣税 2 万元，付房租 8 万元，剩下 10 万元只够勉强度日。中级职员月薪约 60 万日元，可以过上小康生活，但如贷款买房子，则二三十年之内休想过富裕日子。看来家家有本难念的经，就像王熙凤说的："大有大的难处。"

我们曾到大商店和超市及小摊上观察客流状况，发现一些豪华商店内营业员比顾客多，而东京浅草寺小商场则始终人流如织。尤其是"百元店"(即每件小商品只卖 100 日元)更人如潮涌。许多价廉物美的日用品细看之下大多是中国货，质量都相当好。

工作狂如何休闲

日本人是典型的工作狂，工薪族从早晨九点上班直到晚上十点才回家，几乎天天加班。下班后还要上小酒馆与同事应酬。上班单程坐两小时车是常事。这样每天几乎 16 个小时都在外边，其劳累状况可想而知。在这种情况下，日本人怎样休闲？笔者曾请教过日本教授，也问过导游小姐，大多语焉不详。据说通常在双休日男子就在家休息看孩子，或到公园及运动场所活动。据多次出访过日本的我国资深出版家王益先生说，日本高级职员休闲的方式是去打高尔夫球，只有在那种地方才能与高层人士见面交谈，多数日本人则以看电视作为休闲的方式。在日本，看不到有人在公共场所打扑克，不像中国人"勤快"，一有空就学"54 号文件"。

谈到日本的电视节目，基本上分为两种，即"有料"(收费)与"无料"(免费)。"有料"电视实际上是录像，每看一个节目收费 1 000 日元，从节目单上看为"花花公子"和日本黄色与武打片。"无料"电视内容大多平淡，天天是"老三样"，除了新闻就是体育节目(多为棒球、足球、拳击)和冗长的家庭伦理剧。"无料"电视画面比较干净，广告节目则显得过于火爆，艺术上还欠火候。遗憾的是，在日本收不到中国的电视节目，哪怕一个片断也没有，这加重了我们的思乡病，更不必说长年旅居国外的海外游子了。由此想到，把介绍祖国新貌和壮丽山河的录像片发行到海外去，对 3 000 万华侨和华人将是最好的礼物。

樱花，樱花

樱花是日本的国花，4 月上旬是樱花盛开的季节。我们代表团一行可惜错过了这最美的时节，只在奈良等地偶尔见到迟开的八重樱，那薄如轻云，艳若桃花的樱花确实太美了！在《日本杂事诗》中有一首形容日本人观赏樱花的景象，十分生动：

朝曦看到夕阳斜，流水游龙斗宝车。

宴罢红云歌绛雪，东皇第一爱樱花。

不看富士山，不算到扶桑。这次我们专程去拜谒了富士山。可惜天公不作美，到了富士山半山腰时阴云密布，那美丽绝伦的山顶未能见到。幸而在北京至东京的飞机上已有幸远眺过富士山，那种壮美确实动人心魄。《日本杂事诗》描写富士山的美丽，令人遐想：

拔地摩天独立高，蓬峰涌出海东涛。

二千五百年前雪，一白茫茫积未消。

(以上两诗转引自《中日文化交流史大系〔1〕历史卷》，第 277、278 页，浙江人民出版社出版)

我们上富士山时正在仲春，半山上确有未消的积雪，按照诗人的想象，该有 2500 年了，那还是孔夫子时候下的雪啊！

十天时间当然只能是惊鸿一瞥，不可能全面了解一个国家。对于一衣带水的近邻，我们要学习她敬业勤业的精神，扬弃她消极的一面。

在告别的时刻，让我深情地道一声：萨哟那拉！

本文原载《中华周末报》1999 年 5 月 14 日

外　编

阿拉正传（节选）

为书籍的一生

——工作记略

十月革命前的俄国，有一个书商名叫绥青，这是个奇人，他识字不多，却对书籍行情了如指掌。一摞书稿送到他手上，只需掂一掂他就能确定这本书将来能否畅销。作为出版业晚辈，对这位奇人一直非常钦佩，也不知道他这套本事是怎么练成的。我想借用他的传记书名作为工作记略之名。

我自 1951 年 11 月 13 日考入书店，直到 2006 年 9 月 15 日彻底退休，在出版界连续工作 55 年。其中有 3 年误打误撞进入了新闻界，但仍供职于出版方面的报社，因此并不算离开本行。2007 年我年届 72 岁，“他生未卜此生休”，由于健康状况每况愈下，彻底退出历史舞台已经为期不远了。趁现在脑子还清楚，很想把自己一生的工作经验写在自传里。本来这应成为自传的主体，但思之再三，很难着笔。因为我从事的是公共文化事业，不是个体劳动，再加上我的职务在前 30 年只是一般科员，后 25 年才当上中层干部，从未成为决策者。如果把 55 年经历的工作详写，以个人的眼光去妄评工作单位，是极不妥当之事，也非我自传中应写之事，何况有些工作至今未解密，又不能详写。经再三斟酌，决定采取夹叙夹议的手法，把自己 55 年的工作经历，结合一些思想感受写成一篇工作记略。我这一辈子大大小小犯过不少错误，回首往事，感到惭愧和不安，有许多教训值得记取。如此着笔，知我者谓我何忧，不知我者谓我何求，这一切或毁或誉都在所不计了。

必作于细与内外有别

我于1951年9月26日从上海到北京求职，11月13日考入中国图书发行公司总管理处当练习生，年方16岁。本来是想让我到主计处(会计处)工作的，在笔试时我数学(记得是各种外币汇率换算)没过关，因此改派去定户科刻蜡板。当时中图总处承担《学习》杂志初级版的发行任务，每期要刻印几万个贴头(即信封上加贴的收信地址条)，共有十多人做这项枯燥无味又十分吃力的工作，冬天十个手指头中总有几个开裂出血。一个小小的贴头，一头连着书店，一头连着千千万万的订户，如果贴头地址写错，刊物就将误投或遗失。中图总处主要领导同志邵公文、曹健飞都来自三联书店，他们坚持对读者负责的精神教育着每个职工，使我在刻贴头过程中认识到，一切工作成败决定于细节，“天下大事必作于细”。这个职业道德和职业操守教育和影响了我的一生。

1953年12月12日，出版总署发出通知，决定中图公司自1954年1月起并入新华书店。合并时以新华书店华北总分店业务部门和中图公司总管理处为基础，成立新华书店北京发行所。在中图与新华合并前夕，我这个小干部犯了一个不大不小的错误。1952年下半年，我从中图公司总管理处定户科调到供应科工作。1953年12月中旬，我已听到中图与新华合并的文件传达。当时恰好中图贵阳分公司和保定分公司寄来“添货单”(即要求追加订货的单据)，分别注明要求向重庆和哈尔滨中图分公司调入图书。我当即在单据上批了两行字：“你公司结束在即，不宜向远处调货。”这两份“添货单”回执寄到中图贵阳和保定分公司后闯了大祸。贵阳分公司经理马上乘飞机到北京，问是怎么回事？原来当时中图与新华合并的文件尚未传达到中图各地分公司，他们当然不知道这个重大决定。我因“添货单”事件受到了严厉的批评。领导告诫我，处理事情一定要注意内外有别，不该早说的绝不能说，什么事情谁有权去宣布，这都是大事，也是一条纪律。这件事对我教训深刻，终生难忘。

明哲保身与潜心学习

在上世纪五六十年代，政治运动频繁，眼看平时一起好好工作的同事，忽然受到批判，随即被打入另册，这种政治压力使人人自危。因此我在很长时间内，形成了明哲保身的思想，追求的是“政治上过得去，业务上过得硬，生活上过得好”的处世哲学。这当然是一种消极的态度，这种思想曾长期阻碍我的进步。

政治上的险路不能走，于是我就潜心学习业务知识。在50年代至60年代初期，我先后担任过民族文字图书和美术、文学图书的进货员。为做好工作，根据领导要求，我和同事一起经常到有关出版社求教，因此了解到有关民族、宗教方面的基本知识，以及中外文学、美术作家与作品的概况。这些知识使我终生受用，并引领我自学的门道，为做好工作打下了基础。由于在工作中略有微功，1960年我被评为文化部先进工作者，出席文化部群英大会，获得沈雁冰部长颁发的奖状。

60年代以后，我两次被派去参加“四清”工作队，以后又被派去当文化部文化工作队组长。此后又是长达十年的“文革”，并去了文化部咸宁“五七”干校和国务院干校，因此这一时期没有干书店工作。这段时间，感觉像是坐“过山车”那样惊险。

1982年，我被任命为新华书店北京发行所业务办公室副主任，一年以后又升任主任兼党支部书记，分管全所综合业务、组织技术，并与副主任孟乃青和邱陵、王志彬等同志一起主持“三报一刊”(《社科新书目》、《科技新书目》、《标准新书目》和内刊《京所通讯》)的工作。这是对我又一次新的考验，而我几乎又犯了大错。当时有一种“订货分发单”，是京所向全国县、市新华书店发货的凭证。有一天我去印刷厂签字付印新疆的订货分发单，那时是铅排活字版，工厂将“新疆区店”排成“新疆凶店”(即“区”字被横排)。因我工作疏忽，前期未校出来。这份单据要印10万份，我当时签字后已离厂。我是在公共汽车站下意识地掏出来再看校样时忽然发现的，惊出了一身冷汗，马上返回工厂，请求改正错字。车间正是中班与晚班交接之际，再有10分钟就要压型付印了，后果真是不堪设想，在这千钧一发之际终算挽回了大错。这件事对我教训深刻，正是稍有疏忽，往往就会在最不容易出错的地方出错。从此我在审阅文稿、单据时倍加小心，防止出大错。

在新华书店京所工作的30年，给我教育最大的还有几件事：第一，从总店到京所，当时的历任领导，敬业、廉洁之风堪称模范。王璟总经理，始终保持艰苦奋斗、以身作则的好作风，五十多岁的人，每天中午坚持在有一千多个职工就餐的大食堂买饭。留苏回来的汪轶千总经理，经常步行几公里上班，不坐小汽车，坚持自己亲手写文件，自己打扫办公室。郑士德副总经理，业务熟练，书店培训教材有很多出自他手中。京所李德元、赵国良、高起成、王鼎吉几任经理，同职工一起在书库打包、运书，大多亲自起草工作报告。第二，“文革”前十多年，从经理到办事员，每星期二、四下班后坚持集体政治学习两小时，雷打不动。第三，注重调查研究，经常派干部到基层书店调研(我这么个小干部去过25个省、市、区，100多个县、市)，并派业务人员到出版社学习。书店一些好作风值得代代相传。当然，下班后集体政治学习可以免了。现在干部培训已有党校、培训基地等正式机构，学习条件好了，培训更正规了，也更有成效。

“文革”期间，我当了五届京所“材料组”组长。当年两派群众组织我都参加过，为了证明自己跟着“正确路线”走，曾大打派仗，伤害了不少同志，回想起来，内心十分歉疚。“文革”后期，“革委会”领导又让我整理有关档案，当年在干校给我写小字报诬陷我是“516分子”的材料也在其中。这使我看清了在“文革”非常时期一些人违心地或者有意地整人的真相。感谢国家出版局1973年派出的落实政策小组，是卢玉忆同志按照政策为我彻底平了反。1982年我入了党，一年后转正当天就被选为京所业务办公室党支部书记，并主持业办工作，经历和教训使我在用人上就特别注意，此是后话。1969年9月至1972年12月，同京所一百七十多位同志一道去湖北咸宁文化部“五七”干校，曾任连队政工组及报道组成员。1972年12月中旬回京所工作。有关干校的情况，已另写《悲歌壮歌共一曲——咸宁文化部干校忆旧》，不再赘述。

1975年、1978年、1982年我曾被国家出版局三次借调，参与局里主办的“出版物差错事故展览”、“全国装帧艺术展览”的部分文案工作。1982年在局党组成员陆本瑞领导下，参与发行体制改革会议上边春光局长主报告的起草工作，并受命为《光明日报》撰写发行体制改革的短评，发表在该报1982年6月19日的头版头条。

任公务员从头学起

1985 年国家出版局决定调我到局综合处工作，任副处长，分管新建出版社审批等前期准备工作。从基层单位调到国家机关工作，对我是又一次考验，初去时一下子晕菜了。我起草的公文，虽然只有几行字，送邱守铨副处长审稿后，往往被改得只剩几个标点符号了。他是一位忠厚长者，不好意思多讲。我很纳闷，我也长期做文字工作，怎么现在一无是处了呢？国家出版局副局长刘杲一语道破说，过去你在基层工作，所有公文大多是下对上，口气不同，现在是在政府机关办文，必须依法行政，每句话都要有法规和政策依据。他让我多看国家出版局每年编印的《出版工作文件汇编》，琢磨政府的公文怎么写。这个点拨使我茅塞顿开。

我在出版行政机关工作七年，使我对出版政策和出版管理工作有了一些认识和实践，其中审批出版社的经历颇有戏剧性。

新中国对新建出版单位实行行政审批制，有一套严格的政策制度。国务院出版行政部门制定全国出版单位总量、结构、布局的规划，指导、协调出版事业发展。设立出版单位，应当具备下列条件：

(一)有出版单位的名称、章程；

(二)有符合国务院出版行政部门认定的主办单位及其主管机关；

(三)有确定的业务范围；

(四)有 30 万元以上的注册资本和固定的工作场所；

(五)有适应业务范围需要的组织机构和符合国家规定的资格条件的编辑出版专业人员；

(六)法律、行政法规规定的其他条件。

审批设立出版单位，除依照前款所列条件外，还应当符合国家关于出版单位总量、结构、布局的规划。

改革开放以来，打破了“四人帮”的文化禁锢政策，出版业获得迅猛的发展，出版社的数量也有很大增加。据新闻出版总署公布的统计数据，1976 年全国有出版社 75 家，到 1978 年时已超过百家，达到 105 家，到 1992 年时增加到 480 家(这里有地方社大社分为许多专业社的因素)。90 年代以后，对新批出版社一直采取严格控制的政策，到 2005 年全国有图书出版社 573 家(含副牌社 34 家)。音像、电子出版单位从无到有，从 80

年代起步，到 2005 年全国已有音像、电子出版单位 170 家。在全国基本上建成了专业比较齐全、分布相对比较合理的出版体系。

全家福(2005 年 5 月)

社会上对申办出版社的政策并不十分了解，除了新建部委或其他重要的事业单位按照上述条件可以申请外，一些企业单位或个人要求申办出版社的也有几百个。有些申办单位和个人根本不具备办社条件，有的申办理由非常可笑。有个退休干部要求个人办一家“情书出版社”，专门教年轻人如何写情书。一个农民要申办一家“古籍出版社”，专门出版儒家经典；从来信看，他仅仅处于半文盲状态，以其昏昏，如何使人昭昭？有一个自称是高考落榜青年，雄心壮志不小，要申办一家“高考辅导出版社”，专出高考辅导读物；他本人高考名落孙山，不知如何去辅导别人。还有个可能是屡次投稿失败的老人，来信举法国科幻作家儒勒·凡尔纳被出版社退稿 15 次为例，表示他要自办一家“退稿出版社”，专门出版被退稿的书；如果真的让他办了，不知将出版什么书。

还有极少数牌子很大的单位，想以请客送礼的手段取得办社的批文。有一天我接待一家大企业公司的来人，他们的申办条件明显不符合政策

规定，因此交谈之后我很快端茶送客。这位客人一定要我下楼去谈谈，到了一个背角的地方，他神秘地问我住在哪里，当时我住在北礼士路，他说那太好了，我们公司没什么东西，我送你一车皮60吨好煤吧，直接发到西直门火车站，你若不想要煤炭，拿着提货单倒手就能换钱。我一听就乐了，对客人说："你这一手很绝，这不叫'倒煤'，是让我'倒霉'呀，谢谢啦!"这样明目张胆的行贿者比较少见。需要说明的是，当时我只是为审批出版社做准备工作的人员，最后审批工作还要报司、署领导集体讨论决定，有严格的程序。

此前还有一件可笑的事。1988年底，我当时在署办公室秘书处当处长，分管简报工作，本来与审批新出版社不搭界。一天中午，一位署长端着饭盒边吃边叫我，让我掏十块钱。我说干什么呀？他说，上午某省一个牌子很大的单位来人要办出版社，手上提了两只腊兔(一种腌制的兔子)，再三推辞，来人不肯拿回去。这样吧，你拿出十块钱买一只，让另一个秘书也买一只，这20块钱马上给这个单位寄回去。署长又半开玩笑说："拿两只兔子就要换个出版社，也太小瞧我了。"在这种情况下，我只好掏钱买下了兔子。这种腊兔口感很差，说实在的，送礼也不会送，真不是个办事的衙役，我算白搭了钱。当然，重礼更不能收。

新建出版社难，要撤掉一家出版社更难。事情还没办，说情的、说硬话的早就找上门来了，尤有甚者，还要打人，这是我亲历的一件事。1990年整顿出版社时，我们手上有"尚方宝剑"，那就是中央下的红头文件，但具体执行时很艰难。有一家出版社，主管单位已被撤销，所属出版社又因为大量卖书号，有内部举报又有调查书证，理所当然地在撤销之列。该出版社多数同志通情达理，积极配合整顿工作，但有人因面临分流(当时还没有下岗之说)，因此想闹出点动静。有一天傍晚，有几个人竟然找到我宿舍大门口。因事先我已接到线报，知道可能有人要找上门来，因此十分警惕。我住的是机关宿舍，门口有传达室，院子很深。那天无巧不巧，下班后我正在传达室等晚报，来人气势汹汹，叫板要找姓潘的。我一看他们并不认识我，急中生智说：是有这个人，不过他住在隔壁院子，这里走不通。来人悻悻地走了。这时我立马同儿子一起跑到展览路派出所请求保护，民警记下了事由。有关领导部门做了大量工作，后来这家出版社的职工被安排在不同的两个单位，事情总算有了一个比较圆满的结果。

还有一家出版社是死而复生的，背景比较复杂，这里不说也罢。

随着出版改革的不断深入，出版社的体制、机制面临着深刻的变化。一些名牌社和有特色的出版社在改革、创新中不断发展，一些大学出版社后来居上，业务从国内扩展到国际，展示出中国优秀文化的巨大魅力和潜力。也有一些出版社由于种种原因，依然处于下坡状态，令人着急。我离开出版管理岗位已有十几年，但作为一个读书人，关心出版社的情结永不消失。对于不离不弃以春蚕和蜡烛精神认真做出版工作的师友，我一直心存敬意，祝愿出版社能与时俱进，一路走好。每一个时期都有一个代表性的文化标志，但愿我们子孙后代回顾历史的时候，能赞赏我们这一代出版人的建树和贡献，就像我们今天赞赏宋版书那样，在岁月的磨洗下依然辉煌，千年不坠。

物理、化学与文字工作

1987 年 1 月，国家出版局改制，成立新闻出版署。2 月至 10 月，经组织决定，我被借调到中宣部新闻局，参与报刊整顿工作，负责写简报。

1987 年 11 月至 1989 年 3 月，在新闻出版署办公室秘书处任处长，分管简报工作。办公室石峰主任审改文件严谨、明快，使我得益匪浅。

从 1988 年开始，为筹建新闻出版署办公大楼，翟富中主任利用广泛的人脉，多方奔走，花了许多心血。每次进大楼，我都会想起他当年呕心沥血的情景。

1989 年 4 月调我到图书司工作。同年 10 月 10 日被正式任命为副司长，分管出版社整顿工作。司长杨牧之是学者型领导干部，工作严谨，业务精通。另一位副司长迟乃义是深谙古典文学的专家。在他们的领导下，我不但学习了出版管理工作，而且更深感到自己各方面的差距，使我更加努力以胜任工作。在国家出版局、新闻出版署工作七年，使我能从宏观上了解出版体制改革和出版繁荣的基本政策，也有幸结识了许多出版界朋友，对以后在报社和出版协会工作有很大的帮助。历任署领导班子始终抓住导向、质量和两个效益，率领百万新闻出版大军不断开拓前进。在这样的环境下，干部都注意自律和上进，我深深感念在这里所

受到的教育。我体会到，当一个合格的公务员，一要守法，二要公正，三要敬业，四要廉洁。有了这几条，天天睡得踏实，永远问心无愧。

1992年3月至1995年1月，组织上决定调我到《新闻出版报》社，任副总编辑。在报社工作，要求思想敏锐，出手要快，上版面的文章要考虑方方面面，特别要坚持正确的舆论导向，这对我又是一次重新学习的极好机会。

在政府机关和报社工作，经常有写工作报告和编写简报的任务。经多年的琢磨，我认为写工作报告要用"物理"的方法，编写简报要用"化学"的方法。一个单位每年或每项阶段性的工作，可以说是千头万绪，要纲举目张，一定要用"物理"的方法，将大事、要事归纳出明确的带规律性的"定律"，以具体事例和数据加以佐证，这样工作报告才能立得住。而简报则是上下交流的文案，要用"化学"的方法，使领导意图和下面的行动、想法打成一片，起到化学作用，不能各说各的话。所谓群众反映，就是寻找最有代表性的人说最有代表性的话。简报组的任务主要是寻找上下接合点或差异点，不能尽是套话、空话，这样简报才有用。

笔墨当随时代

我的学历只有初中毕业，是典型的草根族。在报刊上、电视新闻上每每看到有些人干了蠢事甚至犯了罪，说到他们的文化程度时，都忘不了加上一句："他只有初中文化。"文化低似乎成了一种原罪，这深深地刺痛了我的心。不过偶尔也有文化低而干出大事的人。比如电视新闻中说，青岛港区的许振超师傅和部队一些技术尖子，原先也是初中文化，经过刻苦学习，掌握了技术，干成了大事。许师傅说得好："一个人可以没有学历，但不能没有知识。"这又使我很振奋，文化低不可怕，只要肯学习，同样能作贡献，内心里有一种永不服输的情结。

我的一生很有幸，16岁到北京进了书店当练习生，从此一生与书结缘。由于文化水平低，周围没有人会高看我一眼，因此我利用一切时间和机会看书。从16岁开始，坚持读鲁迅著作和五四新文学作品。说实在的，读五四文学，开头时我不大喜欢巴金的书，虽然对他的人品很崇敬，但看他笔下的人物总感到有一种绝望和无奈，让人泄气。不像鲁迅先生，敢怒敢说，拍案而起，“于无声处听惊雷”，使人痛苦之后振作起来，总想找一条光明之路。经历“文革”以后，巴老提倡说真话，我对他有了新的认识。

读书增加了我的知识，也有了写作的奢望。书店的文化氛围熏陶了我，使我在师友们的帮助下不断增强读书的兴趣和写作的能力。我第一次发表文章是1952年，刊登在中国图书发行公司总管理处内刊《发行工作》上，年方17岁。第二年，即1953年又在《光明日报》上第一次发表文章。那时候无知者无畏，竟然敢与大经济学家沈志远叫板辩论。记得当时书店组织职工集体学习斯大林著作《苏联社会主义经济问题》，我用苏联计划经济理论反驳沈先生的市场经济理论。五十多年过去了，谁对谁错一目了然。不过当时我的这篇文章引起了书店领导的注意，1954年中图公司总管理处与新华书店华北总分店业务部门合并成立北京发行所，我被调到第三发行部当文书，并在主任办公室里办公，领导我的是沈良主任和曾任邹韬奋先生秘书的黄宝珣。1960年时，我被调到业务办公室，主任方厚枢是引领我搞文字工作的真正领路人。我分工管写业务简报，要求快速搜集出版发行动态，在第一时间作综合分析。我热爱这项工作，既练了笔又培养了综合分析的能力，使我终生受益。

粉碎“四人帮”不久，人们渴望知识，许多青年又面临恢复高考的机遇，全国出现了严重的“书荒”。那时候《唐诗选》、《安娜·卡列尼娜》等中外文学名著，一次印数竟能达到30万、50万册。读者为买书而彻夜排队，北京王府井新华书店有的柜台被挤破，不得不请警察来维持秩序。外地还有读者为凑钱买书，竟当场脱下“的卡”上衣换钱去买心爱的书籍，那种渴望读书的气氛真是感天动地。而当时出版单位刚刚从文化禁锢的噩梦中解放出来，无论是思想认识还是人手，都还不能适应新形势的需要。比如图书征订工作全靠200字的介绍，书店订货常常因此出现盲目性。在工作实践的推动下，我提笔为国家出版局主办的刊物《出版工作》连续写了几篇文章，如《从“买书难”想起》、《“三忧”与“三愿”》等等。其中影响较大的有一篇叫做《隔山买牛》，是针对征订制度不合理而发的，后来这句话成了业内的行话，直到现在还有人在引用。之后，我又将“征订覆盖率”、“书刊能见度”撰文引入发行界。1983年7月15日，我在《光明日报》发表文章：《“买书难”的问题需要综合解决》，这些文章引起了有

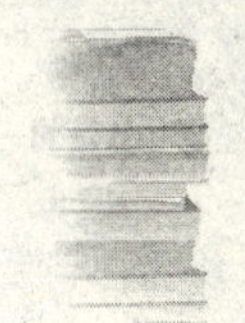

关部门的注意。据后来知道，1985 年我经组织决定从书店调到国家出版局工作，与这些文章有点关系。

1980 年初，中央电视台播映法国影片《红与黑》，书店也正出售司汤达的同名原著的译本。一时间人们对主人公于连引发了激烈的争议。当时人们思想解放刚刚开始，对人物的判断绝对化，不是英雄就一定是坏蛋。如何评介批判现实主义的外国名著？如何看待中间人物？这不仅是文艺思想问题，也是哲学观点的分歧。我写了一篇影评，发表在《北京日报》1980 年 1 月 20 日三版头条，占了近半版篇幅，文中肯定了这本书和电影，并提出应当历史地看待这类名著。1995 年 1 月至 3 月，应《戏剧电影报》约稿，我连续写了三篇影评和剧评，名叫《雪夜乱弹》、《假戏假做》、《东亚武夫》，猛烈抨击了影剧作品中假、大、空和低俗现象。时隔十多年，现在文艺界当然有很大改进，主流是健康的，但媚俗作秀的现象依然存在，有的以脱、露、狂为荣，观众极为反感。如果影视剧作品不能反映生活的真实和真谛，一味地胡闹作秀，它是没有生命力的。但愿文艺界有所警醒和自律。

1984 年 1 月，是新华书店北京发行所成立 30 周年纪念。我奉书店领导之命，作为职务作品，代表京所撰写了《书海扬帆三十春》的长文，全面回顾了京所 30 年的主要工作，收在《京所 30 年》(1954～1984)纪念画册卷首，这是我留给教育和见证我成长的书店的一件礼品。我在书店工作了 33 年，对书店有深厚的感情。2007 年 4 月 24 日是新华书店成立 70 周年纪念，我又撰写了《峥嵘岁月忆“新华”》的征文。为书籍的一生正是从这里起步的，我不能忘本。

话分两头，1992 年 3 月，经组织调动，我从署机关到《新闻出版报》工作。报社的编辑、记者个个身手不凡，我是初入行的报社副总编，如果写不出文章是难以站住脚的。一半是工作需要，一半是为争取立足，逼着我多学习，多写稿，有一年竟然达到每周发表一篇文章的速度，文章视角也从新闻、出版扩展到社会文化现象和民生等话题。除《新闻出版报》外，我是《光明日报》的多年作者，在李春林编委的帮助下，曾在该报发了许多篇文章。此外，还给《人民日报》、《中国青年报》、《中华读书报》、《文汇读书周报》、《北京晚报》、《瞭望》、《中国图书评论》、《博览群书》等十多家报刊写稿。在报社工作的三年，我结识了不少新闻、出版界的师友，当时的报社总编辑谢宏，文笔老辣，思辨能力很强；后任的总编辑张芬之，文思敏捷，文风清新。还有段更新、孙月沐、郝振省、张秀平、马国仓、郭毅青、王连弟、姚一宪、吴海民等等都是写作高手，各有各的精彩，对我帮助、促进很多。在报社时，我亲手改过萧乾先生、钟叔和先生、毛志成教授等名家的来稿。那时胆大妄为，竟敢下红笔改这些大家的稿子，现在回想起来不禁汗颜。报社美编室的主任张光是个另类，说是文化人，远看像是收废品的，近看像是杀猪的，但他美编的本事了得，不服不行。我从他的手里学到了如何美化版面的知识，虽只学到一点皮毛，但现在拿起任何报刊，就能知道版面的优劣，看出毛病在哪里，真是到处留心皆学问啊！

1992 年前后，一批宣扬封建迷信和伪科学的书刊流入市场，引起广大读者的不满。1996 年，在一位友人的督促下，我以辛平为笔名，为《光明日报》撰写了专稿《反对伪科学要警钟长鸣——由〈转法轮〉一书引出的话题》，经报社修改后，发表在该报 1996 年 6 月 17 日，应该说这是集体作品。这是全国向李洪志法轮功正面开火的第一炮，发表后引起轩然大波，李洪志还鼓动一些法轮功顽固分子围攻新闻单位。根据中央决定精神，新闻出版署对宣扬法轮功的书刊作了严肃查处，并组织了其他有关工作。之后，在 1999 年 8 月 10 日，我又以辛平为笔名，在《人民日报》发表了《"善"：骗人的招牌》批判法轮功的文章。可能由于以上原因，由郭正谊先生等推荐，我被中国反邪教协会选为第一届理事。对发表在《光明日报》上的反邪教文章，我一直没有声张，因为作为一个公民，这是应当做的事，何况我又是一名共产党员，宣传真理，反对邪教，更是义不容辞。2007 年初，友人段启明把这件事的始末写了一篇专访，还上了网，所以现在可以说了。

几十年来，我已在境内外(包括港、台地区)发表了一百多万字体裁不同的文章，另外有二百多万字职务作品。已结集出版的有《白丁侃书》(重庆出版社，1993 年 7 月出版)。我感到，笔墨当随时代，要不断学习，不断观察，言之所当言，乐为人民鼓与呼。我人微言轻，深知许多事说了也白说，但是多一点声音也许多一分向善的力量。

学做协会工作

1994 年 10 月我随副署长于永湛、副司长王岩镔等同志出差赴西藏，因严重的高原反应，在西藏发病，回京后被诊断为冠心病、高血压症，这样已不适应在报社工作。

1995 年 2 月，经版协宋木文主席(原新闻出版署署长)提议，将我从报社借调到中国出版工作者协会工作，任常务副秘书长，同年 7 月起兼任版协党支部书记。2000 年 1 月版协改选，在于友先主席(原新闻出版署署长)领导下，继续任第四届版协常务副秘书长兼党支部书记。在第三、四届版协负责文字工作和财务审批工作。并被聘为评委，参加中国韬奋出版奖、中国图书奖等奖项的评审工作。

协会与政府部门不同，更多的是在政府和出版单位之间发挥桥梁和纽带作用。协会无权、缺钱，要做好工作难度很大，关键是要依靠两头，上靠政府，下靠会员单位，做好“双服务”工作。在出版协会工作 11 年，给了我重新学习的机会，版协历届领导都是在政府或本单位担任过主要领导工作的高级干部，处理内外事务有为有守，令人敬佩。在总署大力支持下，在各兄弟协会、学会的大力协助下，宋木文、于友先、卢玉忆、陈为江、刘杲、伍杰等领导同志，善于高屋建瓴，统筹协调，注重调研，紧紧抓住行业自律和行业服务，带领版协不断开拓创新，逐步确立了行业协调者的地位，并开拓了港、澳、台和国际出版界交流合作的通道，做了大量的工作。我体会到，在中宣部、新闻出版总署领导下，整个出版改革、出版繁荣和对外交流工作，好比是多声部的交响乐，出版界各个协会要找准自己的位置，吹准自己的声部，只能是和声，不能是噪音。我刚摸到一点“乐谱”，可惜已到了谢幕的时候了。

2006 年 4 月 28 日，中国版协改选，因我年龄超过 70 周岁，不再任职。同年 9 月 15 日，支部改选，不再担任支部书记，从此彻底退出工作岗位。但是共产党员的责任和义务永不言退。

2002 年 4 月至 2006 年 6 月，兼任《中国出版年鉴》主编(实际工作是周兴俊社长兼执行主编负责)，2006 年 6 月改任顾问。

从 1993 年至今，被北京市新闻出版局聘为出版顾问团顾问，使我有幸向市局领导和许多资深专家、学者学习，开阔了我的视野，受益多多。

检点平生，我深感自己年轻时不知珍惜，浪抛青春，没能“术有专攻”，以致碌碌无为。“文革”中又有私心杂念，总想表示自己“正确”，以争取权位，以致犯了不少错误。改革开放以后虽稍有进步，但为时已晚，终于不能成大器。我愿以自己一生的教训告诉年轻人，一定要珍惜每一天，“好好学习，天天向上”，莫等闲白了少年头，空悲切！

每天的太阳都是新的，每天登攀的脚印也是新的！生命不息，战斗不止，这是我的追求！

2007年3月16日

东风不与周郎便

少年时读《三国演义》，最佩服的人物是周瑜。1956年在北京长安大戏院看京剧《赤壁之战》，叶盛兰先生扮演的周瑜，一出场真是神采奕奕，满场生辉。我在台下暗自叫好，认为大丈夫就该如此。半个世纪过去了，如今演出这场大戏的名角都已归道山，当年绕梁余音早成“广陵散”。写下本文这个题目，真是百感交集。不过这里说的不是风流倜傥的周瑜，而是借“东风”之喻描述北京从东安市场到东风市场的变迁。当年曾使文人学者魂牵梦想的旧书铺一朝风流云散，只有“无可奈何花落去”，未有“似曾相识燕归来”的情景。

沧桑话“东安”

据南京大学徐雁教授所著《中国旧书业百年》(科学出版社2005年5月出版，以下称“本书”)一书记载，北京东安市场原是清军的“八旗练兵场”，光绪二十九年(1903年)，清廷为修筑马路，便把东华门一带的商业摊贩迁移至此，逐渐形成一个行业众多、日用百货齐全的热闹商场。东安市场书业始于1920年丹桂商场遭火灾重建之后，至1928年日渐兴盛，最多时有旧书铺五六十家。著名作家林语堂、郁达夫、刘半农、曹聚仁、徐铸成、周一良、吴小如、吴祖光、林庚、姜德明等，都曾到此访书。解放前的北京大学、朝阳大学，因靠近东安市场，莘莘学子也常在此流连忘返。1966年东安市场改名为东风市场，次年进行全场改建，到1969年竣工后，成了国营的统一市场，旧书摊、旧书铺就此消失。

"文革"的几年中，正如杜牧《赤壁》诗中所形容的："折戟沉沙铁未销，自将磨洗认前朝。东风不与周郎便，铜雀春深锁二乔。"前两句常被人比喻为林彪叛逃事件，后两句则不妨解读为"四人帮"的文化禁锢政策。杜牧的诗句可谓一语成谶！

启蒙是鲁迅

笔者于 1951 年 9 月由上海失学求职到北京，年方十六，是一个不懂事的小毛孩。因寄居在西总布胡同姑父母家，邻近东安市场，故常去此处淘书。20 世纪 50 年代初，国内战争的硝烟刚刚淡去，北京的蓝天、红墙、鸽哨、书香，还有浓浓的人情味和那爽脆的京片子，真真正正令人沉醉。一个 16 岁的少年就在这样的氛围中开始了淘书之旅，人生之旅。

北京不愧是文化古都，东安市场旧书铺主要集中在丹桂商场一带，层次更高的旧书店集中在琉璃厂，隆福寺和西单商场也有一些。东安市场旧书铺比较大众化，那里真是一座雅俗共赏的知识宝库，线装书中偶尔还有明版书；文学书中包容着五四以来左翼、右翼各类作家的作品；以工具书、大画册为主的精装书、外文书，像威武的骠骑兵那样成排地陈列着；成套、不成套的老期刊和杂书任人翻阅，五光十色，令人目不暇接。笔者在这里买到过一批珍本书，也与许多好书失之交臂，成了永远的痛。记得买到的头一本书是 1948 年由读者书屋出版的《鲁迅杂感集》，封面上有曹白木刻的鲁迅头像，一个目光坚毅的老人仿佛在拷问读者的灵魂。这本书用灰白色土纸印制，字体相当于六号字，密密麻麻地竖排，几乎收集了鲁迅所有杂文集中的精萃。可以说是东安市场旧书铺激发了笔者爱书之心，是鲁迅著作引领我形成自己的人生观和世界观，使我终生受益。从 1952 年开始，我不断地寻找鲁迅单篇本，包括旧版和人民文学出版社的新版，直到基本收齐。1969 年～1972 年，笔者被发配到文化部咸宁"五七"干校，除了毛主席著作外，能带去并公开阅读的就是这几十本鲁迅著作。如今半个世纪过去了，笔者虽然早已拥有 16 卷的《鲁迅全集》，但依然怀念这本引导我走上人生道路的《鲁迅杂感集》。

仲夏夜之梦

新中国成立初期实行低薪制。笔者 1951 年冬在书店当练习生时，月薪只有 26 元，除了每月付大灶伙食费 10 元和贴补家用外，所剩无几，每月买书以 3 元钱(当时可买 20 斤小站米)为限。1956 年工资改革时，不知为何一下子把我连升两级，从 56 元升至 70 元，顿时有“先富起来”之感。从 1952 年到 1959 年，笔者经常到东安市场淘书，最值得珍爱的有下面一些书，而且每一本得来不易的好书背后都伴有一个凄美的故事。1953 年仲夏，在丹桂商场一堆杂书中，忽然发现一部很稀见的 1925 年上海新文艺书店出版的《沫若全集》。郭老生于 1892 年，1925 年时年方 33 岁，创作正处于井喷时期，不知为何就出了全集。虽然只有 30 万字左右，却收录了作者很多短篇小说，但没有《女神》中的诗作，其中最令人神往的是一个自传体中篇小说。郭老其时正避居日本，已与日本女子安娜结婚。小说描写这位风流才子一次到附近小店买一种叫糖菩萨的甜食，发现店中有一位非常美丽的姑娘，正当而立之年的郭沫若心旌摇动，不能自已。为了能看到这位姑娘，他竟每天从十分拮据的生活费中挤出一点钱来，专门到这家小店买糖菩萨。这篇自传体小说非常动人，其时笔者正在青春期，尚未婚配，读了这样的故事自然怦然心动，想象之中这位日本姑娘应该像戴望舒《雨巷》中丁香姑娘那样楚楚动人。小说可以移情，对一个小青年的影响尽在不言中，这真是一场美妙的仲夏夜之梦。

《史记》后滚翻

笔者想学点传统文化，也买些古籍书。1953 年买到了一部线装本《史记》，蓝布套，共两函，其中有几本还曾被硃笔点过标点，大概原主人不耐烦了没有点下去。时值隆冬，过年的爆竹已经响起，笔者遂抱着两函套的《史记》，嘴里咬着一串糖葫芦，坐着人力车赶回西总布胡同宿舍。不料拉车的老头儿一手擦鼻涕，另一只手就脱了把，一不小心就把笔者生生地从车座里掀了出去，只觉得一个 360 度的后滚翻，我竟飞到了马路牙子上。车夫一个劲地赔不是，还说七分钱的车钱免了。当时七分钱正够买一斤棒子面，兴许老人全家正等米下锅，怎么能让他空手而归呢！在推让中车夫收了钱把我送到家。这套惊险翻车幸得保全的《史记》，我一直当作镇架(书架)之宝，但终于没有躲过1960年困难时期，连同其他几部珍本书一起换了几斤点心充做了救命粮。

北京方庄寓所书房一角

还有几部珍本书得而复失，使笔者至今痛彻心肺。其中有线装本《杜诗镜铨》、《诗韵》、铜活字影印本《白氏长庆集》、精装本《李太白集》、谢无量的《中国大文学史》、萧一山的《中国古代史》等等。特别是有一部康熙朝骏惠堂刻本线装《温飞卿李义山诗集》，共有六册，字体清朗，刻工精良，是清刻本中的上品。卷首有多人藏书印，笔者附庸风雅，也斗胆盖了自己的藏书印。这些珍本书都在1960年含泪送进了中国书店。还记得这部温李两家诗集卖了60元，现在可是千金不易了。还有一部1908年有正书局铅印线装书《红楼梦》，共32册，每一回都有工笔绣像，人物栩栩如生。在“文革”初期，为避祸，我主动将这套书连同上百册其他图书和轴画都交给了红卫兵。十年动乱之后，这批书画不知尚在人间否？

不敢碰胡适

上世纪50年代初，在东安市场旧书铺里还有一些名人题签的旧书。曾见过胡适亲笔题签的一批学术著作，16开本，白封面，约有三十多册。胡适题签在书眉，落款为“适之”，那个“之”字是拖笔，很潇洒。当时胡适被当作反动政客，又流亡在美国，他的签字本零落成泥少人问津，我当然也不敢买。还见过一部明刻本《三国演义》，共20册，其中缺佚一册，索价十元，等于当时笔者一个月的伙食费，因囊中羞涩未能购买。等下周再去时，书已杳如黄鹤了。

旧书业经营中好像也有一些不成文的行规，以东安市场为例，旧书定价方式分为两种，有单本定价的，还有标价为每本 1 角、2 角的统货。前者可以砍价，而统货则不能。统货中品类较杂，但其中往往有出人意料的稀见书，所以淘书人最有兴趣的是“捡漏”。摊主们从不打扰你，走得熟了，他还会告诉你有什么刚到的书。一人一品，店员常常能看中你的爱好所在，业务之精，令人感佩。语言学家吕叔湘先生在《语文常谈》中，曾借一位英国作家之口，讲读者心目中的书商应该是什么样的。文章说：“我们不妨说，从买书人的角度看，理想的世界是卖新书的人对于他卖的书无所不知，卖旧书的人对于他卖的书一无所知。”这话讲得很有意思，读者希望在买新书时，书商能推荐给你值得读的好书；而当你买旧书时，则希望书商不识货，使自己能意外地买到便宜的书。事实上，在生活中我们遇到的书商却恰恰相反。

怕登大雅堂

1959 年在北柳巷蜗居时，笔者曾到琉璃厂访书。但不知为何，看到“荣宝斋”、“来薰阁”等大门脸，心里总是怯生生的，感到自己不配进这样高档的书店。偶有稿费进账时，在琉璃厂也潇洒过一把，买到的画卷有绢本立轴《踏雪寻梅图》，有新中国成立后复制的《八十七神仙卷》和《清明上河图》。结婚时还特地买了两幅木刻水印的齐白石单幅画。不过这些算不得旧书。上世纪 80 年代以后，琉璃厂经过重建，老字号旧书店显得更加辉煌。但书价也大幅飙升，不必说明版书，就是民国初年的刻印本也价格不菲，实际上古书卖的已是版本而非内容，作为工薪阶层就难得涉足了。但作为一个国家传统文化的象征，这样的场所还得保留，对于古旧书店的守望者，我一直存有敬重之心。

童心为石狂

与旧书铺毗邻的还有古玩铺。小时候父母亲曾一再告诫，切莫靠近古玩铺，否则一旦失手碰坏了东西，即使一个小碟子，他会说成是哥窑、汝窑的，倾家荡产也赔不起。因此笔者见了古玩铺总是退避三舍。不过 1953 年有一回童心大发，在东安市场看到一组寿山石章，共三枚，石料的种与水都上佳，一问价要10元钱，斟酌再三，决定花3元钱买下其中一方。印章通高11厘米，边长4.4厘米，印钮为一大一小狮子，刻工精美，石质圆润，应是旧物，此时的心情真有“旧时王谢堂前燕，飞入寻常百姓家”之感。印面上刻有阴文“階月”两字，不知典出何处。笔者携此章到琉璃厂厂甸一个刻字摊，摊主是一位老者，索价2元，问他为何这么贵？他用手一指说：“你自己看！”原来桌子上竖着一个小牌，上书“白石弟子治印”，也不知是真是假。这位老先生姓南，因为这个姓氏少见，所以过了五十多年还有印象。藏书印刻成后一直陪伴笔者几十年。1973年时，老前辈计宜初先生因借阅笔者藏书，见这方印文后认为未能脱俗，表示愿意磨去重刻，其时计老已80高龄，又半瘫在床，居然为我刻了一方名章，使我感念不已。计老先生已归道山多年，这方印章更弥足珍贵了。

蓄芳待来年

改革开放以来，我国新闻出版业同其他战线一样，获得了空前的繁荣与发展，现已成为年出书20万种的世界出版大国。可惜旧书业一直不太景气，就在笔者退休前供职的新闻出版总署对面的中国书店，虽然金匾依旧，但门庭冷落车马稀，令人一声叹息。笔者曾多次光顾，发现陈列的线装《二十四史》是一部印刷、装帧都不佳的翻刻本，杂书中也少见珍本书。为了维持营业，店内倒有不少新版书，有的还可以打折，笔者挑了一部《宗教辞典》挟之而归。五十多年前东安市场旧书店那种琳琅满目的图书和人头攒动的景象已不复存在。店犹如此，人何以堪？不过中华优秀文化总是薪火相传的，今日之新书就是以后的旧书，但愿我们的子孙后代再到旧书店淘书时，能够说一句：“21世纪留给我们的好书还真不少啊！”祝愿新闻出版界的同行共同努力，为中国出版史再添光辉的一页！

2006年10月8日

本文原载《出版史料》2006年第4期

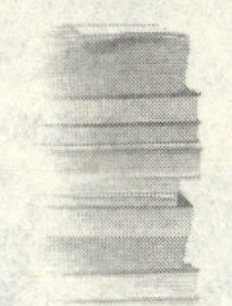

悲歌壮歌共一曲

——咸宁文化部干校忆旧

几年前偶然读到一本书，书名叫《现在可以说了》。这是一个悬念，什么事可以说了？原来内容是讲第二次世界大战期间，美国集中奥本海默等一批专家研制原子弹的故事。读来惊心动魄，紧张万分。

笔者当然没有造原子弹的经历，但在60年代末，为了学造“精神原子弹”，曾经与文化部系统5 000名干部一起下放到湖北咸宁干校，度过了三年又三个月的艰难岁月。尤其独特的是，本人从一名备受信赖的政工干部，如何一夜之间成了一个“反革命阴谋集团”的骨干分子，受到隔离审查。忽然又福星高照，一边戴着“反革命”的帽子，一边又受命起草连队整党总结报告(天晓得！本人当时还是一名非党群众)。在这命运起伏跌宕之中，使我在大悲大喜中看到了多变的脸谱和世态的炎凉。干校除了“运动”，当然还要干活儿，笔者与许多战友一样，以一介书生居然能拉装满400公斤土的板车，又亲眼看到一位战友怎样被血淋淋地切掉了两节手指。这一切过去是不能谈也不想谈的，时间已过去了四分之一世纪，往事如烟，人事代谢，如果不记下一鳞半爪，后人也许不知道向阳湖畔曾经发生过的故事。有几位战友已经永远长眠在咸宁红土绿草之中，还有几位虽然也回到北京，但老苍凋谢，已经“蒙主宠召”了。写下这篇小文，也是为了忘却的纪念。

文人馋“吃”

人活着就要吃饭，一个中国人一生大约要吃77 000顿饭，自然其质量各有不同。当人们想吃而又没有好食的时候，就特别“馋”，有的形之于口，有的诉之于笔，这就是常说的“精神会餐”。文人馋“吃”，又善于谈吃，历来如此。汪曾祺先生为《学人谈吃》作序云：“学人是会吃，且善于谈吃的。中国的饮食艺术源远流长，千年不坠，和学人的著述是有关系的。”又说：“学人一般比较穷，他们爱谈吃，但是不大吃得起。”这句话在正常环境中是常理，但在干校这个特殊环境中却有反常的情况。在那里，“穿”的问题几乎已回归自然，只求蔽体而已，留下许多钱有何用？于是“以吃为纲”。当地老百姓编了一句新民谣，称“五七”战士是“穿的破，吃的好，一人一块大手表”。

吃有明吃与暗吃之分，恰如眼下有公款与自费吃喝之分，这里有身份的区别，也有地位的象征。1969年秋刚下干校，纪律严苛，严禁任何人开小灶，也不准上街买零食。每天三顿老窝瓜加黄米饭，真是嘴里要淡出鸟来。但人们不久发现一个秘密：连队少数有权者有在晚上开会研究工作的爱好，虽废寝而未忘食。连队宰猪从不见“下水”，于是好事者传言：“咱连的猪不长心肝”。这当属明吃，但这个公开的秘密不便拆穿，于是战士们就躲进蚊帐里偷偷吃东西。北京捎去的一块桃酥，一根香肠，都成了至尊至美的食品。一到晚上九十点钟，在朦胧的煤油灯下，蚊帐里往往传出“咯崩”或“酥酥”的声音。某一天，一位班长叫战士去开会，刚撩开蚊帐，几乎被油炒面喷了一脸，因为这位战士急着答话被呛着了。咸宁的月饼是极好的，每个月饼都包着油纸。记得有一次笔者一边吃月饼一边在摇曳的灯火下看书，只觉得月饼有一股怪怪的青虫味儿，细一瞧，原来一只小蚂蚱跳到月饼上，它的脑袋已经被我吃掉了。

第二年，军宣队换防，换了湖北省某军分区的干部，这位首长有贪杯之好，对连队管束较松，于是吃风更盛。战友们开头只敢买些罐头之类，之后，胆大的就上小馆子。干校附近的甘棠阁，虽然没有“早春二月”中江南风光之美，但在战士的心目中就是“王府井”了。一到星期天，三三两两溜出去。那里的饭馆靠着鱼鲜虾活，生意极好，而且顾客竟可以直入厨房，指着锅里要哪条买哪条。上馆子究竟不如自己做经济实惠，于是有人又上街招呼活鲑鱼、武昌鱼、甲鱼，很快，一阵风似的家家都置备了煤油炉。研究烹调成了第二课堂，光是甲鱼就有五六种吃法，最绝的是让甲鱼放入渐开的热水中游弋，并喂以酱油，最能入味。

后来，战友们又发现了不花钱的“白食”，这就是抓青蛙。不出一年，方圆数里几不闻蛙声。我怀疑青蛙们也开了会，集体逃之夭夭了。最惊心动魄的是吃金环蛇、银环蛇。鄂地多蛇，笔者在池塘挑水时，曾见过一条三米多长碗口般粗的巨蛇，当时惊吓之状远比许仙为甚。因此谈蛇色变，遑论吃蛇。但连队真有勇敢分子，夜间猎蛇，架锅而炊。笔者头一次被骗去嚼“野味儿”，食后方被告知是金环蛇。一旦尝过，就百无禁忌了。以后只要有蛇宴，无不趋之，其味远比鸡肉、鸽肉鲜美，甚至比飞龙更嫩。许多人传说猫肉是酸的，这是瞎说，据笔者亲口吃过，其肉肥腻，只是有一股臊气，使人无福消受。我们还吃过猫头鹰，其味不堪。

有菜无酒不成席。在干校头一年是禁止喝酒的，至少在表面上是如此。但上有政策，下有对策。许多人上街常带着两个瓶子，名义上是去打煤油，实际上其中一瓶必是九角半公斤的土烧酒。那时候，人们还没有聪明到造假酒，这土烧酒是地道的高粱酒，三杯下肚，帝王将相侯，神仙老虎狗，就无所不谈了，唯独不谈政治。

为了吃，甚至闹出人命来。这个意外的事故发生在大批“五七”战士到达之前。一批先遣队先到了咸宁，那里的水塘很多，自然有活鱼可捉。一天，某连几位干部为了改善生活，就下湖捕鱼捉蟹。其中一位处长说你们先走，我洗洗泥腿子。不料这个水塘像个漏斗，上宽下窄，其深莫测，而这位处长又是“旱鸭子”，这一洗就再没有回来。这位处长是个 14 级老干部，不但精通业务，而且为人友善。他的不幸遇难给战士们的心头蒙上了一层阴影。同时也给人们一个教训：“不知深浅，切勿下水。”他是在干校牺牲的第一人。

能够吃喝，当然是一件开心的事。当年没有今天那种千金一席的大宴会，但时不时地总能找到打牙祭的机会，尤其是过节的时候，总要穷欢乐一番。不过，也有作难的时候。大概是 1970 年春节，干校的猪还未育肥，过年又要吃肉，于是我们连队买来一批活羊，约摸有 20 来只。伙房忙不过来，就将活羊分到排里。要求各排出人宰羊，许多书生对此简直束手无策。后来出来几个胆大的，卷起袖子先把羊推倒，然后下刀子。天哪！这哪里是宰羊，简直是锯大缸。可怜的小羊一声不吭，大大的眼睛叭嗒叭嗒地掉下泪水，许多人背过头去走了。但羊不得不杀，不然就没有肉吃，也没有羊肉馅饺子吃了。

比起宰羊，杀猪就惊险得多了。有一回连队要宰一只 200 公斤左右的大猪，四个壮小伙子像斗牛士那样与这只肥猪搏斗起来，猪在前边逃命，小伙子在后边穷追，又不能用木棒打，因为怕淤血，猪肉就不香了。好容易追上这个牲口，壮小伙子像打橄榄球那样，一拥而上把猪压在底下，然后把它四只蹄子捆上。这时操刀的来了，还缺一个“压阵”的，于是把我拉来，任务是骑在猪身上。只见白刀子进去，红刀子出来，猪拼命挣扎，我则“骑猪”难下。一会儿，猪慢慢地凉了。这时我感到浑身痒痒，原来，猪一死，身上的寄生虫都爬到人身上了。

宰羊和杀猪都不轻松。这时不免想起孟老夫子的名言：“君子远庖厨。”最好是有好东西吃，而又不用自己动手。机会总是有的，这就是到外连帮工吃派饭。

最开心的是麦收或秋收季节。本连是工业连，整天围着机器转，早就腻歪了，能到大田里跑跑野马，自然是一大乐趣。而且到兄弟连队支援，照例有一顿好饭，弟兄们开怀大吃，大有“不吃白不吃”之慨。有人一次吃下 30 个肉包子，只能靠南墙站着，怕一弯腰包子会顺嘴溜出来。

离开干校整整 20 年，再也没有吃过活鲑鱼，也不复有当年穷吃的豪兴。很奇怪，现在偶尔也喝茅台、五粮液、古井贡酒，都不如当年干校九角半公斤的老白干过瘾。是味觉钝化了？还是环境变化了？

劳动记“胜”

现而今，知识分子是工人阶级的一分子，堂堂正正，扬眉吐气，尽心尽意地贡献着自己的智慧和才能。退回到二十多年前，大批知识分子到干校去，是为了脱胎换骨的改造。谁说“百无一用是书生”？在那种环境下，许多知识分子也干出了奇迹，现在回想起来，有些事简直不可思议。外星人的智慧有什么了不起？咱们个顶个准比他强。

我们住了一辈子房，在北京谁自己动手盖过房？但是文化部 5 000 名干部从 1969 年开进干校后，不到一年，居然盖起几十万平方米有模有样的平房，做到了“居者有其屋”。盖房自然少不了砖瓦。笔者所在的连队是烧砖专业连，战士们不但盖起了厂房，而且自己动手装上了不知从哪儿弄来的 100 匹马力的搅拌机和制坯机。这个大家伙开动起来，得有上百人伺候它，连队一位技术革新能手发明了土卷扬机，20 多名男女战士驾着 400 公斤土的板车，像哪吒踩风火轮那样连人带车挂在钢丝绳上。到达卸土终点站时，必须立即脱钩，否则人仰车翻，必伤无疑。最险的是切坯工序，14 道钢丝像伽倻琴那样高扬，足有千钧之力，喀嚓一下将 50 多公斤土坯条切成每块 3.5 公斤的砖坯。有一天晚上，一位战士正在操作切坯机，不慎被钢丝切掉二节手指，当即鲜血淋漓。虽然立即被送到武汉抢救，但手指终于没能接活，留下了永远的残缺。

干校没有土建工程师，但我们竟然盖起了类似北京美术馆那样飞檐式的纪念馆，还记得最初的设计图样是一位能工巧匠画在香烟盒子上的。连队为烧窑，还自行设计、自己建造了 14 米高的烟囱。当烟囱刚建好时，笔者正好站在里边，往上一看，只见一方小小的蓝天，第一次真切地感受到“坐井观天”是什么滋味。盖房这手艺很有用，以至后来回北京盖小厨房时，有“张飞吃豆芽”之慨，仿佛有许多本事还没有使出来。虽然在干校，我只是一名顶不济的小工，师傅喊一声“来泥!”咱就赶紧供一铲泥，连“二把刀”都数不上，但房子怎么盖，咱也算见过。现在每当经过亚运村，就想张百发那时光急得要跳楼时，怎么不把去过干校的哥儿们拉去应急?

湖北冬春之际经常天阴下雨，这时正是支援外连下秧田之时，许多女同志有苦难言。好多人为了下水田，将棉裤剪去半截，腿部再裹上不透水的塑料布。排队出发时，五颜六色的“包装”把人打扮得像高级糖，一走沙沙作响，这种打扮大概皮尔·卡丹也没见过。

咸宁的红壤土，人称“晴天一把刀，雨天一团糟”。一年至少有 100 个雨天。在这种天气中行军下田，还要求边唱歌边走队列，又不许拿棍子作拐杖，因为那是“私字棍”，必须扔掉。于是不管大官儿、小官儿、没官儿，也不管老弱病残，一律跌跌撞撞，滚一身泥巴，真是行不得也!那样的路走过了，什么路都敢走。然而刚回北京时，人马路反而不会走了，瞧着眼晕。

劳动和生活既是这般劳累、艰险，又有何“胜”可言?笔者认为，不妨作“人定胜天”解，也不妨作“战胜自我”解。在困难的环境下，多少锻炼了人们的性格。尽管如此，仍难逃臭老九的厄运，其中一部分人遭到更大的厄运，莫名其妙地当上了“反革命”，笔者就是其中之一，其经历近似神话。

运动记“怪”

从1970年初开始，忽然刮起了一股抓“516分子”之风，这是“四人帮”迫害群众的罪行之一。开头在北京，据说有些大专院校一夜之间抓出一大批，关进黑屋里反省。在刑讯逼供之下，有的就乱咬乱攀，于是就像瓜蔓儿那样蔓延开来。这股揪人之风很快刮到了咸宁干校，一揪一大片，有的连队一百七十多人，内定为“516”嫌疑的，竟有上百人。当时咸宁干校大搞“葫芦案”的状况，陈白尘先生在《云梦断忆》这本书中专写了《忆“甲骨文”》一章，阅后令人心悸。

原先我以为这仅仅是文化部干校的怪事，直到1981年看到杨绛先生写的《干校六记》，才知道在社科院(当时叫“学部”)干校同样也搞得天昏地暗。有的院校还逼死了人，如杨绛女儿的男朋友“得一”就被逼身亡。钱钟书先生在《干校六记》小引中写道：“学部在干校的一个重要任务是搞运动，清查‘516分子’。干校两年多的生活是在这个批判斗争的气氛中度过的；按照农活、造房、搬家等等需要，搞运动的节奏一会子加紧，一会子放松，但仿佛间歇疟，疾病始终缠住身体。‘记劳’、‘记闲’，记这，记那，都不过是这个大背景的小点缀，大故事的小穿插。”文化部干校的情况大致也差不多，但笔者因是亲历，而且“有幸”当了一回“反革命”，所以感受更深些。

刚去干校时，笔者是连队政工人员之一，负责押运全连行李。车行至武汉附近江岸车站，发生火车撞车事件，幸而有惊无险，当时还以“铁梅他爹”自况，谈笑凯歌还。到达干校后，组织学习，编写简报，着实风光一阵。谁料好景不长，1970年3月间，一天晚上，连队正开大会，笔者领头喊口号，忽然之间被人反剪双手推出门外，当场被宣布为“516分子”，押送到一座阴山脚下的屋子里关起来。随之，我的身价突然“金贵”起来，睡觉有“警卫员”，吃饭有“服务员”，讲话有“记录员”，24小时全陪，目的是防止我逃跑或自杀。屋子里贴着标语，除了“最高指示”外，还有一条写着：“伟大领袖教导我们说：‘千万不要忘记阶级斗争’，××政委劝告说：坦白从宽，抗拒从严。”我当即指出：“怎么能把一个连干部的话与主席的话相提并论？这是什么性质的问题?”一位监管人员先是一惊，接着来一顿呵斥。但第二天一早，这条标语不见了。走马换将，审问开始，虽然当时对我格外优待，称之为“集体谈话”，但那架势明摆着是审问。军宣队长不无调侃地说：“想不到你是一个隐藏很深的反革命。”这时我忽然想起，仅仅在一个月前，这位军官因公务繁忙，不能去咸宁车站接他爱人，派我坐班车走 18 公里地代他接站，接回了一位虽不能称之为如花如玉但也算端庄秀丽、刚 20 出头的夫人，可见对我何等信任。但一个月之后，我忽然成了阶下囚。随后，这位主审官开起国际玩笑，说：“你听过侯宝林相声吧？那个醉鬼顺着手电光往上爬，一关就掉下来，现在我也打开手电筒，你别往上爬。”于是诱供开始，先问填了什么表？是方的还是长的？我心想表格总不能是圆的，通常登记表都是长的，于是押宝为“长的”，果然一炮命中。接着又问同伙是谁？这可难坏了我，交代不出来，就开始“熬鹰”。挨到次晨吃早饭时，奇迹出现了：一位监管人员(其实是一位与我很熟的朋友)走时竟然把一本蓝色笔记本“忘记”在桌子上。这时屋里没有旁人，强烈的求生欲望迫使我赶紧打开本子偷看，当时紧张的心情比反特电影中偷拍密电码还要惊险。我知道其中必有重要情报。一翻，果然本人的大名赫然在册，且“荣任”为中层骨干，相关的还有上上下下一大串同伙，这一惊非同小可。正在此时，从门口往山坡下看，打饭的人陆续回来了，我马上合上本子，一面拼命记人名。上午，审问再次开始，主审官再三交代政策，说：“你要坦白了，只留下一个黑点，如果顽抗，就留下一片漆黑。”接着追问同伙。我当时两害相权取其轻，就把记住的本子上的人名字一个一个往外蹦。为了不使人感到是“照本宣科”，还故意把次序颠三倒四。审问结果，主审官大喜，认为“交代彻底”。当晚，咸菜里加了香油，但我怎么也吃不下去，不知道这出戏演下去该怎么收场？晚上，不断做恶梦，感到说假话牵连了无辜，十分内疚。一个人如果不能忍受暂时的皮肉痛苦，他将受到长期的灵魂的煎熬。当时的政治气候就这么怪，讲真话可能招来横祸，有的人因此而遭了殃，而违心地说假话，却受到宽大处理。令人不解的是这个神秘的笔记本究竟是怎么回事？是钓饵还是好心搭救？名单又是从哪里来的？至今是个谜。好在有关的当事人都还在，他们应该心里有数。以后，由于政治形势有所变化，除个别人外，没有再牵连更多的人。这场运动成了一笔糊涂账，也无人出来承担责任。

钱钟书先生在杨绛的《干校六记》一书的“小引”中写道：“现在事过境迁，也可以说水落石出。在这次运动里，如同在历次运动里，少不了有三类人。假如要写回忆的话，当时在运动里受冤枉、挨批斗的同志们也许会来一篇《记屈》或《记愤》。至于一般群众呢，回忆时大约都得写《记愧》：或者惭愧自己是糊涂虫，没看清‘假案’、‘错案’，一味随着大伙儿去糟蹋一些好人；或者(就像我个人)惭愧自己是怯懦鬼，觉得这里面有冤屈，却没有胆气出头抗议，至多只敢对运动不很积极参加。也有一种人，他们明知道这是一团乱蓬蓬的葛藤账，但依然充当旗手、鼓手、打手，去大判‘葫芦案’。按道理说，这类人最应当‘记愧’。不过，他们很可能既不记忆于心，也无愧怍于心。他们的忘记也许正由于他们感到惭愧，也许更由于他们不觉惭愧。惭愧常使人健忘，亏心和丢脸的事总是不愿记起的事，因此也很容易在记忆的筛眼里走漏得一干二净。”这段话是火辣辣的，每一个人都要在党性或良心的法庭上受到审判。自然，由于当时复杂的政治环境，我们不必再去纠缠历史恩怨，也不必过多地去追究人民内部某些同志的责任。

当年被戴上“反革命”的帽子之后，入了“另册”，政工组自然不能呆了，可能由于我“态度好”，或许也由于军宣队和连干部的特殊关照，让我去报道组，作为“一批二用”。不久，更奇怪的事情发生了。有一天，换防后的军宣队长把我叫到连部，屋子里还有点酒菜，他命我先吃完饭再谈点事。此时我真有点像武松受了施恩的款待那样，心里直打鼓。饭后，军宣队长发话了，他说：“有一件最秘密的任务交给你，后天连队要恢复党组织，你马上写一个整党总结报告。”我怯生生地说：“我不是共产党员，这事合适吗?”他说：“我说你是党员就是党员，现在你比党员还要党员，赶快动手写吧！不准出门去!”我想此事有何难处，请他马上派人找来“九大”政治报告和最近几期《红旗》杂志。连抄带编，几个小时就交了卷。第三天，一位被结合的老干部在全连大会上念了我起草的整党总结报告，一阵阵掌声和口号声把我震晕了，这时我想笑又不敢笑，真不知道该哭还是该笑。让一个戴着“反革命”帽子的非党人士写整党报告，这是一个在扭曲的年代里发生的并非虚构的故事。

相比之下，那些早已被揪出来的“走资派”和“牛鬼蛇神”的遭遇比我更惨，他们不但要接受无休无止的“批判”，而且长年累月被派去干最累最险的活，比如下湖捞猪草，大雨之夜上堤抢险等等。事实证明，他们之中绝大部分都是好人，后来虽获解放，但受的心灵创伤久久难以平复。

过了一年，我被宣布平反。我永远记得，那是一位在延安就参加革命的老领导宣布的，他就是王子野同志(当时他在干校三大队任队长)，我感到有一种第二次解放的轻松感。然而，在尚未摘帽的1971年春天，在阴晴不定、命运难测的时候，我却又遇到一件不敢领受表扬的奇事。

“东方红”之旅

1971年春天，母亲病重，我被批准回沪探亲，临行带上十岁的儿子，登上了“东方红31号”快轮。去时归心似箭，一路无话。回来时却遇到一件奇事。如果说捷克作家米兰·昆德拉的《生命中不能承受之轻》描写了反对媚俗而又无法根除媚俗的故事，那么我这段经历可称之为渴望表扬而又不敢承受表扬的怪事。

当年盛行“讲用会”，在上海至武汉的江轮上(记得是“东方红10号”)也照开不误。也许是由于我穿着一身褪色的旧军装，在船上被一位军人请起来“讲用”。我讲了建党28年中的前14年和后14年的对比，说1921年～1935年这一段，党为寻找自己的领袖几经挫折，1935年遵义会议上找到了伟大领袖，到1949年这14年如拨云见日大放异彩。接着讲干校战士如何战天斗地活学活用的故事，有情有景，生动有趣，当时的心情真是虔诚又真诚。不料这下子惹出麻烦，这位军人夸我讲得好，追问我是哪个单位的？叫什么名字？并立即向船上的政委推荐，让我到广播室向全船“讲用”。此时船大约离武汉不到一小时，军人不断催我。天哪！当时文化部是“帝王将相、才子佳人部”，名声不佳，而本人又是入了另册的“反革命”，让我自报家门，岂不自投罗网？万一船上有文化部干校的熟人，知道我的身份，当场揪出来怎么办？因此我百般推脱。说话间轻舟已近武汉港，广播室停止“讲用”，改播通知。汽笛声声，船靠岸了。我拉着儿子飞也似地逃出船舱，恰似“胜利大逃亡”！当父子俩跑到“老通成”吃豆皮时，还禁不住耳热心跳！

“小皇帝”之死

现在，看到花儿一般的儿童，在阳光下尽情游玩，手里玩着变形金刚，脚穿小耐克鞋，要什么有什么，真是过着“小皇帝”一般的生活，不由得想起二十多年前随父母到干校的孩子们。去干校的孩子，小的只有三四岁，大的有十来岁。六岁以上的孩子受到特殊优待，被集中在咸宁县城上学，那是一所只收干校战士子女的特殊学校，名称叫共产主义学校。师资水平之高堪称是全国一流，校长是文化部原政治部主任，一位司局级干部。在生活上多少也有点照顾，刚下去时，据说还吃上北京运去的香肠。孩子们过的是寄宿制集体生活，老师们又当爹又当妈，实在不容易。

但哪个孩子不想念自己的亲爹、亲妈？他们的父母远离县城，最近的连队也有一二十公里地，而且连队不休假(通常是半个月才放一次假)就不许进城看孩子。好容易盼到了休假日，几十、成百个孩子就拥到班车车站旁边，盼星星、盼月亮，盼望自己爸爸妈妈能来看一看，亲一亲自己。幸运的孩子一个个走了，每次总有一批孩子没有接到自己的爹妈。大人们或者连队有活，实在走不开，或者像我那样，成了“反革命”，不能随便外出。我的儿子虽然当时还不到十岁，但也受到牵连，不能入“红小兵”，不能随便见到父母。有一次，儿子用仅有的几角零花钱给他妈妈买了一把鞋刷子，眼巴巴地盼望亲手交到爹妈手里。当他远远看到他妈妈时，马上扑了过去，泣不成声，问爸爸好久不来了，这是为什么呀？母子抱头痛哭，无语问苍天。

比起来，我儿子还是幸运儿。干校还有一个五岁的男孩因为意外事故不幸夭折了。事情经过大概是那样：咸宁的蚊子又多又大，为防止疟疾流行，连队下发了一批药品。一个叫“东东”的小男孩，长得漂亮极了，大大的眼睛，红扑扑的脸蛋，真像小太阳那样。小“东东”这天休息在家，和小姊姊在一起玩，忽然发现家里有个瓶子，装着甜味的小饼饼，于是和小姊姊你一个我一个地吃起来，小姊姊吃了二片出去玩了，小“东东”一下子吃下好多片，后来口渴了又去找水喝。原来他吃下去的竟是预防疟疾的糖衣药片。等大人发现，已经没有救了。一个活泼健壮的“小皇帝”就这样夭折了！第二天，托儿所里不见了小“东东”，大家打听到事情

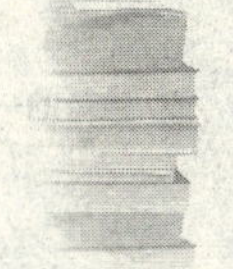

真相后，无不痛心落泪，这究竟是谁之过啊！如果他们的父母不被赶到干校去，这一切会发生吗？

假如小“东东”活着，现在也该20多岁了，夜阑人静，回忆往事，禁不住在心里呼唤：小“东东”，你在哪里……

48次火车票

在干校呆了三年多，大家最盼望的是能够回北京。1972年秋天，连队通知填分配志愿书，其间也有种种笑话。本连有一位年近七十岁的老人，是个受过多次审查的“老运动员”(指历经多次政治运动的人)，在“健康状况”一栏填的是：“身体健康非昔比，敢与青年比高低。”在“是否党员”一栏内填的是：“早有此愿，继续努力。”其后果是招来一顿劈头盖脸的批判，原因大概是赵太爷骂阿Q“你也配?”的意思。在填分配去向时，据说有的连队善玩拆字谜的哥儿们是这样写的：“天南海北任分配。”当连部领导问他是什么意思？他说：“除天津、南京、上海、北京四个地方，我哪儿也不去，本人就是小地方北京来的。”其后果是继续接受改造，第一批回京名单没戏。

1972年12月，我们全家和本连一百多位同志终于拿到了日夜盼望的回京的48次火车票。有几十位同志因这样那样原因留了下来，最后一批则是1975年才回北京的，后来有些同志成了业务骨干或当了领导干部。当1975年我们去接站时，又遇到难得一见的奇景。只见有些战友手里提着麻包，里边睡着的是“九斤黄”大活鸡。火车上不准运活的动物，但这批鸡是如何过关的？原来是给鸡吃了安眠药，它乖乖地睡着了。还有的提着一卷油光的狗皮。这时不由得想起一段往事，当我们第一批战士离开连队时，这些忠实的狗儿追出老远。当年我被打成“反革命”时，有些人避之唯恐不远，是一条名叫“马谡”的黄狗终夜为我看门，走夜路时，是它为我壮胆，我没有东西喂它，只能请它吃乌黑的糖块，但这个小生灵一直不嫌弃我。如今它只剩一张皮被人带回北京。还有“大黑”、“花子”的狗肉被吃掉，皮子则不知去向。我不禁流下了热泪。我无法想象最后一批战友离开时的情景，也许对于那些忠实地守护连队多年的狗儿只能“挥泪斩马谡”吧？多年以后，我家里有了电视机，但很长一段时间我只看新闻联播和“动物世界”，这不为追忆似水年华，看“动物世界”是为了寻找我失去的无言的伙伴。

离开干校20年了。几次搬家，许多书都散失了，唯有一本油印的《向阳湖诗选》还奇迹般地保存着。许多记忆挥之不去，如饮陈酿，历久更醇。听说在改革开放中，咸宁也旧貌换新颜，当地勤劳朴实的人民重新安排了好河山。三年多的干校生活使我对人生、对事业增加了阅历。作为我个人，在这期间有许多经验教训值得记取，要做一个“大写的人”很不容易。回京以后，我的工作岗位有了几次变动，也入了党，提了干，但检点平生，愧无贡献，可谓一事无成老少年。1992年春，调到《新闻出版报》社工作，总编辑谢宏同志是一位学者型的领导干部，在一次谈心中，他说：“站在阳光下，一个人的背后总有阴影，问题是这个阴影留在哪里。”这是一句富有哲理的话。我的阴影很长，但如果站位正确，阴影可能缩小，这需要我付出毕生的努力。

米兰·昆德拉说：“上帝看见我在这儿煞有介事地思索演讲，他正在一边发笑。”我想这位“上帝”不是别人，正是读者。但愿“上帝”笑过之后留下一点思索。

1992年12月22日

本文摘自《白丁侃书》

千里走单骑

——调研见闻

写下这个题目，自己也感到有点可笑。千里走单骑的故事源出于《三国演义》第二十七回，“美髯公千里走单骑，汉寿侯五关斩六将”。说的是关云长封金挂印，辞别曹操寻找故主刘备的故事。在此途中，关公过五关斩六将，正是大显神威之时。而检点我的生平，在 55 年的工作经历中，主要是受组织派遣，或下放农村，或去外地调研，足迹遍及 25 个省、市、自治区，都是集体活动，说不上千里走单骑。然而作为个人而言，却每次有自己独特的体验，这是别人所无法体会也无法替代的。回首往事，似有必要记载于册，从中看到一个普通干部眼中各地的风土人情是怎样的，其中有苦也有甜，这样宝贵的经历此生不再，因此决定按出行时间先后记载下来。这里所写的不是工作报告，自然不需要写成高头讲章，也不涉及当时一起出差的师友，所记的只是途中的风景和看风景的人的一点感受。

活佛请吃饺子

1955 年春，我首次奉派出差，跟随新华书店北京发行所一位科长赴内蒙古伊克昭盟、乌兰察布盟、呼和浩特市调查民族文字画报发行问题。当时出差是苦差事，因内蒙古解放初期性病尚未根除，所以干部出差不住旅馆，需自带铺盖卷儿住到当地中小学里，这与如今出差多数住星级宾馆，吃高档公务餐，真有天壤之别。此次出差最特别之处是在乌兰察布盟政府所在地乌兰花一个叫孟德尔庙的会见活佛的经历，令人终生难忘。这位活佛当年只有18岁，据告知是政协委员，但没有说是自治区还是盟级的。据当地介绍，从前老百姓如果要请活佛摩顶赐福，要自愿进贡100头羊。我们没有羊，又是唯物主义者，所以没有请活佛摩顶。见面时双方合什施礼，分宾主坐下。事先知道这个小活佛最喜欢吃糖果，而我正巧带着2斤北京特产“小人酥”(一种内有芝麻酱馅，外包丝光硬皮的酥糖)，这本来是准备路上自己吃的，临时再买别的糖果已来不及，因此决定先到当地供销社讨一张大红包装纸，将“小人酥”重新包好作为见面礼。科长带着我去见了活佛，这位小活佛很亲切，也很活泼，只见他左右两个手腕上都带着金表，闪闪发光。小活佛一边与我们交谈，一边当场吃着“小人酥”，连连说北京的糖果真好吃。近午时分，小活佛说要请北京客人吃饭。小活佛并未出席午宴，只有两位高僧做主人，宴会上别的菜肴并无特色，最有趣的是，主食是羊肉饺子，每个饺子足有一寸多长，每次只上一对，吃完再上；饺子馅是羔羊肉，一咬一口汁水，非常鲜美。那时我刚20岁，正是胃口大开的好时光，一口气吃了四对大馅饺子。这时候一个小喇嘛在我耳边轻轻地说：“小同志，这种饺子后饱，你不能再吃了。”作为客人，我闹了一个大红脸。饭后，主事喇嘛送我们一大饭盒很稀的酥油，并套一辆牛车，让一个年轻的喇嘛送我们回住所。这盒酥油害苦了我，回到住所，我的一身外衣已成了油饼，但那种真正的新鲜酥油香味时过50年似乎还有余香。此后50年，我再也没有尝过如此美味的羊肉水饺，也再没有尝到如此醇香的新鲜酥油。从此谨记赴宴的礼仪，再好的美食也得适可而止。只有一次例外，有一次民族出版社萨空了社长宴请，我有幸出席。席上有新疆抓饭，里面有美味的羊肉和甜美的葡萄干，我低头猛吃。后来一位同志低声提醒我，这种饭会后饱，吃多了会撑着，叫我少吃点。我又闹了一次大红脸。

这次去内蒙古调研，带来了两个直接的成果。其一是弄清了为何在蒙族聚居区藏文画报较畅销而新蒙文(类似俄文)画报却不受欢迎的原因。原来解放初期，新蒙文主要在中小学中推广，广大农牧民并不认识新蒙文，而僧侣和干部则很多人认识藏文，因此两种不同的民族文字的画报发行量有很大差别。这次调研以后，国家民委和新华书店很快调整了民族文字书刊发行的布局。另一个成果是新华书店北京发行所领导更加重视民族文字图书发行工作，专门派我和另一位同志到民族出版社学习少

数民族文字。先从朝鲜文着手，每周有一个晚上到社里学习，一直坚持了一年。后来由于我工作调动，民族文字学习没有继续下去。还记得我们的朝鲜文教师名叫朴东根，是一位非常认真的老师，可惜学生没能完成学业。

1955 年 12 月，北京发行所为接待越南出版发行代表团首次访华，专门为越方编写了一套介绍我国图书中心批发站(中盘)的业务材料，我编撰了介绍少数民族文字图书发行业务的材料。

70 元钱一张真正的虎皮

1956 年，我跟着科长去了江西景德镇，途经安徽婺源(今属江西)。婺源是有名的古镇，早在唐开元二十八年(公元 740 年)即置县，时值唐玄宗末期。明清数百年间，徽商崛起，返乡大修祠堂宅第，粉墙黛瓦，绵延数十里。婺源地处偏僻山区，山水秀丽，险阻天成，自古兵革少到，使婺源完整的古民居和纯朴的民风民俗得以保存，有世外桃源般的意境。

婺源的民居极有特色，高耸的粉墙，黑色的屋瓦，飞檐翘角，或隐或现于青山之间，或倒映于清溪湖面，真是一幅美妙的“小桥、流水、人家”的画面。我们公务在身，无暇多赏美景，只是匆匆走过。遥想当年，这里青石板上曾走出 2 665 位文武官员，著作有 2 180 部，其中被选入《四库全书》的就有 172 部。南宋著名的思想家、教育家朱熹和“中华铁路之父”詹天佑就来自婺源之乡。这些掌故自然是在后来查书才知道的(参见《中国古镇游》安徽/江西卷第 155 页～157 页，陕西师范大学出版社，2003 年 5 月出版)。

在婺源一个古镇供销社里，我忽然发现有一张完整的老虎皮，毛色斑斓，长有一米半左右，宽约一米，可以想见这只老虎活着的时候多威武。这张大虎皮标价只卖 70 元(当时我月工资有 70 元)，现在花 10 万元也买不到了，况且虎皮早已禁止买卖。我在虎皮前观赏良久，这真是一次可遇不可求的机会。我揪了揪老虎尾巴，还摸了摸老虎屁股，耳边仿佛听到虎啸声声，毕竟能摸真老虎屁股的人极少极少。以后每次到北京动物园，看到懒洋洋的老虎，真不明白虎威哪里去了。

拔根芦柴花

20世纪50年代～60年代是政治运动频仍的年代，我曾经历“三反”、“五反”、批判胡风、“肃反”、“反右”、“四清”，最后又经历“文革”十年。经过历次政治运动，养成了一种一切听从组织安排，叫干啥就干啥的习惯思维。1958年初，为响应中央号召，在北京工作的干部下放到外省农村去进行劳动锻炼。当时我在新华书店北京发行所工作，下放的地方有两处，一是河北丰润县，一是江苏兴化县，我和几十位年轻干部被安排南下。

江苏兴化县是苏北水乡，是著名书画家郑板桥的家乡。这个鱼米之乡当年却徒有其名，除了垛田上的水稻、油菜，只有成片成片的芦苇。我们是1958年初下乡的，正值隆冬，下到河滩边的淤泥中，冰冷彻骨，刚割倒的芦苇露出尖利的芦根，一不小心就会戳破脚底板。头一天下河，我就被割破了手指。

1958年正是全国大跃进的一年，又是大炼钢铁的一年，这股浮夸风也刮到了苏北农村。文化部的下放干部，除新华书店以外，还来自北京电影制片厂、新闻电影制片厂和北京儿童艺术剧院、中国歌剧舞剧院等单位约一百多人。队长是原北影厂厂长，一个有着光荣革命资历的“老延安”。队部决定在县里建一座下放干部炼钢厂，鼓风机是高约两米的一座木制风火轮，里边绑有许多鸡毛，连着一座土高炉。下放干部几个人一班，轮流爬上风火轮去踩动，每人只能坚持几分钟就气喘吁吁地被换下来，歇人不歇车，风火轮就这样像老鼠钻圈一样不停地转动。苍天不负有心人，在几个小时之后，还真的炼出了一块钢，大小有蜂窝煤大小。这时全场欢呼，队部马上写大字报并发电报向北京报喜。全队干部、战士美美地吃了一顿红烧肉外加红烧大鲤鱼。不过好景不长，到了下半年，存粮吃空，只好吃胡萝卜加少量的米粥，天天如此，以至于吃坏了党风吃坏了胃。因为“形势大好”还得天天吹。

既然是文化部下放干部，在下乡劳动之余，自然要有文艺演出。北影厂、新影厂导演编出一部记录片——《水乡的红旗》，其他下放干部则人人写诗，人人画画，队部曾下达指标，要求每人每晚必须写出20首诗。一时间处处弦歌，人人诵诗。文艺创作中要求向老乡采风，于是苏

北民歌《拔根芦柴花》就成了首选。这首优美的民歌曾在北京风靡一时。2007年央视春节文艺晚会上居然又唱起了这首民歌。当优美的旋律响起的一刻，我仿佛又回到了50年前江苏兴化县崔垛乡，回想刚下乡时割芦苇的艰苦，更想起早春二月垛田里成片成片金色的油菜花。那时我们下放干部三三两两乘着小木船下垛田，撑船的大多是十五六岁的村姑，有一个叫阿香的小姑娘长得非常俏丽，村里调皮的小伙子都叫她小秋香。她一边撑船一边唱民歌，下放干部中的小青年都争着坐她的船。如果时光能倒流，我真想再到兴化去坐小秋香的船。

作为郑板桥的乡梓，在大兴农家游的今天，不知兴化乡亲有没有利用这个大好的文化资源?

爬过三门峡大坝

三年困难时期也严重影响到出版业的发展。从1960年开始，全国纸张供应紧张，许多书无法满足供应，一些重要图书不得不采取分配供应的办法，全国急需一个可行的图书分配办法。1961年，我陪同科长赴山西、陕西、内蒙古、河南调研。此次调研是奉文化部出版局和新华书店总店之命，带着总店初拟的图书分配比例方案去征求意见，时间长达一个多月，行程数千里。

所谓"图书分配方案"是指某些供不应求的图书，不能采取由下而上按订数供应的办法，而是采取由上而下将订数直接分配到县级书店的办法(由各个发行所办理)。我国地域辽阔，各地政治、经济、文化和民族分布情况差异极大，如何使有限的图书合理分配，是一个极为复杂的问题。在具体分配时,不可能一县一数,或一书一数,只能按城市为主、农村为主、城乡并重等不同供应对象拟定县、市的分配比例。为多争取百分之一的比例,各地争得面红耳赤。这个图书分配比例方案如同当年的全国粮、棉、油计划分配一样,一直实行到20世纪80年代末。我们的调研任务就是选择不同条件的省、市进行抽样调查,以确定可操作的方案。

在山西万荣县农村，我们看到当地严重缺水的艰难，当时一担水竟要花八角钱，差不多等于八斤粮食的价钱。当地人有句话，叫做"宁肯请人吃馍，也不留人喝水"。选点在万荣，是因为这里是文字改革的试点县，虽穷而文化上有特色。在陕西西安市，我们瞻仰了大雁塔，由于供应困难，连羊肉泡馍的香味都没闻着。相对而言，内蒙古呼和浩特和包头却好多了，在呼市还能喝到七分钱一斤的鲜牛奶，最美味的是一种叫“梅糖饼”的面饼，奶香与糖分充足，一咬一口酥。到了河南却很惨，当年河南因大刮浮夸风而造成许多后遗症，1961 年时形势虽有好转，但供应仍很困难。我们一日三餐吃的花卷上边有一层绿色，原来是加了大量的葱。在河南开封市，我们看了大相国寺，还拔了拔当年鲁智深没有扳倒的大柳树。印象最深的是到了三门峡市，那时这个市刚建第三年，一切都是崭新的。雄伟的三门峡大坝矗立在滔滔黄河之上，所谓“三门峡”，是指人门、鬼门、神门。黄河中间有一大石碣，上书“中流砥柱”四个颜体大字。大坝极为壮观，在大坝中间有几处留有两尺多宽的空当，大概是为热胀冷缩预留的空间。从大坝空间向下望去，只见滔滔黄河，汹涌澎湃，气势如虹。面对这一阵势，我两腿不听使唤，怎么也迈不过这个空当。最后只能俯下身去借助一块木板垫底爬了过去。由于三门峡没有解决黄河流沙淤积问题，运行十几年后不得不废去。但“三门峡市”至今仍是河南省 17 个地级市之一，下辖灵宝、渑池等 6 个县、区、市(参见《中华人民共和国行政区划简册 2006》，地图出版社，2006 年 4 月出版)。1969 年初，我因外调任务，随同一位军宣队干部到过灵宝县(现为县级市)，在当地还遇到一次有惊无险的车祸：我们乘坐的一辆中型苏式吉普车刹车坏了，汽车从半山腰往下直冲；幸亏老司机临危不慌，把汽车撞在半山间一堆修路用的石灰堆里才停住。我们捡了一条命，却弄得灰头土脸，此是后话。

村支部书记为何当假和尚

王光美“桃园经验”传达以后，北京开始了“四清”试点工作，文化部总是得风气之先，要求所属单位也要参加。于是 1964 年我和几位书店干部一起被派往北京大兴一个名叫小谷店的村子里搞“四清”试点。关于中央对“四清”工作路线、方针的尖锐斗争，在基层干部中自然一无所知，我们只是按“桃园经验”中所谓前十条、后十条的经验开展工作。首先是把村干部赶上楼，天天熬夜让他们自清门户交代问题。只记得村党支部

书记的经历十分奇特又有趣：这是一位复员军人，当年已有40多岁，是一位忠厚老实的基层干部；他交代说，在1960年困难时期，他白天当支书，晚上却去当假和尚为村里红白喜事吹唢呐。在部队里他学会了几支歌曲，其中最熟的只有两首，一首是《我是一个兵》，一首是《真是乐死人》。有一次赶上村里有一档子白事，这位村支书先吹了一曲《我是一个兵》，后来想不起别的曲子，只好吹《真是乐死人》。这下遭到大麻烦，丧家正在悲痛之时，你吹这种曲子是什么心肠？当然是招来一顿暴打！当我们问他为何去当假和尚时，他难过地说，那时肚子饿啊！去做红白喜事吹鼓手，只为混一顿馒头。那叫什么馒头，还不是掺了许多杂粮的馍馍！这是一个基层干部的悲喜剧，面对这样的事情，我们怎么能下手处分他呢？在村里，我们到“三同户”家吃派饭，有几家包了绿豆面水饺，这种水饺热着吃还可口，一冷就变硬，无法下咽。

到杨子荣战斗过的地方

1964年，我再次奉派参加“四清”工作队。总队长是新华书店总店总经理王璟，我所在的大队分队长是新华书店京所经理赵国良，这两位都是老解放区来的老干部，作风质朴，对干部要求很严。这次“四清”的地点是黑龙江宁安县，属东京城管辖。我任马河大队西沟小队工作队材料员。同时参加的还有哈尔滨师范学院的老师。宁安县就是《林海雪原》里杨子荣曾战斗过的地方，马河附近确有一座奶头山。这个县居民成分复杂，有来自22个县的农民，其中有的曾当过马匪(马希山匪帮)。“四清”工作队刚进点不久，夜晚村里曾发生打信号弹和打黑枪事件，最后也没有查出肇事者。

“四清”是政策性很强的工作，其中甘苦非亲历者不能了解。这里不说正事，只记一点趣闻：有一位大队支书，据群众举报，有贪污3 000元的问题，这在当时是个天文数字。到他家实地一看，发现他住的是马架(一种土坯房)，屋里只有两铺土炕，此外一无所有；要问这3 000元到哪里去了？支书说他当了十多年干部，好喝一口小酒，花了大队的钱陪吃陪喝，要算总账也许值这么多，要退赔只有老命一条。这笔糊涂账只好不了了之。

东北人憨厚，生活习俗与关内不同。来了客人，无论是男客、女客，往往由女主人先安排在同屋对铺炕上住宿，有的甚至是一铺炕，而男主人则放心地外出开会或值夜。曾有传说，男客人与女主人同在一铺炕上，中间放一条裤腰带为界。第二天起来，男主人先看裤腰带动没动窝，再让男客人喝一大碗凉水。如果主客相安无事，男客人喝凉水不碍，否则可能得病。我们曾向当地老乡求证，他们笑着说没这回事，来的客人与主妇睡一铺炕，这是常事，条件所限，只能如此，但从未发生越规的事。在“四清”期间，我们曾亲眼看见一对新婚夫妇住在一对中年夫妇的家，头冲头两铺炕，中间只挂一幅布帘，大家相安无事。“东北人都是活雷锋”，此话不假。

为了便于工作和避免是非，“四清”工作队多数队员集中住在独门独院的队部里，少数队员住在单身汉家里。我随同“四清”工作队队长住在一个单身老贫农家里。这个老贫农真是一贫如洗，唯一值钱的家当是养着的一口肥猪。晚上，我们和老贫农睡在炕上，肥猪就睡在炕旁边，这只大猪天天晚上哼哼，闹得我们半宿无法入睡。

“四清”后期，受队部派遣，我被派到宁安县委书记蹲点的一户朝鲜族老乡家中住宿，在村里开展调研工作。这是我首次和朝鲜族老乡同吃同住同劳动，几年前学的朝鲜语有了用处，一些生活用语再加上手势比划就能相互交流。朝鲜族乡亲住室和灶间，一尘不染，每天饮用水都要换当天打来的新水。朝鲜族姑娘一清早就头顶水桶到村口井里打水，一走一摆腰，就像舞蹈一样，体姿优美。在大田里劳作的都是阿玛妮(大妈)，男人则多数穿着大裆裤抽着旱烟坐在家中，顶多管饲养大水牛，少见有下大田的。朝鲜族妇女衣着鲜亮，能歌善舞，在节日里大多穿着绸衣在村里载歌载舞，这在60年代是一道难得的风景。

当年宁安县老百姓生活很苦，冬天缺菜是常事。“四清”工作队学老乡的办法，自己在小院里挖了菜窖，菜窖约有四平方米大小，下到菜窖非常好玩，好像当年打地道战那样。菜窖里存得最多的是圆白菜和大萝卜。每次起出的圆白菜都被冻得透亮，化冻以后就成为队员们的家常菜。还记得这年过五一节，村里照顾给每个“四清”队员发放半斤好大米，另外给点白面粉和猪肉包饺子。队员中有一位科长是四川人，自称做米饭是行家，大家就拜托给他了。不料他烧的火炕太猛，结果大米饭上半边

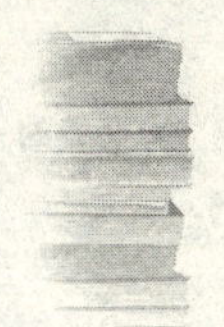

夹生，下半边已糊了。大伙儿包的饺子更惨不忍睹，包好的饺子放了一大炕(因为有22个人吃饭)，一烧火炕，生饺子都流了汤，大家最后只能喝片儿汤了。

当了一回落纱工

在60年代，下放锻炼一个接着一个，不去不行。1965年，又派我参加文化部统一组织的文化工作队，驻地在河北石家庄。带队的是大大有名的高干：书记仲秋元(后来任文化部副部长)，队长谢冰岩(曾任文化部群众文化局局长)，大队秘书是肖望东部长的秘书黄稻。我被分配在石家庄国棉二厂任文化工作队组长。这是一个10万纱锭的大厂，是全国有名的四大纺织厂之一。另一组由赵丹的女婿刘德康任组长，驻地是石家庄动力厂。全队队员除书店的外，还有来自中央乐团和中央歌剧舞剧院、北京电影字幕厂的演员和编剧，都是能歌善舞又能写的文艺骨干，共有二十多人。我在国棉二厂併粗车间学习当落纱工，就是在粗纱抽完的一刹那换上新纱锭，发现中间有断头时，还要及时去接上。这在技术活儿中算是最初级的一种，但看似容易干时难，头一天上班当落纱工，面对每分钟6 000转的纱锭，我就傻了眼，一不小心手表的表蒙子就被打碎了。

在石家庄遇到最险的是巧遇1966年3月8日邢台大地震：第一次是清晨未起床前，属于小震，同屋的刘德康曾在新疆经历地震，地震来时，他叫我们赶快用枕头蒙头，等震后迅速离床逃生。这天中午，文化工作队正准备在纱厂礼堂开会，我站在门口迎接开会的人，大约一点多钟，忽然大地震来临，屋内一个重达几十斤的大玻璃吊灯突然掉下来，我们迅速离屋逃生，躲过一劫；屋里是不能待了，队部向北京紧急求援，很快拨来大帐篷，支在石家庄人民公园里；队部迅速作出安排，不分男女，和衣而卧，都在帐篷里住下，一共经历了三天这种战时共产主义生活。有了邢台大地震的经历，到1976年7月底唐山大地震时，我们一家住在北京西城绒线胡同甲7号一所平房里(据说那是和珅家族住过的房子，前边有廊子，高敞轩昂)，只听房梁嘎嘎作响；知道大地震来了，马上叫醒妻子、儿子离开屋子；此后在宽敞的后院里和邻居们搭了大帐篷，共度了一个多月的集体生活，数着星星讲各种见闻轶事，全然忘了危险。那时候相识与不相识的人同生死，共患难，真有一种生死与共的战友情谊。地震过后，我又奉派到书店宿舍，上房去修屋顶，去过多个院落，历时一个多月；这是生平第一次当泥水匠，在平房上飞檐走壁，又惊险又好玩。

难忘的咸宁“五七”干校

1969 年 9 月至 1972 年 12 月 15 日，在工宣队、军宣队统一安排下，新华书店北京发行所有 170 人下放到湖北咸宁文化部“五七”干校。刚去干校时，我被军宣队选中，进入政工组工作，主要是编简报，并给《咸宁报》写稿。后来遭人诬陷，于 1970 年 3 月 18 日下午正在开连队大会时，被当作“516 分子”当场揪了出来。这一天正好是柬埔寨朗诺发动政变，推翻了西哈努克亲王为首的王国政府。后来我戏称自己是与西哈努克同一天蒙难的“王孙公子”。在学习班经过五天五夜的折腾，我违心地承认自己是“516 分子”。过后又蒙军宣队开恩，让我进连队报道组工作。再以后更平步青云，被军宣队指定参加连队整党领导小组，参与领导整党，并负责起草整党总结报告。当时我还不是共产党员，头上又带着现行反革命分子的帽子，却要参与领导整党，这种奇事只有在一个扭曲的时代才能发生。关于“五七”干校的种种奇闻还有很多，我已在《悲歌壮歌共一曲——咸宁文化部干校忆旧》一文中详记，此文也已编入自传中，这里不再重复。

1978 年，我又去了石家庄国务院“五七”干校，干校无新事，劳动主要是养护苹果园，拉了几个月粪车，对打掉娇骄二气的确有帮助。值得一记的是在这里首次看到了彩色大电视。据说这台电视曾是西哈努克亲王在华时使用过的。在干校吃得最多的是苹果，二分钱一斤是上好的苹果，落果的只收一分钱一斤，每天几乎吃半脸盆，吃到倒牙才算完。以后我得了“苹果恐惧症”，再好吃的苹果也不想吃了。

县委书记让我们向纪登奎问好

1973 年，我奉书店领导之命，与书店师哥一起到河南鄢陵县调研，任务是弄清楚为何一个小县城要大量订购林业书，后来才知道那里有林

业部“五七”干校。有客自北京来，当地自然热情接待。头一天是县新华书店经理请客，第二天是县委宣传部长请客，都是丰盛的酒宴，这对于我们一般干部已是受宠若惊了。不料第三天有更高规格的宴请还在后面，我们接到通知说，县委书记要宴请我们。我和师哥一起赴宴，宴会中间发生了一件有趣的事情。原来，许昌地委出了一位中央大干部纪登奎，县委书记端着酒杯说：“你们是毛主席派来的干部，回去以后，一定要向登奎同志问好！”我心想我们俩人(当时)连党员都不是，距离纪登奎这位中央政治局委员相差何止十万八千里，怎么可能向他问好？正要回话时，见多识广的师哥踢了我一脚，他连忙说：“谢谢书记这么热情接待，回北京我们一定向登奎同志问好！”宴罢回招待所，我对师哥说，这么讲有点离谱，回去怎么交代啊？他说：“你这个人一根筋，你想，县委书记能宴请无名之辈吗？他希望客人身份越高越好，这样才有面子。”我很佩服师哥临场的急智，给宾主双方挣足了面子。三次宴请，主人的身份不同，宴会的规格也步步高。比如凉菜，书店经理宴请时，松花蛋切成四瓣，到了县委宣传部长宴会上，松花蛋摆出花样，外加细细的姜丝，再到县委书记的宴会上，同样的松花蛋又大变花样，不但与咸鸭蛋双拼，而且鸭蛋里还镶上猪肉，讲究多了。一只鸡也花样翻新，经理宴是整只上桌，部长宴是切盘上桌，书记请客则变成“霸王别姬”——鸡与甲鱼同炖了。县委书记宴席上喝的是淮阳大曲，那天我被灌得酩酊大醉，沉睡了一个下午，到次日还宿酒未醒。有了这次醉酒的教训，以后就学乖了。1997年我随团去台北访问，在酒宴上陪着台湾出版协会秘书长逐桌敬酒。那次大陆客人共有97人，加上台北东道主总共有30多人，我喝了30多杯白酒，足有一斤多，却一点不醉，被台湾朋友称为酒王。原来事先我早准备了一块白色小方巾，在敬酒的一刹那，乘人不注意，将酒全吐在毛巾里，再偷偷攥干方巾，所以千杯不醉。

才食长江鱼，又见黄山松

1984年夏天，我随同新华书店副总经理郑士德一行七人去几个县书店调研，带着新编的图书发行教材稿本，从北京至武汉，再溯长江而上，途经孝感等地直到宜昌葛洲坝，住在有名的桃花岭宾馆，据说曾是为林彪准

随同宋木文(左三)在重庆考察出版工作(1990年11月)

备的高级宾馆。院内树木婆娑,曲径通幽,景色怡人。餐饮也很讲究,其中最有特色的是我们吃了一条特大江鱼,鱼骨是软质而半透明的,肉质鲜美。我曾亲眼看见厨房一角房梁上吊着这条大鱼的鱼骨,足有两米长。

从宜昌一路东行最后到了黄山，在汤口镇上山，住进江西省新华书店新建的招待所，受到亲切热情的接待。在黄山，我们尽情观赏了迎客松，看了“猴子观山”的石头，在长长的山路上不时遇到挑货物的挑夫。我们空手而行已累得满头大汗只想坐下来歇一下，看到终年辛苦的挑夫，不由得充满敬意。黄山之行别无所感，只有一个字：累！

俗话说，看景不如听景，在我辈俗人看来，黄山的风景同其他名山差不多，无非雄、奇、险。也许是听到的传说太多，因此总心存企盼，想象下一个峰峦一定更精彩，直到走遍黄山，才知道所谓山的美景更多的是人们的想象和想望，人有多大想象，山景就有多美。多年以后，看到有报道说，著名画家刘海粟曾十上黄山，乐此不疲，钦敬之心油然而生。回眸黄山，思绪万千，斗胆仿白居易《忆江南》，填词两首：

黄山好，昔日曾登攀。

日出云开青山碧，游子何惧行路难。
能不忆黄山？

黄山好，相见难忘怀。
千年古松迎客来，四海宾朋须尽欢。
能不忆黄山？

聊博方家一笑。

清心养目的西藏之行

1994年9月，我有幸陪同新闻出版署副署长于永湛和两位副司长一行到西藏出差，我是以《新闻出版报》记者身份随行。陪同的还有解放军总参、总政的两位上校军官，可谓是一支豪华阵容的访问团。此行的任务是向刚新建的西藏自治区图书馆以及驻藏部队捐赠100万元和赠送100万册图书(实际上只带去书单，大批图书以后运到)。在拉萨贡嘎机场，我们受到民族礼仪的接待，披上了洁白的哈达。当晚，西藏军区司令员周文碧少将举行宴会招待我们。周司令员是山东好汉，为人豪爽，他端起酒杯说，你们不喝不行，于是宾主连饮三杯。这样做是有风险的，因为刚到西藏，为预防高原反应，要求尽量少活动，更不宜饮酒。次日，由于活动频繁，我又拍照又写新闻稿，上窜下跳，忙得不亦乐乎，当晚就病倒了。军区急忙将我送到军区医院急救。第三天，面临抉择，我是留在拉萨继续治疗还是随团去日喀则？如留下，其间要有一周时间与大队伍分开。我从工作考虑，决定随团到日喀则。日喀则是班禅驻锡地，当时十世班禅圆寂五载，法体迎入灵塔不久。我们亲眼见到了金塔内脸部已涂上金粉的班禅真身，忙参礼膜拜。之后，代表团一行又经过海拔5 200米的无人区，到了樟木口岸，那是一支部队的驻防地，我们与干部战士一起座谈。部队很少有蔬菜，那一天宴请时，他们拿出仅有的一点点鲜菜，又开了许多罐头，盛情宴请我们。临别时，我看到干部、战士因长年缺氧而嘴唇青紫，不禁掉下热泪。在离开部队营房大门口时，我行了一个庄重的军礼。之后，代表团一行又去考察了中尼边境建书店的可行性。在宾馆窗户外，我们真真切切地看到了喜马拉雅山麓，我亲手抚摸了这座神山。由樟木乘“陆地巡洋舰”(一种高级越野车)，一路颠簸，走了11个小时才回拉萨。半路上，我因缺氧又犯了病，同行的两位副司长解下救命的氧气袋供我一人使用，使我终于活着回到了拉萨。在拉萨，我们到西藏新华书店座谈，看到他们在艰苦条件下努力工作，令人敬佩。代表团还参观了雄伟的布达拉宫及夏宫罗布林卡，逛了八廓街，深深感受到西藏宗教文化的独特魅力。西藏之行感到心灵上一种从未有过的净化。

苍山洱海之行

从西藏回来，我因缺氧造成高血压与冠心病，在家养病四个月，报社的工作已不适应，1995年2月，组织决定将我借调到版协工作，直到2006年9月15日彻底退下来。

版协每年开一次常务理事大会或其他专业性会议，我作为第三、四两届版协支部书记兼常务副秘书长，需要参会。有时会议在外地召开，这就使我有机会出差，曾先后到过杭州、郑州、珠海、昆明、西双版纳、厦门等地。

1996年春天昆明之行颇有特色。在跃过昆明“龙门”之后，在常务副主席卢玉忆带领下，我们去西双版纳考察当地书店。浓浓的民族风情、美丽的椰林风光使我们流连忘返。在西双版纳，巧遇泼水节，在一群俊男靓女的傣族青年盛情邀请下，我们欢快地加入到队伍中，被一盆盆清水泼得全身精湿，身心也得到了净化。

云贵地区的民族旅游极富特色，有些趣事我们没有亲历，但却有耳闻。某文学出版社的美编室主任，是著名的装帧艺术家，在一次宴会上他讲了两件亲历的趣事：一次在云贵边境小镇，他被邀请参加“背新娘”的活动，他假扮新郎，要背一名少女做新娘，行至新房之前，新娘要求把她马上放下来，这位老艺术家不解地问为什么？原来他太瘦了，把新娘硌得生疼，他只好半途放下。还有一次更有趣：他与另一位朋友出差去武汉，在一啤酒商标纸背后写上“找胖女人，×月×日”字样，回到北京，他爱人一看不干了，问他为什么在外边找胖女人？他不慌不忙地说，可以找一起出差的同志作证就能知道真相。他爱人一问这才消了气。原

来，武汉蹬三轮车的多为女同志，这位老艺术家心想，两个大男人坐三轮车，车夫是个女的，太瘦的怕是不行，于是想找一个胖一点的车夫。他有胃病，每顿只以啤酒充饥，每次都留下啤酒瓶上的纸质商标作为日记，不料却留下了话柄。

武夷山与鼓浪屿纪游

2005 年 7 月，厦门之行是我工作 55 年公派出差最后的一站。那次是为参加海峡两岸首届图书展览会。我老伴张淑也自费同行，使我们有机会饱览南国风光。

厦门市市容整洁，风光秀丽。鼓浪屿更闻名遐迩。我们乘船到了这个著名的音乐之城，在鹭江中看到了点点白帆，在鼓浪屿乘游览车周游全岛，领略了浓浓的南国风情。

去厦门之前，版协组织职工休假团，我和老伴有了机会作武夷山之游。武夷山是闽北名山，是我国著名的丹霞地貌区，风景区内有 36 峰、99 岩之胜。作为年过 70 的老人，靠两条腿登山确有困难，因此我们只能乘竹轿上山，登高远望，山色风光尽收眼底。当地导游向我们介绍说：郭沫若武夷山之游后，曾留下两句话：“桂林山水甲天下，不及武夷一小丘。”这句话使武夷山名声大振，但桂林人不开心了，为此还引来一场小小的笔墨官司。印象最佳的是乘竹筏畅游九曲溪。竹筏载着我和老伴及版协的同志共五人，一路欢歌一路畅游。江水清澈异常，最浅处水深仅一米多，江底鹅卵石粒粒可数，靠山的一边则深达三十多米。在江中巡游时，我忽发奇想，如果在这里跳下去将会怎样？口中默诵着即景小诗：

人生只应武夷老，
碧水常伴君行早，
孺子有幸一篙过，
苍生何须多烦恼。

如今我已彻底退休，面对未来岁月，将是另一番风景。岁月飞逝，理应多想想良师益友们的谆谆教导，把过去的烦心事全抛掉，还是紧紧把握住现在，一步一个脚印，走好自己的路吧！

2007 年 3 月 8 日

凡人走世界

——出访散记

公派出国、出境对于许多人是个美丽的仲夏夜之梦。在 20 世纪 70 年代之前，我像大多数人一样，只能从报纸上、电视上看看异乡风光，一知半解地了解境外的风土人情，有一种神秘莫测的感觉。

80 年代以来，由于职务变动和工作需要，我曾以中国出版代表团、中国著作权代表团、中国新闻代表团团长的身份出访，也曾多次以随员的身份出访。足迹到过欧、亚、非八个国家，还曾四访香港、两访台湾、两访澳门。初到国外和境外，自然充满了兴奋和好奇，但只要超过一周，就有强烈的想回家的感觉。随着中国国力的不断壮大，我们在国外、境外受到的礼遇也随之提高。出访的衣着行头从开始时几乎千篇一律，到后来越来越五彩缤纷，以至我行走在法国巴黎香榭丽舍大街和日本东京银座，面对熙熙攘攘的人群，我们的气派和衣着，自我感觉一点儿不比外国人差。每次出访回来，都增强了自己的民族自豪感，感到祖国强盛了，在国外、境外更受到一份尊重，一份敬意。有人说，出国、出境以后更增加了爱国主义情愫，这是千真万确的。

美丽的布达佩斯

1989 年 4 月，我从新闻出版署办公室秘书处调到图书司，不久正赶上“六四”，干部升职一律冻结，直到 10 月 10 日才正式任命我为图书司副司长，10 月 17 日公派去匈牙利执行中匈两国文化交流协定，主持“中国图书展”开幕式。这是“六四”以后署里派出的第一个外事团，至今我保留着那本公务护照作纪念(当时并不要求回国后上交护照)。由我任中国出版代表团团长，团员是音像司副司长周轩进，翻译由匈方派任。在“六四”过后出访，我又是头一次公派出国，还要我当团长，压力之大可以想见。副署长刘杲行前找我谈话，嘱咐我一定要遵守外事纪律，谨言慎行，遇事多请示大使馆。同时又说：你们在国内是小官，到国外却是代表中国出版界的，要堂堂正正当好自己的角色。针对“六四”后复杂的国际形势，我们带了一本邓小平同志关于“六四”讲话的英文本，以便对外讲话时遵循。周轩进曾是《光明日报》长期驻外记者，英文一流，需要时可以请他直接对外用英语发言。

第一站经莫斯科转机就不顺。10 月 16 日，在莫斯科机场居然找不到准许我入境的许可登记，如果不能解决，我只能原机返回北京。富有外事经验的周轩进很快发现，是莫斯科机场的电脑系统坏了，又没有备份，而我的护照和签证手续齐备，应该放行。经过交涉，机场同意我们转机。在等候匈航飞机时，有两个多小时的候机时间，本来可以乘此机会进市区去看莫斯科红场。一问出租车费来回要 25 美元。旁边有中国旅客提醒我们：坐出租车进城有风险，司机有时可能以语言不通为名，把你们扔在市区里，到时要么回不来，要么再花一笔额外的车钱才能回来。
我们一商量就打消了进城的念头，由此也失去了去红场瞻仰的机会。1989 年秋天，莫斯科是美丽而大气的，但他们国内动荡的政治气候已经能从机场物资供应上看出来：餐厅只有牛奶、面包、炸土豆片，免税商品中只有硕大无朋的铜茶炊，那是游客无福消受的东西，别的几乎没有能带走的商品。我们只有一声叹息，离开莫斯科了。匈航飞机比较朴素，如果说不叫简陋的话，机型是苏式伊尔飞机，飞行时噪音震得两耳嗡嗡作响。飞机降落到布达佩斯市郊区，早就听说布达佩斯是欧洲有名的城市，如今一见果然感到壮丽、轩昂，气势非凡。全城分为布达和佩斯两大区域，中间以著名的多瑙河为界。浓浓的欧洲风情在街景上、建筑上、人们的衣着上处处可见。这时我的脑海里马上浮现出匈牙利电影《牧鹅少年马季》、《废品的报复》中的画面，匈牙利人民乐观爽朗的性格一一闪现在眼前，以前是画面，如今是亲见了。

接待我们的是匈牙利出版局。头一个正式项目是主持“中国图书展”。作为团长，由我发表主题讲话，匈牙利国家出版局局长致答辞，中国驻匈使馆多位外交官和匈方出版界几十位代表出席。匈牙利出版界对中国很友好，代表团应邀参观了几家出版社，其中有一家刚出版了《邓小平文选》匈牙利文版，我和周轩进拿着刚出版的“邓选”照了相。在这家出版社受到了升中华人民共和国国旗的礼遇，这是国宾级的待遇，在这庄严的时刻，心中充满了自豪。

在匈牙利国家出版局局长举行的欢迎宴会上，我们了解了匈牙利的一些情况。局长很健谈，他说：匈牙利的先民来自匈奴，当年成吉思汗东征时打到匈牙利，后来匈牙利民族中就有了匈奴的血统。匈牙利属于中等发达国家，1989 年人均国民收入已达 1 000 美元，如算上第二职业收入，人均约 2 000 美元，许多人家在郊区有乡间别墅。局长说，下班后他的第二职业是开出租车，要照章纳税。一位副局长爱好木工，业余时间就当木匠挣钱，这在匈牙利都是允许的。作为高级公务员能放下身段去当蓝领，这在中国好像还没有听说过。

在匈方举行的宴会上，发生了一些趣闻，局长问我喝什么酒？我出于礼貌，说：“都可以，都可以。”不料局长听罢面露难色，说一定要喝“都可以”吗？我说是的。原来匈牙利有一种名酒叫“杜可依”，相当于中国的茅台酒。局长说：“很对不起，今天没有准备这种酒。”译员把这些话翻译以后，我们才知道发生了语言上的误会。我马上说，中国人说的“都可以”是客随主便，喝什么酒都行。这时宾主尽欢，双方都解了围。接着我们点了匈牙利的黑啤，一种口味很重的啤酒。当上甜点时，又出了状况，主人介绍说：这是“鸦片冰激凌，请中国客人品尝。”我听了吃了一惊，这东西吃了不犯纪律吗？马上低声询问陪同赴宴的中国驻匈牙利大使馆文化参赞怎么办？参赞说：只是一点点鸦片籽，没关系，可以吃。我尝了以后也没感到有什么异样。

局长又问我，北京交通怎样？每天怎么上班？坐什么车？我想逗他一逗，就说：我每天上班都由北京市市长派车，而且天天换一辆新车。局长很吃惊，感到以我的官职，不可能这么气派，就问：为什么由市长派车？我慢慢地抖包袱说：我坐公共汽车上班，每天的车号都不重样，这公共汽车不是市长的吗？主人哈哈大笑。

匈方对我们的接待非常热情、周到，在周末派专车并专人陪同，送中国出版代表团到巴拉顿湖游览。这里是匈牙利最著名的旅游胜地，夏季时游客如云，我们去时已是初秋，游客较少。我们在湖上泛舟，又在湖滨一家高级宾馆享受地道的匈牙利美食，红酒、烤肉、美女侍者、美景、友谊，一个都不少。

与周轩进(右二)访问匈牙利布达佩斯

(1989年10月)

回到布达佩斯以后，我们遭遇到一次政治事件。1989年10月25日夜晚，布市发生10万人的烛光游行，游行队伍中有反共口号，要求为纳吉平反等等。游行队伍经过我们下榻的旅馆后涌往广场，人群越涌越多，匈牙利国旗上原有的镰刀斧头标志也被人剪去成了一个大洞。为应付不测，我马上电话与中国驻匈牙利大使馆取得联系，文化参赞嘱咐我们不要上街，也不要发表任何意见。我们躲在旅馆里度过了紧张的一夜。直到10月26日平安地经莫斯科转机回国，圆满地完成了我的首次出访任务。以后随着苏联解体，东欧剧变，匈牙利的政局也发生了巨变。匈牙利的事情当然要由其本国人民自己决定，我们祝福匈牙利人民在前进的道路上繁荣发展，人民幸福！

亲手拍下蒙娜丽莎

巴黎是举世闻名的花都，我早就想何时有机会能去一睹芳容。不料好运来了推也推不掉。1992年3月，经组织调动，我由新闻出版署图书司调到《新闻出版报》任副总编辑。1993年5月，署外事司公派我以中国新闻代表团团长身份，率团访问也门共和国，正巧报社与法国《欧洲时报》有一个业务合作计划，因此代表团顺访法国。全团共四人，成员有署外事司的陈方处长，报纸司的一位同志，译员是临时聘请的国际广播电台阿拉伯语女翻译。

从北京飞巴黎长达 11 个小时，飞机一直往西飞行，到巴黎时仍是白天。我们下榻在新华社巴黎分社，那里管理极严，号称是“巴黎党校”，在这个花花世界，这样的管理是必要的。我们就在新华社餐厅用工作餐，后来还到法国一家广播公司餐厅用餐，当然比国内机关食堂强多了，不过吃法国大餐的愿望落了空。

《新闻出版报》当时有一张子报叫《中华周末报》，通过关系，与《欧洲时报》搭上业务热线，时报有意与周末报合作，想在巴黎办一份消闲的报纸作为时报的子报。对方要求做“加法”，即加上“马经”与“博彩”一类内容，在利润分成上也有不同意见。我作为代表团团长，深知外事无小事，只有有限授权，对方提出的要求超出了我们的谈判预案，所以最终没有谈成，只是友好地交换了意见。好容易来到巴黎，谈判不成也不能白来一趟。中间人是香港某个报业集团的派出代表，他慷慨地表示愿意负担我们在巴黎参观的费用。由于在巴黎停留的时间只有三天，所以只安排游览埃菲尔铁塔、凯旋门和香榭丽舍大街,重点放在参观卢浮宫和巴黎圣母院,并在塞纳河上泛舟。对于我这个乡巴佬,这已是喜出望外的奢望了。代表团一行首先在埃菲尔铁塔下、凯旋门大道、拿破仑墓、巴黎圣母院、塞纳河桥畔和香榭丽舍大街上步行游览,看到美轮美奂的建筑和保护得极好的古迹,不禁啧啧赞叹。在著名的香榭丽舍大街旁边有许多露天咖啡座,游客众多,优游自在。在我们眼中,他们是一道风景,在他们的眼中,黑头发、黄皮肤远道而来,一定有什么故事。我仔细观察,法国人的衣着并不华丽,但是十分得体,各有各的风采,在众人中没有一个“撞衫”的。那种奇装异服和华丽的时装实际上并不是法国人的常服,它或许只是 T 型台上的一道风景,或者说是明星和名人们一次炫耀的彩排。

我们把观光重点放在卢浮宫，那可是世界上最有名的博物馆，据说细细地看一遍至少要用一周的时间，而我们只安排半天的时间，连走马看花都不够。在导游的指点下，决定找最有代表性的馆藏去参观。首选处当然是挂着蒙娜丽莎画像的绘画馆以及有维纳斯原作的雕塑馆。在真正的蒙娜丽莎画像前，人们井然有序地细细欣赏。那幅世界名画高 77 厘

米，宽55厘米。画的原型据称是佛罗伦萨一个皮货商的妻子，达·芬奇在1503年开始画她时，她年仅24岁。这位美女的微笑被美术史家称为“神秘的微笑”，其实在画幅背后隐藏着主人公的悲哀。原来那位妇女刚失去了自己心爱的女儿，悲凄、抑郁。画家为了让她面露微笑，想出种种办法：请乐师给她伴奏、唱歌，或说笑话，让欢快的气氛帮助她展现笑容。值得一提的还有蒙娜丽莎的一双手，这双手展示了她的身份和阶级地位，可以看出达·芬奇精湛的画技和他观察自然的敏锐(参见《世界美术名作欣赏辞典》，浙江文艺出版社1996年出版)。在绘画馆里，我们还见到了过去只在画册里才得一见的众多名画，如：意大利乔尔乔奈的《田园合奏》(又名《乡村音乐会》)、法国德拉克洛瓦的《自由引导着人民》、尼德兰昆丁·马西斯的《银钱兑换商夫妇》、安格尔的《泉》和《土耳其浴室》等等。我在50年代曾在新华书店北京发行所做过美术图书的进货员，经常到人民美术出版社去请教，因此对这些世界名画有一些了解，现在亲眼看到名画的原作，心中无比激动。在卢浮宫雕塑馆，亲眼见到了断臂维纳斯，像高204厘米，洁白无瑕，一见之后心灵为之震撼。见到这些举世无双的名作，激动的心情久久难以平静，也久久不想移步。这些绘画和雕像名作被我一一摄入镜头，成为永久的纪念。我深知，这样的机会此生可能仅此一回，绝对不能匆匆走过。

在巴黎圣母院广场，首次见到真人塑像表演。初看之下，仿佛是一尊定格的塑像，几分钟后，这个塑像忽然活了起来，又换了一种姿势，原来这是一种街头行为艺术，目的是向游人讨施舍。从肤色看，这些真人塑像是黑人扮演的。可以想见在这个花花世界，他们生活并不如意，扮演这种真人塑像是很累人的活计。

在塞纳河畔，又看到一些现场为游人剪影的街头艺术家和以素描人像为生的中国艺术家。我们的翻译被一名剪影艺术家吸引，花了100个法郎(约等于人民币100元)在两分钟之内得到一幅本人的侧面剪影。说实在的，所谓本人剪影根本不像，一想到这些讨点小钱的艺术家，又能说什么呢？这些街景，使我看到了巴黎的另一副面孔。在广场上，还看到华人游客在玩街头电动木马，花大把外币跑到国外玩这种初级玩艺儿，不知图个啥？令人一声叹息。

在巴黎，我们代表团一行接受了两次宴请，但不是法国大餐，而是越南菜和巴西烤鱼，都颇有特色。越南菜式中没有炒菜，主菜是西贡虾卷，整条虾仁加上青绿的蔬菜，裹在类似吃烤鸭时的薄面饼里，形状如春卷，但不用油炸，口味鲜美。饮料花样很多，我们品尝的是鲜榨猕猴桃汁。这次午宴给人一种没吃饱的感觉,但也恰到好处。巴西烤鱼颇为别致,是用一支铁钎,中间插着半斤左右的整条鲜鱼,同时串上一个土豆和两个西红柿,烤熟后上桌,加上一杯饮料,就是一顿午餐。烤鱼非常鲜美,究竟是什么鱼,到了也没问出来。在巴黎而没有品尝到正宗的法国菜,是一大遗憾。这个愿望直到巴黎飞往也门的法航上才得以实现。法国菜很精致,鸡、鱼、猪、牛排都可以选择,唯独没有鸭子。我们原来想品尝著名的法国鹅肝,一问才知道价格不菲,在飞机经济舱里不伺候。

也门纪行

离开巴黎以后，乘法航飞机飞向红海边上的也门共和国，这是本次出访的主要目的地。也门位于阿拉伯半岛南部，面积 869 平方千米，人口 1 610 万，绝大多数是阿拉伯人，信奉伊斯兰教，首都萨那。也门早在 1956 年 9 月 24 日就与中国建交。我们访问也门时，了解到有一千多名中国专家和工人正在也门帮助工作，其中有医疗队，有援建公路的施工队，有援建冷藏厂和体育馆的建筑队。我们一行受到也门新闻部热情友好的接待，到达首都萨那的头一天，我作为中国新闻代表团团长，应邀到也门电台向也门全国进行广播讲话，回国的前一天，又应邀到电台作告别讲话。代表团乘坐的是也门总统府车队派出的奔驰 250 三排座轿车。李留根大使亲自到代表团所住宾馆会见我们，到亚丁港时，中国领事馆还专门为代表团举行盛大的中也新闻界会见招待酒会。这种高规格的接待是我出访其他国家所没有过的。代表团一行参观了也门的报社，也门新闻部副部长和顾问在百忙之中接见了我们，共叙中也两国新闻界的友谊。我们还应邀到也门南部著名的亚丁港访问。这个港口比较西化，号称"小香港"，宾馆女服务员穿着露背的服装，这与也门北部严格的伊斯兰着装有明显的不同。

在也门访问既有趣闻，也经历了一次有惊无险的生死之门。也门是伊斯兰国家，新闻部为我们举行的盛大宴会上全是男性，各种伊斯兰美食摆满了餐桌。也门也没有炒菜，正宗的清真菜中最美味的是烤鸡、烤鱼、烤羊肉串。这时我忽然想起美国作家约翰·根室写的《非洲内幕》，他经历的非洲酋长的一次大宴会，上的烤食竟然是这样的：最外边的是一匹烤骆驼，骆驼肚子里是一头牛，牛肚子里塞上一只羊，羊肚子里有一只鸡，鸡肚子里又塞上一只鸽子，共有五种动物组成一大盘烤肉，而且是整只动物组成套餐上桌。这种烤肉要烤七天七夜才能烤好。请想想那是一个多么壮观的宴会！我们参加的也门宴会虽然没有这么豪华，但餐桌竟然长达五米，而且是双排的，上面满满当当放着各种美食。主食是一种面饼，要蘸上美味的浓汤或蜂蜜进食。这是我生平第一次参加这么盛大的宴会。宴会上没有酒类，喝的是浓浓的阿拉伯茶水。我很好奇，不知头戴面罩的伊斯兰妇女怎么进餐。回到宾馆，在餐厅看见邻桌上有几位伊斯兰着装的妇女正在用餐，我们的阿语翻译提醒我，不可以与伊斯兰妇女主动交谈，不能随便照相，也不能盯着人看。我只好将好奇心收回。在与也门新闻界朋友交谈中了解到，他们的伊斯兰女职工学历都很高，几乎全是埃及开罗大学的毕业生，阿语、英语都上佳，这令我十分钦佩。

在首都萨那期间，我们应邀访问了中国援建的冷藏厂。那次一个意外事故差点儿使我葬身红海。原来制冰车间就建在一个大船坞上，车间里有一个取水用的一米见方的深井，车间为制冰，泼了很多盐水，地面湿滑。我只顾照相，一不小心竟然滑到了井口边上，也门工人眼疾手快，在千钧一发之际，他横下身子将我挡住，这时离深井口只剩 10 厘米，面对这惊险的一幕，在场的人都大声惊叫。

在离开也门的前一天，也门新闻部副部长在官邸接见代表团一行。原先不知道有此安排，因此所带的礼品都已送完。情急之下，我想起自己还带着一件备用的礼品，那是一只精美的仿雍正款五彩瓷杯，外面有织锦盒子，这是以防万一的，这下还真用上了。在会见仪式上，我向新闻部副部长讲述了古代丝绸之路的传统友谊，也讲到了中也新闻界难得的交流，赠送了这件仿古瓷杯。这位副部长对中国文化很感兴趣，举着瓷杯细细观看，随后向我回赠了礼品，是一把带皮鞘的也门弯刀，意思是祝愿我也成为一名勇敢的也门男子。后来据大使馆的同志告诉我，也门成年男子，腰间都佩有弯刀，质量高低不一，有的镶有宝石，价值非常高。如果也门男子犯有过失，公安部门将暂时没收他的弯刀，只剩下皮鞘在身。

这个男子就暂时失去了社交权利，没有人会与这样的人为伍，这在男子汉是非常没面子的事情。也门人虽然不富裕，但每天要嚼一种名叫“卡特”的药草，每人大约要花掉 5 美元，富人则要花 50 美元，比吃饭还贵。嚼药草是也门男子聚会交际时的礼仪，我没机会尝一下药草，那把也门弯刀却一直挂在我北京的书房里，这是中也新闻界友好的一个见证。

在北京飞往巴黎途中，曾在波斯湾南岸阿联酋的迪拜作几小时的停留。在机场免税商店里领略了这个石油国家的富庶。这个沙漠国家喝的矿泉水是从法国空运来的，自然价格不菲。望着机场商店里陈列的豪华轿车和珠宝、高级时装等等奢侈品，可以想见阿联酋的奢华。令人遐想的是：如果石油枯竭，世界将会怎样？

从也门回国，国航飞机在开罗机场经停。由于在埃及没有出访任务，我们代表团没有签证，只能在飞机暂停开罗机场时远眺金字塔聊以慰藉久仰之情。国航飞机误点并不罕见，我们从也门飞回北京途经德国法兰克福，被晾在机场 36 小时无人理睬，再一次领略了国航的效率。不过，坏事有时也能变成好事，由于国航的工作失误，2004 年耽误了我从北京经香港到台北的航班，经过交涉，最后使我白得了一件意大利皮衣。这个故事颇有戏剧性，留待下面再叙。

日本掠影

日本是中国一衣带水的邻邦，对这个国家，国人总有一种又爱又恨的感情。在地理上日本离中国很近，在民族感情上，又离得很远，这是历史和现实造成的。中日两国人民要世世代代友好下去，日本只有正视历史，才能面向未来。

在 10 亿年前，地球上还没有日本列岛，由于地质运动等原因，在大约 1 万年前的晚更新世，即日本地质学称为冲积世初期，日本才逐渐成了弓形列岛。关于日本人的起源，有多种观点，比较有参考价值的观点是，日本的化石人是由来自西伯利亚及中国东北的通古斯人、南洋群岛的马来人、中南半岛的印支人、长江下游的吴越人、汉人，及朝鲜人混合而成。日本有的学者认为日本人是“万世一系”，但是从现在的 DNA 分析来看，约有 30％的日本人是从中国去的，另 30％是从朝鲜半岛去

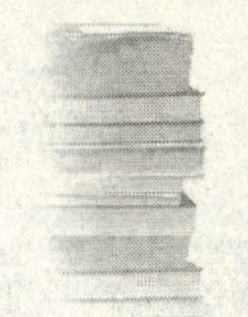

的，其他一些是带有南太平洋岛国一带血统的。可以看出日本人是个复杂的人种，一方面有其独特性，另一方面又和中国、朝鲜、东南亚有相似性或共同性(参见《日本简史》，上海人民出版社 2006 年出版)。日本军国主义者近百年来先后侵占朝鲜、侵略中国和东南亚诸国，实在是数典忘祖，忘了自己是谁！好在历史已经作了结论，平等互利，和平发展才是处理国与国关系的基本准则。

作为世界第二经济大国，日本究竟是怎样的？我一直想亲眼去看一看。1999 年 4 月终于有了这个机会。受日本版权协会邀请，这一年本来是中国版协名誉主席宋木文(原新闻出版署署长、党组书记，兼国家版权局局长)应邀访日。恰好当年他另有重要的出访任务,因此临时决定由我任中国著作权代表团团长,代替他出访日本,出席中日著作权研讨会和在东京举办的国际书展。代表团一行五人,外事司王福珍处长是日本通,兼作翻译,另有版权司和报纸司的官员,以及邮电出版社的一位同志。代表团先后访问了东京、奈良、京都和大阪,受到日本版权协会礼貌周到的接待。

初次访日，印象最深的是效率、质量和整洁。从东京成田机场入关开始，深深感受到日本职员敬业、勤快、礼貌的服务态度。在研讨会上，我作了有关中国电子出版物现状与相关著作权问题的主题演讲。刚进入会场，一份打印清楚，内容详尽的中、日文对照的各人发言稿就放在各位代表的桌上，会议井然有序，直奔主题，没有套话，效率极高。

在东京国际书展开幕前，有一项主办方赠礼仪式，颇有意思。日方通知我，作为团长，我应邀参加这项活动，授礼人是日本天皇的皇叔。我们按国别为序，顺序会见。各参展团团长得到的都是一个包装精美的四方礼盒，粘得很紧，但分量很轻。我猜想其中可能是一台相机，至少是一条高级领带。出于礼貌没有当场打开。回到宾馆连忙拆包，原来是一包米粉做的饼干，日本人叫做"洋巢子"，不禁哑然失笑。回国后我送给了亲家，告诉说这可是日本天皇皇叔亲手送的礼品。亲家以为一定是什么宝贝，打开一看不禁相视大笑。原来日本人极重礼仪，见面时互赠礼品，礼物不一定贵重，但包装极为讲究，这叫礼轻仁义重吧！

不到银座就算不上到过东京，因此我在书展空闲期间自己搭地铁去找银座，又经历了一次有惊无险的事情。我先找了一份东京地图，按图索骥坐地铁顺利地到了银座。一踏上这个著名的宝地，不禁有点失望：银座有许多商店，当然是名牌云集，商品奢华，我囊中羞涩，一样也买不起。漫步银座街头，却感到街道狭窄，有些地方路面并不平整，并不如想象中那样超级豪华。在回宾馆的地铁站，到站后却晕头转了向。原来地铁有多个出口，出站后就找不着北了。无奈之下只好去找巡警，由于语言不通，我只能出示旅店的住宿牌。警官用手比划，意思叫我上他的摩托车后座。我死活不上，怕的是他把我拘起来，还是自已开路开路的比较保险。我只会十几句英语，问了几位上年纪的日本人后，终于平安地回到了宾馆。从日本回来，痛感懂英语的重要，曾恶补了一阵子，由于平时用不上，所以又回到只能说十几句的水平。想当初，在1951年在上海读初中时，曾学过英文本的《论人民民主专政》，也能写简单的英文信，现在早已还给老师了。

在京都、奈良和大阪，无非是参观几处有名的庙宇。这些富有中国盛唐风格的庙宇被日本国民视为国宝，一砖一瓦，一草一木，都得到了精心的保护，令人感佩。

值得一记的是去富士山一游和京都赏樱之旅。在飞机上，我们已远眺到白雪覆顶的富士山，有一种凄然的美。等到真真切切地登上富士山半山腰后，反而感到平常了。富士山在日本被当作民族的象征，是一座神山，前去拜谒的人非常多。在日本赏樱是一件大事。我们到京都时已近4月底，樱花盛期已过，只有晚樱还在枝头。我一边赏樱，一边想起日本一首古谣《樱花》，这首古谣的词非常美丽：

樱花啊，樱花啊，
暮春三月晴空里，
万里无云多明净；
花朵烂漫似云霞，
花香四溢满天涯。
快来啊，快来啊，
大家去看花！

在古代，樱花在日本被用来占卜。喜也樱花，忧也樱花，樱花牵挂着古代日本农人的心。从平安时代中期开始，速开速谢的樱花才成为人们观赏的对象。在樱花悲剧美的绽放和谢落中，日本人感悟到了生命的

短暂和无常(参见《樱花的国度——日本文化的面貌与精神》，中国水利水电出版社，2006 年出版)。在京都岚山，我们还瞻仰了周恩来总理诗碑。

日本大阪，高楼林立，商品丰富，市场繁荣，但我们同时也看到，在有的立交桥下，有硬纸板搭成的窝棚，里面蜷缩着蓬头垢面的流浪汉。这是日本的另一面。

在日本有一种“百元店”，即各种小商品每个只售 100 日元，相当于人民币 7 元，是一种实用又便利的日用品小店。在东京的百元店里，我见到不少中国制造的小商品，有的是日本商标，中国贴牌制造。我们带回国的日本小纪念品很多是中国制造，这真是出口转内销了。

在日本呆了十天，每天都是日本料理，实在寡淡无味。称得上美味的只有生鱼片和天妇罗(一种炸虾)，日本人最爱的大酱汤，其味道不敢恭维。日本料理讲究雅洁和形式美，有的美食家曾说，法国大餐是用心去品的，中华美食是用舌尖去尝的，日本料理是用眼睛去看的，此话大致不差。刚到日本时，在宾馆吃自助早餐，冷菜和主食同西餐差不多，看到鸡蛋放在食架上，我想当然地以为是煮熟的鸡蛋，拿到餐桌上一敲，结果蛋黄把桌布弄得一塌糊涂。一位同行的处长是外事通，她告诉我，在国外吃饭不要忙着动手，看人家吃什么，怎么吃，有样学样，准保没错。这实在是很实用的经验之谈，真灵。

四访香港

从 90 年代开始，因工作关系，我有幸四次出访香港，两次是专访，两次是过境顺访。时间跨度 14 年，在香港回归前和回归后各有过两次，感触良多。

头一次出访是 1991 年 8 月，那次我作为香港贸易发展局的特邀嘉宾，与国家版权局版权司沈仁干司长(后来升任国家版权局副局长)一起访问香港。访问期间出席了香港国际书展，并应邀随同沈司长给香港出版界作专题报告，沈老主讲版权，我主讲出版政策与出版界现状。这次演讲，主办单位给我发了 2 350 元港币作为演讲费，这在当时是一笔不小的酬金。手中有钱，心中不慌，我拿着这笔“飞来福”开始发烧，决定要买一块好表。在香港三联书店一位副总陪同下，到了香港北角一家名表店挑了一块瑞士英纳格牌金壳自动手表。店主说：表叔上门要好好优待的啦！原价720港币，打折后只收500元。在回京的飞机上，我十分开心，每隔30分钟瞄一下金表。不料到了北京，不知是金表水土不服还是怎么的，自动表居然不自动了，走几小时就停摆。送到王府井名表店一看，师傅未等打开表盖就说这种表我们不修，问他为什么？他说是假表。我大叫说这绝不可能，马上出示了保修单，并问怎么恢复自动功能？老师傅头也不抬地说，你每隔5分钟摇一次不就自动了吗！这块表真给我添堵，气愤之下，正巧《北京晚报》征文，我写了《香港买表记》，揭露了受骗买假表的经过，结果这篇文章意外获奖，得了300元，基本上把买表的老本赚回来了(当时一元港币约等于七角人民币)。后来又在《戏剧电影报》上写了《请摸另一条象腿》，告诉内地表叔到了香港千万要捂紧钱包，不要头脑发热。当然，四次香港之行总的观感是香港商品丰富多彩，绝大多数商户还是恪守职业道德的。

第二、第四次赴港都是由于去台北参加两岸出版交流而途经香港转机，时间是1997年和2004年。2004年10月在北京机场候机时，由于国航超额售票(据说这是航空公司为防备有些旅客到时不来，而故意超额售票的一种预防风险的行业潜规则)，致使我无法乘坐原定的航班。全团十多人只甩下我一人在北京机场。几经交涉，国航的一位工作人员把我拉到候机室的一角，要推我进一间小房间，我以为他对我的多次抗议可能不耐烦了，进到小房子里不知会发生什么事，于是坚持在候机大厅解决。他说经过请示，国航决定赔偿我人民币800元误机费，条件是我不再投诉，并由国航安排下一班飞机到香港转机。我一想也只能如此，况且白得800元也不坏，就同意在单据上签字。在香港机场才知道国航告诉我转机的手续满拧，我根本上不了台湾中华航空公司的班机。此前幸亏中国版协常振国副秘书长在北京机场留给我的手机救了急，在台湾出版协会的妥善安排下，由驻香港机场的台北旅行社派专人送我上了飞机。十天后，从台湾回到香港，我口袋里的800元再次发酵，我想白来的钱得为香港经济作一点小小的贡献，于是与友人相约去逛街。在一家皮装店里发现一款意大利西装型棕色皮衣，皮质和做工上乘，原价港币4 800元，赶上特价，正好800元港币。我另付了人民币与港币的9%的差价，只付了80元人民币就得来这件意大利皮装，这要感谢国航的失误。不过这种天上掉馅饼的事还

是少来点为好,误机费羊毛出在羊身上,也是乘客的血汗钱。

第三次赴港是专访。新闻出版署外事司于 2000 年 11 月通知我任内地出版界赴港业务访问团团长，全团七位成员，除总署扫黄办一位副司长外，还有来自山东、山西、河北、河南、重庆等省、市新闻出版局、出版总社处长以上干部。在香港回归三周年之际，我们徜徉在美丽的维多利亚港湾，漫步在金紫荆广场，感到天更蓝，风更柔，街更美，人更欢，一片繁荣、祥和的新气象。

四次访港，先后受到香港联合出版集团李祖泽、董秀玉、赵斌等各位领导亲切热情的接待，参观了香港三联书店和中华、商务香港门市部，看到了琳琅满目的书刊，人气旺盛的众多读者，感受到了浓浓的书香。衷心祝愿东方明珠——香港明天更美好!

走马澳门

在各种旅游书刊上，澳门大三巴这座标志性建筑曾多次见过，公派出访那是 2000 年，之后 2003 年又去了一次。

2000 年 11 月 24 日，我率业务访问团到香港访问，由香港三联书店热情接待，11 月 30 日按计划安排去澳门作一日游。第一次见到了大三巴和大炮台等著名建筑，并到赌城——葡京大酒店参观。在澳门文化广场公司陈雨润总经理的安排下，热情招待代表团七人品尝了葡国风味大餐。澳门虽小，但商业繁华，人民安居乐业，民风淳朴，给我们留下良好的印象。大三巴原是一座教堂，因毁于火灾，只剩下孤零零的一堵断垣残壁，西风夕照，充满了历史的沧桑感。当我们了解到这座教堂原来是日本人设计的，顿时兴趣索然。澳门街道有许多葡萄牙风格的建筑，以黄色外墙为主色调，加上绿色屋顶，分外耀目。澳门那座妈祖庙非常有名，据说葡人 400 年前首次登陆澳门就是在妈祖庙的前海。当时葡人问当地居民这里叫什么地名？答称叫妈祖庙，葡人不懂汉语的意思，讹将“妈各(Macao)”作澳门的别称，西人一直沿用。闻一多《七子之歌》诉说的就是这一段民族的伤痛史。

2000 年 11 月 30 日晚，代表团离开澳门回到内地时，遇到了一件至今引以为憾的事情：我们代表团一行有正式的公派任务书，有完备的往来港澳地区通行证，但到了南方某市边检时，却被挡在关外。边检人员硬说我们在香港多滞留了一天，每人要交500元才能入关。这是莫须有的刁难，我们据理力争，所有日程全部都是按计划进行的，何况如果代表团真的滞留在香港，我们已从香港经澳门回来关你某市边检什么事？全国扫黄办副司长出示了工作证，我拿出了新闻出版署的公派任务件和日程表，但边检不予理睬，把代表团七人关在一间小屋里。我们提出严正抗议，相持近一个小时，一个官阶较高的边检官员进来说，事情已弄清楚，这完全是一场误会，你们可以进关了。还说，按照通行证的有效日期，你们还可以再出入澳门一次，欢迎再来。后来回想起来其中原因，可能是我们对某些边检人员工作效率太低，在排队进关时低声讲了几句话，得罪了门神爷。

2003年12月再访澳门就顺利多了。澳门首次作为华文出版联谊会议承办单位，邀请两岸四地出版界同仁与会。中国版协于友先主席、陈为江常务副主席率团，受到澳门文化广场公司陈雨润总经理高规格的接待。我也随团前往。

四访香港，两进澳门，使我们真切地感到中共中央关于“一国两制”政策的英明。在香港、澳门两个特别行政区首长的领导下，香港、澳门繁荣发展，预示着更加光辉的明天！

风雨宝岛行

30年前，内地人谈“台”色变，那是沾不得的地方，更不用说去台湾访问了。改革开放以后，中央连续出台了对台政策。随着大气候的变化，内地与台湾地区出版界也有了交往。通过互办书展、互办研讨会，开展版权贸易和人员往来，双方建立了互信，增进了了解。自1995年5月以来，大陆、香港、台湾(2003年又加进了澳门特别行政区)建立了两岸华文出版联谊会议制度。首届会议由中国版协宋木文主席率团赴港参会，由此开始每年由各方轮流主持召开研讨会，同时举办书展，使两岸出版交流日趋热络。

1997年8月，我随团首次访台。代表团由版协顾问许力以、常务副主席卢玉忆任顾问，出版外贸总公司总经理吴江江任团长，联谊会议和

祖国大陆书展两台好戏同时开场。除在台北开会外，台湾出版协会还安排我们到基隆港参观访问，并陪同游览了有著名的“女王头”自然雕像的野柳公园。在台期间正逢大台风过境，碗口粗的大树被拦腰刮断，代表团一行有两天只能窝在宾馆里，为此我写下了《风雨宝岛行》的访台文章。

在首次访台期间，有几件趣事值得一记。在书展开幕前，我从北京带了一本新出的《毛泽东点评二十四史》线装样本，原来是准备送给台湾出版协会秘书长陈恩泉先生的，不料台湾出版协会主席武奎煜先生看见后，一把把书抢去，说他正在找这本书。我说：你拿了有毛泽东手迹的书不怕惹麻烦吗？他说不怕。武先生后来升任国民党中央组织部副部长，是一位热心两岸出版交流的有识之士。陈恩泉秘书长更是两岸出版界共同的朋友。以后历届台湾出版协会、发行协会领导人，对两岸出版交流都持积极态度。

在联谊会议午休时间，我陪着中国出版科研所原常务副所长陆本瑞到会场对面一家精石居参观，对店主说：想看看精品玉石，100 万以下的就不看了，有 1 亿元以上的不妨看一看。店主以为来了大买主，把我们请进一间精品屋，里面果然有种种宝玉和奇石。尤其宝贵的是一块一米多高的奇石，酷似台湾岛的形状，里边有闪闪发光的宝石，确是一件难得的珍宝，价值上千万元。店主看我们俩人气宇轩昂，谈吐不俗，西装簇簇新，就问是不是美国来的教授？我们堂堂正正地回答说来自北京，就在对面台北师大开会，今天是顺道来访奇石的。店主依然春风满面，给予亲切的接待，宾主尽欢而别。如果我是亿万富翁，一定要将这块宝岛形的奇石买回来，然后写文章《我们把台湾带回家》，且等我慢慢攒钱吧！

台湾的美食令人难忘。1997 年初次访台时，台湾出版协会秘书长陈恩泉把代表团的食宿和参观活动安排得十分周到。如果哪天没有出版社邀宴，陈秘书长必定亲自请代表团主要领导到特色餐馆餐叙，我也有幸叨陪末座，遍尝台湾的美食美点。有一次台湾一家大出版社老总宴请，我们首次品尝到日本铁板烧，那种现场制作美食的情景，如同艺术演出，使我们大饱眼福和口福。在宴会快结束时，侍者给每位客人送上一份“火烧冰激凌”，盘中有一块蛋糕，上边放着双色冰激凌，而盘中却用高度酒点燃，蓝色的火苗分分秒秒地烧着蛋糕，眼看冰激凌马上要融化。如何进食，要用点心思。我因为在巴黎见过，也吃过，所以没有出洋相。

经历过无数次的宴会之后，深感请客实在是一门学问，首先要看宴请的对象，其次要看时令，更要注意荤素搭配和色、香、味的协调。比如请人吃大闸蟹就必须看对象，如果请上海人或江浙客人，那是一种极有面子的招待；如果请北方人吃大闸蟹，那十有八九是让客人遭罪。有一位朋友调侃说，你真爱一个人，就请他吃大闸蟹，你真恨一个人，也请他吃大闸蟹。此中奥妙，你就细品去吧！会做菜更是一门学问，王世襄先生宴请时，用了一把大葱，居然做出了名叫“焖葱”的一道名菜，这才是真正的美食家，这样的才艺能有几人？

第二次访台是在2004年10月，是随版协陈为江常务副主席和吴江江团长再次赴台参加两岸四地华文出版联谊会议，同时参加祖国大陆书展。这次除台北外，还到了云林、嘉义和澎湖，使我们对台湾的风土人情有了更多的了解。在澎湖，我们参观了日本战争狂人山本五十六当年的战争指挥所，那是一座已废弃的地下掩体，有20间水泥构筑的屋子，里面空空如也。进门处新修了铝制门，显得不伦不类，破坏了原貌。澎湖盛产红珊瑚，我在一家专卖店买了一只珊瑚西服领带别针，特价新台币2500元，相当于人民币600多元，实在贵得离谱。据店主人说，蒋经国曾去该店买过珊瑚，有照片为证，所以这家店里的东西要贵一些。

第二次访台已是陈水扁执政四年之后的事，距离首次访台也有七年。前后对比，感到台湾无论经济、文化、民生，都大不如前。代表团在嘉义下榻的宾馆，午餐时竟只有我们一桌饭。在半路上路经县城就餐时，也常常仅此一桌，饭菜质量也不如首次访台时精美。台北原先一些有名的出版社纷纷倒闭，上次接待我们的出版社老总有的无颜见江东父老，干脆躲着不见了。在台北一处街边铁凳上，还有人用粗黑笔写着“陈水扁是杀人犯”的大字，这是我亲眼所见。与台湾一些出版界大佬座谈时，他们对陈水扁文化禁锢政策大为不满，一致表示：中华优秀文化的根在大陆，出版资源在大陆，人才也在大陆，只有加快“三通”，加强两岸交流，台湾经济才有生路，台湾出版业才有生机。两次访台可以鲜明地看到人心所向，这个历史潮流是陈水扁之流所代表的台独势力不能阻挡的。

我们寄希望于台湾人民，台湾回归祖国，实行和平统一的愿望一定能够实现！

2007年3月18日

黄昏絮语

——《为书籍的一生》后记

这个题目是偷来的，失主是著名语言学家、出版家陈原先生。他有一本书的书名叫《黄昏人语》，这真是一个绝妙好辞，既说明这是他晚年的著作，又说明他写于落日余晖时节。拜读之后钦敬先生的睿智，一不小心就把他的书名偷来了。好在先生一生大度且已安息，不会告发我侵犯了他的著作权。

这本集子编入了我 1993 年以后的部分文章，除写“五七”干校一篇曾编入《白丁侃书》(重庆出版社 1993 年 7 月出版)外，其余都是未曾结集的，多少反映了十几年来我对人生、对新闻出版工作的思考，“位卑未敢忘忧国”，出发点是想在改革开放中提一点建议，留下一点心声。

2007 年，是我 72 岁的本命年，在不知不觉中竟活了这么长，在我的直系亲属中是一个特例。据联合国开发计划署 2007 年 11 月 27 日发布的《2007 年～2008 年人类发展报告》中称，在涉及全球 177 个国家和地区中，按照人均寿命、成人识字率、国民教育程度和人均收入综合排名，中国大陆同去年一样，排名第 81 名。世界人均寿命是 68.1 岁，中国大陆是 72.5 岁，比人均寿命最长的日本低 9.8 岁。看了这个报道，一方面深感中国的综合国力仍处于中等水平，需要几代人的努力才能登顶；一方面又庆幸自己已经活到中国人的平均年龄，未来的岁月就是净赚了。去日无多，黄昏斜阳，思绪万千。

被列宁称为“俄国革命的一面镜子”——列夫·托尔斯泰在晚年曾这样总结自己的一生：“我是一个任人驱使的人，有时不能完全说出自己的所思所感；不是因为不愿，而是因为不能，因为时常会夸大或弄错。我的行动更糟。我是一个意志薄弱的人，有恶习，希望侍奉真理之神却总是畏缩。”又说：“我是一个可怜而真诚的人；我一直希望且诚心诚意地希望成为一个好人，一个上帝的忠仆。”(转引自罗曼·罗兰著《名人传》，于海、张贞宣、房天明译，长江文艺出版社 2007 年 6 月出版，第 304 页)每读到托翁这段话，都感到一种重锤于心的震撼。这是一个伟大心灵的自白，足以使凡夫俗子低下本不该高昂的头。

作为芸芸众生中的一员，如何评价自己？我曾思索良久。在几十年的生涯中，又有什么经验教训托付给亲人、友人乃至亲爱的读者呢？

原罪与“历史共业”

我 16 岁(1951 年)参加书店工作，当时共和国诞生不久，一切都在除旧布新之中，一方面亲身感受着新思想，一方面又同与生俱来的旧意识作斗争。从 1951 年开始，我经历了镇反、三反、五反、忠诚老实运动、反胡风斗争、肃反、反右派、反右倾、干部下放、“四清”、“文化大革命”、下“五七”干校等十几次全国规模的运动。每次运动都像过一次筛子，没能过关的都从筛子底下沉下去了，我庆幸自己有惊无险地依然留在北京，直到 71 岁时才正式退出工作岗位。那末自己在历次运动中究竟扮演了什么角色呢？

在有些运动中，自己是旁观者，也曾看到某些一本正经的荒谬，但自保的心态使自己“噤若寒蝉”。在“三反”运动中，出版总署派专案组进驻我当时工作的书店，因为店里发现了“大老虎”。有一个食堂管理员，因贪小便宜，将自己买皮带的发票报了集体伙食账，于是以此为线索穷追猛打，竟然追出贪污旧币几千万元的大案。还有一个经手发票印制的小科员，竟然承认自己贪污、受贿旧币 1 亿元(折合现在人民币 1 万元)，这在 1951 年是个天文数字。原来此人受不了“熬鹰”之苦，胡乱交代后可以到出版总署重案组单独禁闭。事后落实政策，这两桩大案纯属子虚乌有。为什么首鼠两端？主事者和参与的群众都没有答案。每次运动大体上沿着这样的轨迹发展：发动——抓典型——批斗——平反——整改，过几年又来一次。这个模式持续了几十年，过去为什么长期跳不出这个“周期率”？根本原因就在于“长期以来，有一种错误观念，即把社会矛

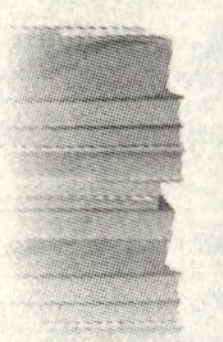

盾、社会斗争和阶级矛盾、阶级斗争的概念等同起来”(《关于建国以来党的若干历史问题的决议》注释本，人民出版社 1983 年 6 月出版，第 590 页)，在 80 年代以前一直以阶级斗争为纲所造成的。

作为普通群众，不能妄评领导人的决策，但作为参与者的一分子，很值得想一想当年自己扮演了什么角色。如果说大家都自觉或不自觉地犯了错误，那末是不是应作为“历史共业”？这一点经历“文化大革命”的人更值得反思。

人们为什么会以不同角色参与这场历时十年的运动？可以说是各自带着自认为的“原罪”而被卷入的。现在不少回忆“文革”的书籍和文章中，都在控诉林彪、“四人帮”的罪恶，这当然是正确的、必要的。但干部、群众为什么会犯错误？不管是当年整人的，或被整以后“认罪”，以“说假话”而力图过关的，或者以旁观者身份不敢吭声的，实际上或多或少都充当了“历史共业”的角色。回想运动初起时，不管哪个单位哪一派，都忙着上挂下联，寻找斗争目标，上街疯抢小报，争着写大字报，刷大标语，以显示自己的革命性，这是使运动迅速蔓延的原因之一。

1981 年 6 月，在党的十一届六中全会讨论和通过《关于建国以来党的若干历史问题的决议》时，对于党在历史上所犯的错误，怎样承担责任，邓小平强调，虽然毛泽东负主要责任，但不能回避“我们”。他说：我和陈云那时都是政治局常委，起码我们两个负有责任(参见《中国共产党重大会议实录》下卷，张树年、齐生主编，湖南人民出版社 2006 年 5 月出版，第 776 页)。这是一位伟大政治家博大的胸怀。作为普通群众，我们当年的觉悟和所作所为又如何？贝多芬有一句名言：“通过痛苦，得到欢乐。”我们经历了多少痛苦，如今生逢盛世，尽享欢乐，但不能忘记阵痛的经历。

换位思考令人醒悟

警察与行车人是一对矛盾，某地对轻微违章者的处理别出心裁，让他当一天交通协管员，经过换位思考，使违章者大受教育。我没有参与过这样的活动，讲不出体会。但 1970 年 3 月在文化部咸宁“五七”干校，被人诬陷为“516 分子”，从连队政工组成员一下子变成了现行反革命，失去自由五天五夜。这一段刻骨铭心的经历使我对人生角色的变幻和自由的可贵有了深切的体会。

当我被专案组关进“学习班”以后，身份顿时金贵起来，24 小时有人给我当“警卫员”，吃饭有专人送来，有了专职的炊事员，每一句话都有人记录，有了专职的记录员，唯一不好受的是没有了自由。在被禁闭的小楼上，远望着几天前一起劳作的战友自由地来往，看到老乡们荷锄而出，挑担而归，再看看蓝天下飞翔的春燕，而我却要闭关反省，交代根本不存在的“罪行”，不禁百感交集。这时，我回想起在北京时，曾任群众组织的材料组组长，大打派仗，先后参与整了若干人的材料，他们早已失去自由，这些人是何等心情？由于自己的极“左”，岂不是也充当了整人的工具？想到这些，愧疚之心寝食不安。有一天深夜，交代始终不能过关，十几个人陪着我一个人，看他们强打精神车轱辘话不断，不免心生怜悯，其实他们也是上了极“左”路线和假材料的当，在虚耗着自己的生命。又想到假如我有这样的机会，也一定不比他们消极。因为那时人人都抢搭“革命路线”的大船，只是我当时没机会拿到“船票”而已。在运动中也确有政治上比较清醒的人，能洁身自好，甚至奋起抗争，还是各人自己去总结吧！

曾看过一本讲禅的书，故事讲有一老一小两个和尚正要涉水过河，岸边一个年轻美丽的姑娘也要过河，她既不能涉水，又无舟楫、便桥。正在为难之中，老和尚说：“我背你过河吧！”说着背起美眉就走。小和尚看傻了，心里很不以为然，想说又不能说，走了很久，一直放不下这件事，忍不住说：“师父，出家人不近女色，你怎么背美眉过河？”老和尚说：“我过了河就放下，你到现在还没有放下，却是为何？”老和尚这样回答也许是狡猾狡猾的，但从禅的解读中却充满了机锋，使人从多侧面读懂人心。试看我们周围有些人，有的也背上了小和尚那样的包袱，内容各有不同，各人心里有数。包袱放下就好，应该从善如流，团结一致向前看。30 年后重回首，想想这些有好处。

交友宜宽更须慎

孔老夫子怀着理想游走四方，讲了很多有哲理的话，比如说：“三人

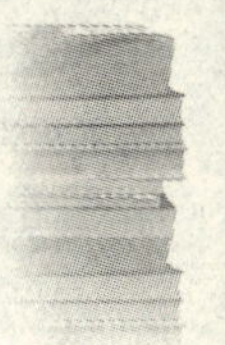

行必有我师”，说明他敬畏朋友，但有一句话好像不大对劲，他主张“莫友不如己者”。按照这个标准，如果遇到高人，还能与孔子交友吗？

我在新闻出版岗位连续工作 55 年，最后平安着陆，除了长期受党的教育，还得益于多年来许多师长和朋友的教诲和帮助。俗话说：“多一个朋友多一条路”，如果不用于歪门邪道，这句话是很受用的。比如要查某书某一句话，或了解某件事的原委，个人冥思苦想不得要领，想起某一位朋友，一个电话就解决了。到外地出差，人地生疏，有朋友照应，难题迎刃而解。在国外，他乡遇故知，更是大喜过望，可见朋友的重要。今天我们当不成孟尝君，但善于结识各方面的朋友，处理好人际关系，是事业成功的重要因素。不善交友，难说和谐。

交友宜宽更须慎。我曾写过一篇短文叫《十二种朋友不可交》(《读者》杂志 2007 年第 15 期刊出时有删节)，以自己切身体会反思交友之道。其中最不可交的是城府太深型和轻诺寡信型两种。前者就像月球，地球人只能看到它的一面，另一面寻常看不见，有一种莫测高深的感觉。后者不讲信义，一切承诺都打水漂，应该远离为好。

曾有一位文坛前辈讲过，朋友有四类：一是有趣又有格调的；二是无趣而有格调的；三是有趣但无格调的；四是既无趣又无格调的。从交友的选择中，可以看出本人的品位。积几十年之经验，第一种朋友属于珍稀类，很少见，退而求其次，还是找第二类吧！

读书需要多思

胡适先生曾经讲过：“学问如同金字塔，又要广博又要深。”人生有限，知识无涯，一般人很难做到胡适那样。本人属于没有学历的草根一族，有幸入了新闻出版这一行，几十年来耳濡目染，多少读了一点书。读书向来有精读派和泛读派，我是赞成陶渊明式的“好读书不求甚解”泛读派的。精读适用于专家、学者，他们的学问能传之后世，作为平民百姓，我以为平时可泛读，用时应精读。1997 年时，中央电视台、北京电视台的记者曾带着大型摄像机到我北京方庄家中拍摄藏书。当记者看到几间屋子里的藏书时，曾问我：“这么多书你都看了吗？”我坦承只认真读了一小部分，但几千种书我都曾粗翻一遍。我对记者说，我读书和别人不一样，每本书只要有一句话有新意，这就够了。记得有本书讲两个秀才读杜诗的故事。其中有一首咏鸟的诗，末一字被虫蛀，这句诗是“身轻一鸟□”，这末一个字是什么字？一个说大概是“身轻一鸟飞”，另一个说一定是“身轻一鸟捷”。后来找到一个全本，原来是“身轻一鸟过”。这个“过”字何等轻巧灵动！我认为读书就要读出这种细微处。法国大作家福楼拜说，要形容一件事，只有一个词最妥帖，作家必须要找到这个词。读福楼拜作品记住这一句就够了。“取精用宏”，是学以致用的精髓，但这是知易行难的事，需要终身的努力。

当然，有些书还是要反复精读的，比如代表先进文化前进方向的经典著作和鲁迅著作。每个人都应自觉融入社会主义核心价值体系之中，要解剖和认识社会，不看这些书就难以把握自已。

我也有“三不看”：一是既矫情又空洞无物的八股文章不看；二是怪力乱神的书不看；三是时下某些无病呻吟的青春文学不看。明月清风，对酒当歌，人应该活得自在些，何必为代沟而苦恼。

行文至此，想说的话似乎还有，但废话太多浪费纸张，有乱砍滥伐森林之虞，就此打住。

真诚地感谢首都师范大学出版社慨然照顾，使我在莽莽书林中占有一席之地，有幸在《书林守望丛书》中与师长们比邻，是给我重新学习的极好机会。

黄昏絮语，昏话难免，知我罪我，在所不计，还望读者诸君赐教！

潘国彦

2007 年 12 月 8 日